한국 교회의 일곱 가지 죄악

한국 교회의 일곱 가지 죄악

2009년 5월 18일 초판 1쇄 발행
2009년 6월 15일 초판 3쇄 발행

펴낸곳 (주)도서출판 삼인

지은이 김선주
펴낸이 신길순
부사장 홍승권
책임편집 강주한
편집 김종진 양경화
마케팅 이춘호 한광영
관리 심석택
총무 서장현

등록 1996.9.16. 제 10-1338호
주소 121-837 서울시 마포구 서교동 339-4 가나빌딩 4층
전화 (02) 322-1845
팩스 (02) 322-1846
E-MAIL saminbooks@naver.com

제판 문형사
인쇄 대정인쇄
제본 성문제책

ISBN 978-89-91097-93-3 03230

값 11,000원

한국 교회의
일곱 가지 죄악

김선주 지음

삼인

글 싣는 순서

네 촛대를 옮기리라

한국 사회에 기독교에 대한 반감이 거세다. 이는 단순한 반감 수준을 넘어 기독교 혐오로 이어지고 있다. 그런데 이것이 인터넷 문화의 경박성에서 파생된 즉물적 반응이나 일시적 유행 담론으로만 볼 수 없는 정황들이 감지되고 있다. 이러한 기독교 혐오 정서는 한국 사회에 거대한 반기독교 정서의 카르텔을 형성하며 외연을 확장시켜 나가고 있다. 그리고 이것은 교회와 기독교에 대해 근본적인 질문을 던진다. 교회는 무엇이며, 어떻게 존재해야 하는가에 대한 질문이 기독교 내부에서가 아니라 외부에서 던져지고 있는 것이다. 이러한 현상은 한국 개신교가 가지고 있는 정체성에 대한 의문이기도 하다. 그러나 한국 교회는 이러한 질문에 답하지 못하고 있다. 교회의 입장이 날로 궁색해져 가고 있는 것이다.

이러한 현상을 두고 기독교 근본주의 일각에서는 이슬람 세력의 조작설을 내밀하게 말하고 있다. 무슬림이 아시아 지역에 세력을 확장하기 위해 한국을 전초 기지로 삼았고, 한국의 기독교를 분열시키기 위해 조직적으로 안티 기독교 세력을 확산시키고 있다는 것이다. 곧 그 배후에는 이슬람 세력이 있다는 얘기다. 이를 '영적 전투'라고 말하는 이도 있다. 그러나 이러한 주장이 사실일지라도 반기독교(기독교 혐오) 정서를 유발한 한국 교회와 교회 지도자들의 비본질적 행위가 면책될 수는 없다.

설문에 따르면 개신교의 신뢰도가 가톨릭과 불교에 비해 훨씬 낮은 것으로 나타났다.[*] 그리고 2005년 인구주택총조사에서 한국 교회가 마이너스 성장한 것으로 밝혀졌다. 개신교에서 이탈한 사람들이 가톨릭과 원불교 등으로 이동한 것이다. 그런데 한국 교회는 아직도 상황 파악을 못하고 있다. 이것은 무지나 무능 때문이 아니라 오만 때문이다. '우리는 하느님의 선택 받은 자로서 세속적 편견과는 무관하게 거룩한 일을 행한다'는 분리주의적 인식 때문이다. 자신의 위치와 상황, 그리고 정체성을 돌아보지 않으려는 오만 때문이다.

이는 개신교 개교회주의의 한계이기도 하다. 특히 한국의 개교회주의는 기독교적 가치나 정신과는 무관하게 '내 교회만 잘 되면 된다'는

---

[*] 기독교윤리실천운동이 2008년 10월 시행한 '한국 교회의 사회적 신뢰도 여론 조사'에 따르면, '가장 신뢰하는 종교 기관'을 묻는 질문에 대해 가톨릭 35.2퍼센트, 불교 31.1퍼센트, 개신교 18퍼센트 순으로 나타났다. 표성중, 「한국 교회 사회적 신뢰 학점은 'C-'」, 『기독교연합신문』 2008년 11월 18일.

식의 비윤리적 이기성을 띤다. 기독교의 보편적 가치나 정신과는 무관하게 성장 일변도로 치달아 가는 개교회주의는 한국 교회 전체의 도덕성에 흠집을 내고 있다. 최근 한국 교회 지도자들이 보여 준 일련의 행태들은 이러한 문제를 적나라하게 보여 준다. 일부 대형 교회 목사들이 정치적 편향성을 노골적으로 드러내는가 하면, 기독교 정신은 물론 일반 시민 사회 정의에도 배치되는 문제에 깊숙이 개입하거나 주도하여 세간의 온갖 비난과 욕설을 다 먹고 있다.

2007년 12월은 대한민국의 17대 대통령 선거로 뜨거웠다. 한국의 주류 교단과 대형 교회 목사들은 이명박 후보를 노골적으로 지지하고 나섰다. 이름만 대면 누구나 알 수 있는, 내로라하는 한국 교회의 간판급 목사들이 대형 집회는 물론 주일 설교 등을 통해 이명박 후보를 지지했다. 일부 분별력 없는 목사들은 이명박을 지지하지 않는 자는 '사탄의 자식'이라는 막말을 하기도 했다. 한국 교회는 매우 흥분했으며 들떠 있었다. 왜 그랬을까.

한국 교회는 무지할 정도로 순진하고 단순했다. 장로가 대통령에 당선되면 한국 사회가 갑자기 복음화되고 하루아침에 기독교 국가가 될 것이라는 철없는 환상을 가진 듯했다. 환상의 돌림병이 목사들에 의해 순박한 신도들에게 전염되었다. 이명박 장로를 마치 기독교를 공인한 로마의 황제 콘스탄티누스라도 될 듯이 추켜세우며 호들갑을 떨었다. 그리고 이명박 장로가 대통령에 당선되었다. 그를 지지한 목사들은 하느님의 뜻과 섭리라며 대한민국의 미래를 장밋빛으로 물들였다.

그러나 집권 이후 이명박 장로의 정치색이 신자유주의와 냉전주의로 분명하게 드러났다. 더군다나 과거 군사 정부를 방불케 하는 파쇼적 요소까지 나타났다. 이와 함께 한국 교회도 남북 화해와 통일을 부정하고 무한 경쟁을 통해 빈부의 격차를 더욱 확장시키려는, 네오콘과 부시의 신자유주의를 추종하는 집단으로 매도되었다. 부시의 신자유주의가 몰락하고 이 여파로 세계 경제가 공황 상태에 빠지고 있는 순간에도 이명박 장로는 부자들을 위한 감세와 투기성 자본 유통을 획책하는 정책을 끊임없이 쏟아 냈다. 부자들의 곳간을 채워 주는 정부라는 비난이 꼬리를 물었다.

이명박 장로에게는 가난한 자들의 고통 받는 삶이나 고아와 과부들과 같은 약자들에 대한 관심보다 토목 건설 사업을 밀어붙여 경기를 부양하고 이로 인해 단기 성과를 얻는 것이 중요했다. 그는 자신의 능력을 가시적 경제 지표를 통해 선전하고 싶은 조급증에 빠진 것처럼 보였다. 그로 인해 누가 고통 받고 죽어 갈 것인지에 대해서는 관심이 없는 듯했다. 더욱이 그것이 성경의 가르침과 배치되는지, 하느님의 정의와 부합하는지에는 관심도 없는 사람처럼 모든 정책을 밀어붙였다.

이뿐 아니라 그의 통치 스타일에 한국 교회의 목회자상이 그대로 나타났다. 겉으로는 겸손하고 온유한 모습으로 사람들 앞에 자신의 이미지를 포장*하면서 뒤로는 권력 기관을 동원하여 자신을 비판하는 사람

---

* 쇠고기 수입으로 인한 촛불 정국에서 이명박 대통령은 두 번에 걸쳐 국민에게 정중히 사과했다. 그러나 그것은 자신의 잘못을 바로잡는 실천으로 이어지지 않았다. 이는 한국 교회의 목회자들의 이중성을 닮았다.

을 처벌하는, 파시스트였던 것이다.[*]

한국 교회의 많은 목사들이 교회를 운영하는 방식이 바로 이와 같다. 교회를 장악하기 위해 자신의 친위 그룹을 만들고 조직의 구조를 1인 지배 시스템으로 만드는 것이다. 교회 운영의 최종 결정권자는 담임 목사이며 교회는 담임 목사 한 사람을 중심으로 피라미드처럼 구조화되었다. 이는 교회 행정의 효율성을 위해서는 매우 좋은 구조일 수 있으나 인간의 자유로운 영혼을 위해서는 최악의 구조이다. 그런 면에서 이명박 대통령은 한국 교회의 내부 구조를 들여다볼 수 있는 아이콘이다. 이명박을 클릭하면 한국 교회의 은폐된 내부가 보인다.

이명박 대통령은 기독교의 유니폼을 입었지만 진정한 의미에서 그리스도인이라고 보기 어려운 사람이다. 오히려 기독교적 가치와 상반되는 이념을 가진 사람이다. 약육강식과 무한 경쟁을 이념으로 하는 다윈과 아담 스미스의 사상을 신봉하는 사람이다. 기독교 정신과 정면으로 배치되는 맘몬(Mammon)[**]의 화신이다. 한국 교회는 대통령 선거를 통해 장로라 이름 하는 맘몬을 부활시킨 것이다.

한국 교회는 반기독교적 이념을 가진 인물을 그가 크리스천의 유니폼을 입었다는 이유로 전폭적 지지를 보냈다. 크리스천 유니폼을 입은 사람들이 그리스도인 행세를 하며 하느님의 정의와 예수의 가르침과 배

---

[*] 조용기 목사는 교회 재정의 투명성과 교회 정치의 민주화를 요구하는 장로들을 출교시켰다.
[**] 맘몬은 고대의 재물신 이름이다. 예수님은 마태복음 6장 24절에서 맘몬(재물)을 하느님과 대적하는 우상으로 선언하며 경계할 것을 당부한다.

치되는 일을 하는데도 그를 지지했다. 한국 교회는 기독교적 정신과 가치가 무엇인지 분별할 수 있는 지각 능력을 상실한 집단이 되어 버린 것이다.

이런 어처구니없는 사태는 영향력 있는 정치인을 내세워 교세를 확장하려는 비본질적 이데올로기 때문에 발생한다. 그러나 역사를 돌아보면 이러한 이념을 가진 교회 지도자들에 의해 교회가 정치 이념의 나락에 빠져 불건전한 정치적 행위를 일삼거나 심지어는 잔혹한 학살극을 연출하기까지 했다. 복음으로 생명을 구원하기보다 정치적 수단으로 자기 몸집을 불리려는 짓들이 역사 속에 끔찍한 일을 연출한 것이다.

세상이 병들고 죽어 가는 것은 교회가 없어서가 아니라 교회에 기독교적 정신과 가치가 없기 때문이다. 정신이 빈곤한 집단일수록 종족의 우상에 빠지기 쉽다. 사리를 분별하는 지혜가 없는 집단일수록 종족의 편견에 갇히기 쉽다. 한국 교회가 이명박 장로를 지지하고 동반 몰락의 길을 갈 수밖에 없는 것도 이러한 종족의 우상에 빠졌기 때문이다. 교회는 있지만 예수의 복음을 상실했기 때문에 비본질적인 일에 몰두할 수밖에 없는 것이다. 한국의 기독교가 정치적으로 무리 짓고 떼거리로 몰려다니며 세를 과시하는가 하면 큰소리치기 좋아하는 집단이 된 것이다.

한국에서 기독교인으로 살아가는 것이 부끄러울 때가 있다. 기독교의 복음이 부끄러운 게 아니라 기독교라 불리는 집단의 부조리한 행태가 부끄러운 것이다. 예수가 부끄러운 것이 아니라 한국 교회의 일원인 것이 부끄러운 것이다.

이와 같이 그리스도인들을 부끄럽게 하는 것은 바로 교회 지도자들이 망령된 사술에 감염됐기 때문이다. 자신이 행하는 일이 복음에 위배되는지 부합하는지 돌아보지 않고 오직 눈앞의 이해관계만을 바라보고 나아가기 때문이다.

요한계시록 2~3장에는 소아시아 일곱 교회에 대한 심판의 메시지가 나온다. 예수님은 일곱 교회를 향해 회개하지 않으면 촛대를 옮기겠다고 선언한다. 이 촛대의 빛은 하느님의 빛이다. 하느님께서 교회를 버리겠다는 선언인 것이다.

나는 이 책에서 한국 교회가 지금 소아시아 교회의 심판의 메시지에서 자유롭지 못하다는 것을 기억하며 한국 교회의 내부 문제를 일곱 가지로 분류해서 살펴보았다. 잘못된 목회자 권위와 이념에 발목 잡힌 교회, 상품화된 설교와 영성, 형식화된 복음, 잘못된 전도 방식, 윤리 없는 헌금 등 일곱 가지 문제점을 톺아보았다.

성경에서 말하는 죄의 관념은 '과녁을 빗나간 화살'이다. 복음으로부터 빗나간 교회는 그 자체로 죄이다. 한국 교회는 지금 복음으로부터 먼 곳으로 날아가는 화살과 같다. 먼 길을 달려 빗나간 화살을 찾아 다시 과녁을 향해 활시위를 당기는 심정으로 이 책을 썼다.

단언하건대 이 책은 교회나 교회 지도자를 해할 목적이 아니라 복음의 진정성의 편에서 쓰였다. 비난과 비판을 분간하지 못하는 독자에게는 이 책은 위험한 안티 기독교 서적으로 곡해될 것이다. 교회와 목회자를 비판하는 것을 죄악시하거나 '안티 기독교' 또는 '사탄의 전략'쯤으로 치부하기 좋아하는 사람들에게는 이 책이 분노를 일으킬지도 모른다. 그리고 양심과 지성에 따라 올바른 복음의 정신을 갈망하는 사람들도 분노할 것이다. 후자의 분노가 많아진다면 아직도 한국 교회에 희망이 있다는 신호일 것이다.

목사, 영혼을 지배하는 권력자

'빤스교'와 '빤스 목사'

이 성도가 내 성도 됐는지 알아보려면 두 가지 방법이 있다. 옛날에 쓰던 방법 중 하나는 젊은 여집사에게 "빤스 내려라, 한 번 자고 싶다" 해 보고 그대로 하면 내 성도요, 거절하면 똥이다. 또 하나는 인감증명을 끊어 오라고 해서 아무 말 없이 가져오면 내 성도요, 어디 쓰려는지 물어보면 아니다.[*]

위 내용은 '청교도영성훈련원' 전광훈 목사의 발언으로 2005년 1월 기독교계 인터넷 신문 『뉴스앤조이』에 실린 기사 중 일부다. 이로 인해

[*] 최재호, 「청교도영성훈련원 엽기 외설 강연 '물의'」, 『뉴스앤조이』 2005년 1월 21일.

인터넷은 전광훈 목사를 비방하는 댓글로 들끓었다. 전광훈 목사는 이 발언 이후로 기독교인보다 비기독교인들에게 더 유명해졌다. 더불어 기독교 비판자들은 기독교를 '빤스교'라고 싸잡아 매도했고, 전광훈 목사를 '빤스 목사'라 불렀다. '빤스 목사'를 두둔하고 그의 발언에 대해 해명하려는 일부 인사들의 댓글도 간간히 눈에 띄긴 했지만 이미 '빤스 목사'에게 밀려오는 분노의 쓰나미 앞에 그들의 해명성 댓글은 큰 힘을 발휘하지 못했다.

그런데 이 '빤스 발언'에는 우리 시대의 특수한 목회 관념이 고스란히 담겨 있다. '빤스'와 '인감증명'은 인간의 핵심 영역이다. 전자는 인간의 가장 내밀한 신체 부위를 보호하는, 최후의 자기 보호 본능 장치이다. 그것은 보호 받고 보호해야 할 사회적 약자들의 아킬레스건이다. 특히 그것이 생리적·사회적 약자인 여성의 경우에는 더 큰 문제가 된다. 후자의 경우도 마찬가지다. 우리나라처럼 행정적 절차가 복잡하고 까다로운 나라에서 인감증명은 법적·행정적 최후 결재 수단이다. 채무 보증을 서거나 할 때 꼭 첨부되는 것이 인감증명이다. 채무자가 채무를 불이행할 때 대신 변제하겠다는 의사 표시의 수단으로 보증을 설 때 인감증명을 첨부하는 것이다. 전광훈 목사는 바로 그러한 의미를 전제해서 말한 것이다. 그러나 이는 한 인간을 온전히 자신의 소유로 만들고 싶다는 욕망을 가감 없이 선언한 것이다. 그가 사용하는 "내 성도"라는 표현도 신도를 자신의 사적 소유물로 인식하고 있다는 것을 나타낸다.

이에 대해 전광훈 목사는 "강의 처음부터 들어야지 (그 말을) 이해를 할 수 있다"고 주장했다. 또한 자신이 한 말 중에서 어느 한 부분만을 기사로 실은 탓에 피해를 보았다고 주장했다. 자신과 그 집회에 참석했던 목회자들은 이미 교감이 있었기 때문에 그런 발언은 이해할 수 있다는 것이다. 만약 기사 내용처럼 설교를 했다면 집회 장소에 모인 목사들이 가만히 있었겠느냐는 반론도 덧붙였다.

물론 어떤 말이나 글을 맥락을 무시하고 일부분만 확대해서 보면 안 된다. 그러나 아무리 전후 맥락을 이해할 수 있다 하더라도 전광훈 목사의 비유에 권력자의 추악한 지배 욕구가 내포되지 않았다고 단정하기 어렵다. 말은 그 사람의 정신의 표상이다. 그 사람의 정신 수준을 나타내는 기호이다.

어떻게 보면 위의 설교는 애교 섞인 말장난으로 치부하고 넘어갈 수도 있다. 비유의 원관념만을 이해하면 나머지는 그냥 잊어버려도 될 문제일 수 있다. 언어란 어차피 본질을 지시하는 기표일 뿐이고, 그 기호 자체가 본질은 아니기 때문이다. 그러나 애교로만 이해하기에는 너무 섬뜩하다.

그는 또 다른 설교에서 이명박 장로를 찍지 않으면 "내가 생명책에서 지울 거야"라고 했다.* "생명책에서 지울" 수 있는 권리를 하느님이 아닌 목사가 행사할 수 있다는 말은 자신이 곧 하느님이라는 것이다. 이 역시 애교 섞인 설교의 테크닉쯤으로 이해하고 넘어갈 수도 있지만 방

---

* 이승규, 「"이명박 안 찍으면 생명책에서 지울 거야"」, 『오마이뉴스』 2007년 10월 4일.

자하기 이를 데 없는 짓이다. 어느 샌가 목사가 하느님의 자리에 선 것이다. 신도 한 사람 한 사람의 삶을 지배하고 그들의 정신과 영혼까지 장악하려는 권력자가 되어 버린 것이다.

그러나 이러한 문제는 비단 어느 한 목회자에 국한된 것이 아니다. 전광훈 목사는 자신의 욕망을 가감 없이 드러낸 경우이지만, 한국 교회에는 이러한 욕망이 보이지 않게 내재화된 목사들이 즐비하다. 목사를 '주의 종'이라는 특수 관념으로 분화시켜 놓고 목사의 지위를 절대화하려는 이데올로기가 관료적 교회 구조를 통해 실현되기 때문이다. 겉으로 드러나느냐 감추어져 있느냐, 단지 그 차이일 뿐이다.

이와 같은 사례는 셀 수도 없이 많다. 물질 축복과 헌금을 강조하는 집회 인도로 유명해진 장향희 목사는 2008년 12월 11일 LA '사랑의 빛 선교교회'에서 있었던 집회에서 다음과 같은 설교를 했다고 한다.

하나님은 선지자를 통하지 않고는 하신 일이 없다. 하나님은 반드시 주의 종을 통해서 역사하신다는 거다. 오늘날 많은 성도들이 교만해서 주의 종들을 우습게 여기는 경우가 많다. …… 축복 받고 은혜 받고 하나님의 사랑 받고 싶으면 선지자들을 우습게 여기지 마라. 내 경험이다. 주의 종과 관계가 껄끄러운 사람치고 되는 사람 있나 뒷조사 해 봐라. 자손이 안 된다. (아멘) …… 그러니까 주의 종을 존귀하게 여길 줄 알아야 한단 말이야.

내가 일산기독연합회회장인데, (교인이) "목사님 기죽지 마세요" 하면서 봉투를 주더라. 5만 원짜리 상품권이 들어 있는 봉투를 3000만 원어치 주더라. 그러니 (다른 목사들이) 나보고 회장 또 하래. 먹이니까 자꾸 하라고. 담임 목사의 기는 성도들이 살리는 거다. ······ 현금으로 500만 원을 줄 때도 있다. 500만 원씩 목사한테 개인적으로 선교비 주는 사람이 흔치 않다. 때마다 차도 바꿔주는데 이번엔 7만 5000불짜리 차를 사줬다. ······ 우리 교회 장로님은 십일조를 할 때 내 방에 들러 1000불을 선교비로 주고, 기도 받고 간다. 이것으로 주의 일을 얼마나 잘하는지 모른다. 그게 복이다. 주의 종 섬겨서 복 받지 선교해서 복 받지. 아멘 안 하나?[*]

장 목사는 구약의 선지자와 목사를 동일한 존재로 설교하며 하느님은 반드시 목사를 통해 역사하신다고 주장한다. 주의 종에게 대적하거나 순종하지 않으면 저주를 받는다는 주장을 펴고 있다. 또 목사를 섬기는 일을 현금으로 하라고 공개적으로 요구한다. 이와 같이 목회자 우상화가 한국 교회를 넘어 미주 교회에까지 뻗치고 있는 것이다.

목사의 권위는 교회라는 제도를 통해 보장된다. 그러나 목사는 그 제도에 근거하여 권위 이상의 권력을 갖게 된다. 이는 한국 교회의 특수한

---

[*] 박지호, 「"주의 종을 '현금'으로 섬겨라"」, 『뉴스앤조이』 2008년 12월 24일.

역사적 경험에서 기인한다. 우리의 근현대사에 배태된 한국적 특수성과 관련된다. 교회나 신학은 그 사회의 문화적 배경이나 역사적 맥락에 따라 서로 다른 모습으로 나타나는데, 한국의 교회와 목사들의 태도 역시 이런 차원에서 이해할 수 있다.

심청은 정말 착한 여자였나?

"아버지, 웬일이세요? 어디 아파 그러신가, 더디 왔다고 이렇듯이 진노하셨습니까?"

"아니다. 네가 알 필요 없다."

"아버지, 그게 무슨 말씀이세요? 모녀간에 무슨 비밀이 있어서 말씀을 못하십니까?"

심봉사 그제야,

"내가 무슨 일로 너를 속이랴마는, 만일 네가 알게 되면 지극한 너의 마음에 걱정만 될 것 같아 말하지 못하였다. 아까 너를 기다리다가 날이 저물도록 오지 않기에, 갑갑하여 마중 나갔다가 개천에 빠져서 거의 죽게 되었는데, 봉은사 화주승이 나를 건져 살려 놓고 하는 말이 '공양미 삼백 석을 진심으로 시주하면 생전에 눈을 떠서 천지만물을 볼 것이라' 하더구나. 홧김에 약조를 하였으나 중을 보내고 생각하니, 삼백 석이 어디서 난단 말이냐?"

(…… 중략 ……)

"우리는 남경 선인으로 인당수 지나갈 제, 사람으로 제(祭)를 지내면 대해(大海)를 무사히 건널 수 있다. 그리하여 처녀를 사고자 한다. 값은 아끼지 않고 주겠다."

하거늘, 심청이 반겨 듣고 말하되,

"내 몸을 팔려 하니 나를 사는 것이 어떻겠습니까?"

위 글은 소설 『심청전』의 한 부분이다. 심봉사가 봉은사에 공양미 삼백 석을 시주하겠다고 약조한 사실을 심청에게 알리는 부분과, 심청이가 아버지의 약조를 지키기 위해 자신을 남경 선인들에게 파는 부분이다.

동서고금에 부모와 자식 관계만큼 인간의 뿌리를 자극하는 것도 없을 것이다. 그런데 아버지에 대한 심청의 절대적 헌신은 이성적 판단이나 합리적 동기보다 본능적이고 감성적인 단순성이 지배한다. 즉, 아버지가 결정한 일이기 때문에 무조건 순복해야 한다는 사고 때문에 다른 가치나 생각이 끼어들 여지가 없는 것이다.

심청이가 문제를 좀 더 합리적으로 생각했더라면 그토록 과격하고 단순하게 자기를 희생하지 않았을 것이다. 아버지가 눈을 뜬다 하더라도 아버지의 상황은 나아질 수 없기 때문이다. 아버지는 여전히 가난하고 무능한 하층민 노인일 뿐이다. 눈을 뜨는 것으로 삶의 모든 문제가 해결되지 않는다. 심청이의 입장에서는 장님 아버지를 수발하며 사는 것이 눈뜬 아버지 곁을 떠나 아버지의 노년을 더욱 곤궁하게 하는 것보다 합리적인 판단과 선택이었을 것이다. 그런데 심청은 왜 이렇게 무모한 결단을 한 것일까? 그것은 합리적 사고와 판단을 초월하는 절대적 윤리로서의 위계에 있다. 군사부일체(君師父一體)라는 유교적 가르침에는 부모와 자식 간의 절대적이고 일직선적인 위계와 이를 떠받치는 운명론이 최고 권력자에게까지 확장되고 있는 것이다. 이러한 유교 이데올로기가 심청의 합리적 사고를 방해한다. 따라서 소설 『심청전』은 누구도 심청의 결단에 의심하지 않고 절대 복종을 요구하고 있는 것이다.

이러한 소설의 구성과 전개에는, 착한 여자는 당연히 복 받고 구원받는다는 신데렐라 콤플렉스가 작동한다. 신데렐라 콤플렉스에는 '착한 여자 = 예쁜 여자 = 복 받는 여자'라는 등식이 성립된다. 착한 여자는 자신의 주체적 노력이 아니라 우연한 사건이나 제3의 조력자에 의해 구원(복) 받을 수 있다는 논리다.

그러나 이는 누군가를 끊임없이 타자화하여 특정한 세력의 권위를 유지하고 발전시키려는 이데올로기다. 즉 심청이는 이러한 이데올로기가 만든, (권위에) 순종적인 인간의 전형이다. 유교적 위계는 '효(孝)'를 '충(忠)'과 동일하게 여겨 부모에 대한 관계와 권력에 대한 관계를 동일시한다. '군사부일체'는 이러한 유교적 도덕관념과 지배 이데올로기였다. 이와 같이 『심청전』에는, 심청이가 아버지에게 무조건 순복한 것처럼 모든 백성들이 군주와 사회적 위계에도 순종해야 한다는 이데올로기가 작동한다.

전광훈 목사의 '빤스 발언'에는 이와 같은 목회자 이데올로기가 작동하고 있는 것이다.

심청을 거부하는 사회

사회가 급변하면서 대중의 교육 수준과 지적 수준이 높아졌다. 따라서 이러한 비합리적 지배 이데올로기는 설 자리를 잃고 있다. 현대 사회는 다양성과 다원성을 특성으로 하여 국가나 사회의 거대 담론보다 실존적 가치를 존중하고 개인의 자유와 권리를 존중하게 되었다. 이러한 경향은 페미니즘에 활기를 불어 넣었고, 여성의 지위 향상과 소수자의 권리를 부르짖게 하였다.

어떤 시대든지 앞서 가는 지성과 새로운 담론은 지식인과 젊은이들에 의해 주도되게 마련이다. 우리 사회의 이러한 담론 역시 진보적 지식인과 학습 받은 젊은 계층에 의해 주도되었다. 과거의 전통적 국가관이나 위계를 부정하고 새로운 양식을 찾기에 이른 것이다. 따라서 젊은이들이 가장 혐오하는 것이 반지성적이고 극단적인 이념과 고리타분한 권위다. 권위보다 자율을, 조직보다 실존적 가치를 더 숭상하게 된 것이다. 특히 인터넷과 같은 매체의 발달로 공동체를 통한 윤리적 동질성이나 통합성보다는 개인의 행위와 실존적 가치, 그리고 다원적 소통을 중요시하게 되었다.

젊은이들은 이제 심청과 같이 무조건적인 순종이나 단순성을 혐오한다. 심청과 같은 태도에는 비판 의식이나 자신의 주체적 판단이 끼어들 여지가 없기 때문이다. 그것은 비인간적 획일주의다. 특히 장기 독재를 경험한 우리 사회에서는 그러한 유산을 죄악시하는 풍조가 있다. 일방주의, 획일화, 배타성, 권위주의 등과 같은 것을 비민주적이며 폭력적인 독재의 유산으로 여기는 것이다.

이제 젊은이들은 좋은 것과 나쁜 것, 선과 악, 이념과 사실 등에 대해 선명하게 판단하고 과감하게 비판한다. 눈치 보며 머뭇거리지 않는다. 지난 권위주의 시절 폭압적 분위기에 길들여져 침묵의 처세술로 일신의 영달을 꾀했던 기성세대와는 다른 패러다임을 갖고 있다. 더군다나 현대 포스트모더니즘 사회는 다원주의를 핵심 가치로 내세우고 있어 권위주의적 풍토를 용인하려 하지 않는다.

목사도 과거와 같은 절대적 권위 위에서 '주의 종'이라는 신분으로 보려 하지 않는다. 목사는 그저 자신들보다 성경과 목회적 방법에 대해 전문적인 훈련을 받은, 동질의 사람으로 이해하려는 경향이 강하다. 목사가 훈련 받은 신학적 텍스트는 이제 어렵고 비밀스러운 영역에 있지 않다. 출판물과 인터넷 등 다양한 매체의 발달로 인해 누구든 원하기만 하면 신학적 텍스트에 쉽게 접근할 수 있게 되었다. 인터넷에서 클릭 한 번이면 담임 목사가 설교에서 주장한 것들의 오류를 쉽게 찾아낼 수 있을 뿐만 아니라 담임 목사보다 뛰어난 독해력으로 원서를 읽어 나가는 지식인들이 많아졌다. 일부 교회에서는 성경을 좀 더 원본의 뜻에 가깝게 이해하려는 평신도들의 노력으로 히브리어나 헬라어 성경 독해 클럽 등이 만들어지기도 한다.

지성과 교양 수준이 향상된 젊은 크리스천들은 '예스맨'을 혐오한다. 그리고 예스맨을 만들고자 하는 전광훈 목사와 같은 목사들에게 혐의를 거두려 하지 않는다. 목사와 교회에 대한 이러한 인식은 심청과 같은 인물을 달가워하지 않는다. 무조건적인 순종과 복종은 그 자체가 악(惡)일 뿐만 아니라 그것을 강요하는 집단의 도덕성도 의심 받는다. 더 이상 심청이가 아버지의 권위 아래 맹목적으로 자신을 희생시키는 것을 이해하지 않는 시대가 된 것이다.

이명박 대통령이 취임 100일도 되지 않아 지지율이 10퍼센트대로 떨어지고, 국민적 불신에 직면한 것도 새롭게 변화한 시대 정신을 읽지 못했기 때문이다. 이명박 대통령에 대한 국민의 불신과 저항을 정치적 차원을 넘어 리더십의 문제로 볼 수 있다면, 한국 교회의 구조와 목회자의 리더십 역시 대중적 불신과 혐오의 대상에서 제외될 수 없다.

심청이 교회

내가 청소년이었을 때는 교회의 학생회 행사가 연합으로 치러지는
경우가 많았다. 재정과 프로그램이 부족했던 농촌 교회들에서는 여러
교회가 함께하는 연합 수련회를 많이 열었다. 뜨겁게 기도하며 찬양하
는 프로그램 과정에서 타 교인에 대한 낯설음과 더불어 기독교인의 동
질감을 쉽게 느낄 수 있었다. 분위기가 무르익고 심리적으로 고조되면
으레 복음 성가를 있지도 않은 노랫말을 덧붙이거나 바꾸어서 상황에
맞게 부르는 것도 빼놓을 수 없는 재미였다. 그때 많이 불렀던 복음 성
가 중에 〈내게 강 같은 평화〉가 있었다. 어디에서부터 그것이 시작되었
는지도 모르게 우리는 "우리 ○○ 교회 좋아"를 열창했다. 그리고 마지
막 개사(改詞)는 "우리 목사님 좋아"로 끝나는 것이 그 복음 성가의 미
덕처럼 여겨졌다.

내 기억에 따르면 그러한 개사를 처음 우리에게 알려 준 사람은 바로
담임 목사였다. 우리는 담임 목사에 대한 애정과 사랑의 표현으로 개사
한 복음 성가를 신나고 즐겁게 불렀다. 한 교회 학생들이 부르면 옆에 있
는 다른 교회 학생들이 이에 질세라 자기 교회 목사를 더욱 소리 높여 부
르기 일쑤였다. 그리하여 찬양은 스포츠 경기의 응원처럼 뜨거워졌다.

이러한 찬양의 과정에서 우리는 목사님에 대한 사랑과 신뢰를 교회
의 권위와 동일시하게 되었다. 나아가 목회자와 교회의 권위는 하느님
과 일치된다는 관념이 무의식에 자리 잡았다. 목회자에 대해 구약의 제

사장적 관념이 어린 시절부터 뿌리 깊게 박힌 나는 성년이 되고 신학생이 된 이후에도 목회자와 하느님을 동일시하는 습관을 버리지 못하고 있었다. 나 역시 또 하나의 심청이었던 것이다.

그리고 어린 시절부터 많이 들었던, 아니 우리의 기억을 지배하는 설교의 대부분은 축복과 저주에 관한 것이다. 그런데 그 기억의 줄기를 더듬어 따라가다 보면 무의식 깊은 곳에 목회자에 대한 성스러움과 분리주의를 만나게 된다. 대부분의 설교 예화에는 교회와 목사님께 충성하여 축복 받은 사람들의 이야기가 깃발처럼 펄럭였다. 그리고 목사에게 대항했다가 저주를 받아 집안이 몰락했다거나 불치병에 걸렸다는 따위의 이야기가 흐린 날 젖은 빨래처럼 기억 속에 음습하게 걸려 있다.

"목사님도 인간이기 때문에 실수할 수도 있고 잘못할 수도 있다. 그러나 사람이 그것을 판단해서는 안 된다. 목사님은 (세속적 인간 사회와는 엄격히 분리된) 하느님의 종이기 때문이다"는 것이 기억 속에 각인된 목회자상이다. 교회 행사가 있을 때마다 목사님은 상석에 앉아 특별한 메뉴를 먹었고, 여집사들의 특별하고 정성 어린 서비스를 받았다. 작업복이나 반바지를 입고 슬리퍼를 신은 친근한 아저씨 같은 목사님은 기억에 없다. 목사님은 농부인 우리 아버지가 못 입는, 눈처럼 흰 와이셔츠에 밝은 색 넥타이를 맸고, 다림질이 잘된 양복을 입고 구멍 나지 않은 면양말을 신는 존재였다. 우리 아버지나 이웃집 아저씨가 일생을 힘겹게 일해도 한 번도 못 입어 보는 옷을 입는 분이었다. 목사님은 항상 우리의 일상으로부터 거룩한 영역으로 분리된 존재라는 생각이 나를 압도

했다. 그런 목사님께 어떻게 문제를 제기하거나 의혹의 눈초리를 보낼 수 있는가. 그러므로 교회는 늘 평화로웠고, 은혜가 넘치는 봄날처럼 따사로웠다. 그런데 신도들은 교회를 떠나가고 있었다. 어린 시절에는 그들이 단순히 생활의 방편을 좇아 이사하기 때문일 것이라고 생각했다.

그러나 그들은 심청이가 되지 못했기 때문에 추방되거나 스스로 뛰쳐나갔을 수도 있다는 것을 성인이 되어서야 어렴풋이 생각할 수 있게 되었다. 교회가 봄날처럼 따스한 은혜의 햇볕 속에 평화로웠던 것은 교회에 심청이들만 남아 있었기 때문이었다. 한국 교회는 심청이만을 수용하는 '심청이 교회'였고, 이런 심청이들은 '빤스교'의 희생양이었던 것이다.

과격한 심청이들

교외에서 시내로 들어오는 어느 늦은 저녁의 일이다. 도로 갓길에 자동차를 세워 두고 여성들 몇 명이 당황스러운 몸짓으로 도움을 요청했다. 그 지방에 제법 규모가 있는 비인가 신학교가 있다는 것을 그들을 태운 후 알게 되었다. 40대 후반에서 50대 중반으로 보이는 그들은 교회 집사들이었다. 그리고 그 신학교의 야간 학생들이었다. 그들을 목적지에 태워다 주며 많은 이야기를 들을 수 있었다. 그들의 열띤 이야기는 자신들에게 호의를 베푸는 사람에 대한 관심도 배려도 없이 일방적으로 진행되었다.

그들은 자신들이 왜 신학교를 다니는지, 왜 신학 공부를 하는지, 신학교를 졸업하면 무엇을 할 것인지를 서로 경쟁하듯 열변을 토했다. 그런데 그들 중 한 사람은 자신이 다니는 교회의 담임 목사에게 충성을 다하기 위해 신학을 공부한다고 단호하게 말하는 것이었다. 그리고 나머지 사람들도 그와 비슷한 동기를 가지고 신학 공부를 하고 있다는 것을 경쟁적으로 얘기했다. "목사님을 위해서라면 지옥이라도 따라갈 수 있다"는 대목에서는 귀를 의심하지 않을 수 없었다.

담임 목사가 그들에게 자신의 충복이 되기 위해 신학을 공부하라고 권하지는 않았을 것이다. 그러나 그 교회의 구조와 담임 목사의 목회 스타일이 그러한 인식을 낳았다는 것은 분명해 보였다. 또한 그들은 담임 목사에게 자신의 인생을 올인하는 것처럼 보였다. 차에서 내리는 순간에도 자신들의 이야기에 취해 고맙다는 인사 한마디 안 하고 내리는 그들을 보면서 한국 교회의 현실을 보는 것 같아 온몸에 전율이 일었다.

그들의 단순 무지한 신앙과 의식은 생래적인 성격 탓이 아니라 목회자가 그렇게 교육하고 만들었기 때문에 가능한 것이다. "우리 목사님 좋아"를 열창하던 청소년기를 거쳐 교회의 중역이 된 중년 세대가 목회자에 대한 충성의 열기로 하느님의 의를 행할 수 있다는 환상에 빠진 것이다.

이들은 순박하고 순종적인 심청이가 아니라 담임 목사에게 목숨 걸고 충성 경쟁을 하는 불나방 같은 과격한 심청이들이다. 교회의 본질이 무엇이고 목회자의 역할이 무엇인지 성경적 관점에서 이해하고 사고하지 못하도록 이성을 거세당한 심청이들이다. 이성이 작동을 멈춘 사람은 폭력적이기 쉽고, 폐쇄성과 배타성에 빠지기 쉽다.

생각해 보니 그 여성들은 빤스 목사의 노예였던 것이다. 생각하기도 끔찍한 일이지만 담임 목사가 그들에게 속옷을 벗으라 한다면 어떻게 할까. 그것이 속옷이 아니라 한 인간의 본질적이고 핵심적인 가치를 의미하는 것이라는 점을 상기한다면 그들은 담임 목사에게 모든 것을 다 바칠 준비가 된 여자들이었다. 목사와 신도의 관계가 소유하는 자와 소유되는 물건의 관계로, 지배자와 피지배자의 관계로 변질된 것이다.

목회자의 입장에서는 교회의 조직과 외형을 발전시키기 위해서 시장주의 원리가 필요할 것이다. 그러므로 이와 같은 과격한 아줌마 심청이들이 많을수록 목회자의 권위는 높아지고 교회는 성장할 수 있을 것이다.

언젠가 보험 회사 사무실에 들러, 여성 보험 설계사들의 실적이 게시판에 막대그래프로 표시된 것을 본 적이 있다. 목회자도 이와 같은 시장의 원리로 신도들을 마케팅의 현장으로 내몰 때가 있다. 그것이 성장이고 발전이라고 생각하는 것이다. 그러한 물질주의와 성장주의가 실현되려면 관료적 체계와 가부장적 권력 없이는 불가능하다. 세계가 놀라고 있는 한국 교회의 초고속 성장도 어떻게 보면 그러한 시스템이 작동했기 때문이다. 민주주의 시스템보다 독재 시스템이 사회와 조직을 통합하고 효율성을 추구하기에 훨씬 유리하다. 박정희의 경제 개발도 독재를 통해 가능했던 것처럼, 한국 교회의 초고속 성장도 목사의 권력화와 그로 인한 통제 메커니즘 아래 가능했던 것이다.

보이지 않는 하느님의 존재보다 눈에 보이는 담임 목사에게 신앙의 구체적 지향점을 찾으려는 신도들의 미숙한 정신을 목사가 올바로 인도하지 못할 때, 목회자는 자신도 모르게 하느님의 자리에 앉게 된다. 목회자들이 깨어 있지 못할 때 이러한 오만에 빠지게 마련이다. 이런 목사들일수록 타인의 말을 귀담아 들으려 하지 않는다. 아니 목회자들 대부분이 타인의 말을 수용하려 하지 않는다. 이는 목사라는 직분을 구약의 제사장으로 이해하기 때문이다. 그러므로 희생 제사에 참여한 자들처럼 신도들이 목회자 앞에 무조건 자기를 희생하기를 바라는 제사장 의식을 갖는 것이다. 목사의 이런 의식이 과격한 심청이를 만들어 낸다. 목사를 마치 하느님이 임재하는 제단쯤으로 착각하고, 목사 앞에 자신을 더 드러내려고 경쟁하는 것이다.

이러한 경쟁은 교회에서 주류와 비주류라는 세속적 권력 구조를 낳는다. 담임 목사와 가깝게 지내는 사람들과, 그로부터 소외된 사람들로 나뉘어 보이지 않는 갈등이 빚어지는 것이다. 이러한 것은 표면화되지 않고 누적되었다가 폭발하는 성질이 있다.

경계 선상에 있는 심청이들

이러한 교회 구조를 바라보는 사회의 시선은 서늘하다 못해 냉소적이기까지 하다. 다양성과 합리성을 추구하는 현대의 젊은이들은 이러한 구조 안에 발붙이려 하지 않는다. 실제로 교회의 인적 구성을 연령대별로 나누어 보면 기형적인 구조라는 것을 알 수 있다. 교회에 젊은이가 없는 것이다. 그 원인으로는 현대 문명과 직업으로 인한 여러 요소들이 있을 수 있겠으나 가장 큰 원인은 목회자의 지나친 권위와 독선 때문이다.

실제로 내가 만났던 한 50대의 지식인 여성은, 자신이 전에 교회 집사였다고 밝히며 목사의 지나친 권위와 이로 인해 파생되는 파벌 문제 때문에 교회를 나왔다고 고백했다. 그녀는 하느님에 대한 신앙을 잃어서는 안 된다고 생각했지만 목회자의 상식 이하의 의식과 태도를 보면서 더 이상 교회에 나갈 수가 없었다고 말했다. 그리하여 차선책으로 선택한 것이 가톨릭 교회였다. 이러한 사례는 실제로 통계를 통해 증명되었다.

지난 2005년 통계청의 인구주택총조사(인구 부문)에 따르면 기독교인 개종자 중 57퍼센트가 가톨릭으로 이동한 것으로 나타났다. 또 46.9퍼센트를 차지하는 비종교인 중 3분의 2에 해당하는 사람들이 "한때 기독교인이었다"고 응답했다. 이와 같은 개종과 탈교회화는 개신교 인구가 10년 동안 14만 4000명 감소한 반면 천주교는 219만 5000명, 불교는 40만 5000명, 원불교는 4만 3000명이 늘어난 수치를 통해서도 증명된다.

교회의 마이너스 성장을 두고 여기저기서 많은 분석과 전망이 있었다. 그중 하나가 목회자의 자질과 윤리 문제였다. 목회자의 지나친 권위와 강단 절대주의가 기독교의 경직성을 낳았고 높은 교육 수준을 자랑하는 한국의 지성계로부터 비난의 화살을 받았던 것이다. 나 역시 청년 시절 기독교에 몸담고 있으면서도 그러한 문제의식으로 방황을 했다. 그러나 내면의 갈등과 문제의식을 겉으로 드러내는 것을 허용하지 않는 교회의 구조와 환경 때문에 교회를 떠났던 적이 있다.

또 청년 시절 나는, 나 자신이 기독교인이라는 사실을 사람들 앞에 떳떳하게 밝혀 본 적이 거의 없다. 기독교인이라는 사실이 부끄러웠기 때문이다. 그것은 기독교의 복음이나 내가 가지고 있는 믿음의 본질이 부끄러워서가 아니었다. 주변 친구들이 교회와 기독교 세계를 비이성적 광신 집단으로 인식하고 있었기 때문이다. 나도 그러한 집단에 속한 부류로 인식되는 것이 두려웠다. 아마 지금도 많은 그리스도인 청년들이 이러한 생각으로 경계 선상에서 방황하고 있을 것이다. 대부분 그 방황의 끝은 교회를 떠나는 것으로 마무리되는 것을 주변에서 많이 봐 왔다.

그러나 교회와 목회자는 방황하는 청년들을 설득할 힘이 없다. 목회자의 권위와 교회의 전통만으로 경계 선상에 있는 젊은이들을 붙잡아 둘 수도 없다. 그러니 전도는 더욱 어려울 수밖에 없는 것이다.

심청이가 되지 못한 사람들은 교회를 떠나거나 교회 내부에서도 아웃사이더로 존재해야 한다. 이는 목사라는 최고 권력자를 정점으로 하는 교회의 구조가 만들어 낸 문제이다.

목사, 비판 받지 않는 우상

실제로 내가 예전에 봉사하던 개척 교회에서도 이와 같은 일이 있었다. 그 교회 담임 목사의 생일이 되면 온 교회가 나서서 잔치를 벌였다. 신도들이 총동원되어 전을 부치고 음식을 장만하여 마치 교회의 큰 행사를 치르는 듯했다. 공교롭게도 내 생일이 담임 목사의 생일과 같은 날이라 나도 덩달아 그 분위기에 편승해 주인공으로 행세할 수 있었다. 그런데 문제는 그것이 단순히 생일잔치로 끝나는 것이 아니라는 데 있었다. 교회의 전체 분위기가 목사님을 절대화하여 마치 하느님처럼 떠받드는 풍조가 만들어졌다. 신도들이 목사의 눈치를 보며 목사에게 잘 보이기 위해 자기 검열에 빠지는가 하면 신도들끼리 서로 경계하기도 했다. 이러한 풍조는 분명 담임 목사가 만들어 놓은 것이었다. 담임 목사는 마치 신도 위에 제왕처럼 군림하는 듯했다. 그러한 분위기는 상식을 가진 젊은이가 함께하기에 유쾌한 것이 아니었다. 그래서 이런저런 핑계로 생일날이 되면 꽁무니를 빼기도 했다.

그 교회는 담임 목사 자신의 돈으로 땅을 사고 자기가 투자하여 건물을 지었으니 교회 역시 자신의 것이었다. 그러니 담임 목사는 자기 말을 안 듣거나 맘에 안 드는 사람은 언제든지 아웃시킬 수 있는 권력을 가지고 있었다. 신도들은 순진하게도 목사의 그러한 권위를 하느님이 부여하신 성경적인 것으로 이해하고 있었다. 모든 신도들이 과격한 심청이가 되어 갈 수밖에 없는 구조였다. 일부 생각 있는 신도가 교회를 떠나더라도 그것은 그들이 받을 저주의 몫으로 끊임없이 설교되었기 때문에 순진한 심청이들은 그 저주를 받지 않기 위해 충성 경쟁에 전력해야만 했다.

이러한 구조에서는 신도들의 이성적 사고를 허용하지 않는다. 한국 교회와 목사들의 권력화가 반지성적 풍토를 만드는 것이다. 그런데 목회자가 신도들의 이성적 사고를 거세시키기 위한 근거로 자주 사용하는 것이 바로 "비판하지 말라"(마태복음 7:1)는 말씀이다. 이 말씀은 본래의 가르침을 잃고 한국 교회와 신도들에 의해 세속적 처세술로 전락했다. 윤리적·도덕적으로 비난할 점이 있더라도 그것을 판단하거나 지적해서는 안 된다는 근거로 사용되는 것이다. 특히 교회 내에서 '하느님의 사자'인 목사를 비판하는 것은 절대 금물이라는 것을 이 구절을 통해 자주 강조된다.

그러나 이 말씀의 맥락을 잘 살펴보면 다른 의미를 발견할 수 있다. 성경에 나오는 '비판하다'는 말의 헬라어는 '크리네테(κρίνετε)'이다. 이 말의 원형은 '크리노(κρίνω)'인데, 단순히 누군가의 잘못을 지적하거나 비난하는 의미가 아니다. '비판하다'의 의미가 아니라 '분리하다',

'판단하다', '결정하다'는 의미다. 즉 형제에 대한 판단과 결정은 인간의 몫이 아니라 하느님의 절대 권한이기 때문에 이를 금지한 것이라고 봐야 한다. '판단'과 '결정'은 법정의 판결과 같은 의미를 갖는다. 따라서 유죄로 판정 받은 자는 사회로부터 격리되고 분리되어야 할 악이다. 구원 받지 못하고 지옥으로 '분리'되는 '판단(결정)'을 당한다는 의미다. '크리노'라는 말은 바로 그런 의미에서 서로에 대한 심판이나 정죄(judgment)를 하지 말라는 명령이다.

심판과 정죄는 오직 하느님께 속한 고유 권한이다. 인간이 인간을 정죄하고 심판할 때 거기에는 부조리한 권력 구조가 파생될 수밖에 없다. 하느님은 인간에게 평화와 평등을 선물하셨지 서로에 대한 배타적 처벌권을 허락하지 않으셨다. 세속법이 이러한 처벌권을 정당화한다 하더라도 그리스도인은 마지막까지 사랑의 법으로 용서와 화해를 지향해야 한다. 이것이 기독교의 정신이며 핵심적 교훈이다.

마태복음 20장에 나오는 포도원 품꾼의 비유도 이러한 맥락에서 이해할 수 있다. 품꾼이 얼마나 일했느냐에 따라 삯을 받는 것이 아니라 그 삯을 결정하는 것은 오직 주인의 결정, 즉 하느님의 고유 권한이라는 뜻이다. 인간이 하느님의 고유 권한을 침해해서는 안 된다는 경고의 메시지다. 인간이 인간을 정죄하고 분리할 때 그곳에는 갈등과 분쟁이 나타나고, 이는 세계대전과 같은 끔찍한 학살의 만행으로 이어질 것이기 때문이다.

이는 인간 사회에서 요구되는 윤리적 판단을 하지 말라는 것이 아니라 하느님의 고유 권한을 침범하지 말라는 의미다. 그런데 이를 교회와 목사의 부조리를 은폐하기 위한 수단으로 악용하고 있는 것이다.

목회자들은 자신들에 대한 이러한 절대화의 또 다른 근거를 모세의 경우에서 찾는다. 모세가 구스 여자를 아내로 맞자 아론과 미리암이 이를 비난(민수기 12:1)했다가 하느님의 진노를 사 미리암이 문둥병에 걸린(민수기 12:10) 사건을 인용한다. 목회자들은 이 사건을 하느님이 모세의 손을 들어 주고 모세의 지위를 절대적으로 인정한 것으로 주장한다. 목사는 모세와 같이 어떠한 잘못도 지적 받지 않을 특권적 지위를 가진 존재로 하느님이 인정했다는 것이다.

그러나 이 말씀의 문맥을 잘 보면 모세의 특권적 지위가 위계에 따른 것이 아니라는 사실을 알 수 있다. 하느님이 아론과 미리암을 꾸짖으며 하신 말씀 가운데 "충성됨"(민수기 12:7)을 모세에 대한 신뢰의 근거로 들고 있다. 하느님의 모세에 대한 신뢰의 근거가 된 이 '충성됨'의 히브리어 원문의 뜻은 '신실하다(be faithful)', '믿다(believe)', '신뢰하다(trust)'이다. 즉, 모세는 하느님에 대한 신실성과 믿음의 행위 가운데 있는 지도자이지 집단의 지도 체제를 위한 위계적 수권자(授權者)가 아니라는 것이다.

그러나 한국 교회의 목사들은 이를 자신에게 유리하게 해석하여 목사의 절대 주권을 하느님이 인정한 것으로 호도하며 교회의 정치적·행정적·경제적 주도권을 틀어쥐는 수단으로 악용한다. 한국 교회는 급성장기를 거치면서 교회의 몸집이 커지고 신도들의 의식 수준도 높아졌다. 하지만 성경에 대한 해석에서 목회자 이데올로기가 여전히 널리 퍼져 있다. 복음의 순수성을 내세워 복음주의라는 그럴듯한 신학으로 위장한다. 그러나 한국 교회의 복음주의는 근본주의와 다르지 않은 폐쇄성과 폭력성을 가지고 있다.

한국 교회의 이러한 경향은 목회자가 전횡을 일삼는 데 아주 좋은 토양을 제공한다. 금란교회 김홍도 목사는 교회 공금 횡령으로 인해 사법부의 최종심에서 징역과 벌금형을 선고 받았다. 그는 또 자신의 아들을 담임 목사 후계자로 세웠다. 이를 보도한 한 텔레비전 시사 프로그램에 대해 그는 "어떤 마귀는 못 본 체 해야 이긴다"고 설교했다. 자신을 비판하는 세력은 마귀이며 그러므로 자신은 '하나님의 의로운 종'이라는 주장이다. 그러므로 자신은 어떤 윤리적 판단도 받을 수 없는 성역에 있다는 것이다.

물론 성직을 세속적 윤리나 도덕적 기준으로 판단할 수는 없다. 그러나 비세속적 영역의 목회 행위가 세속적 판단으로부터 자유로우려면 성경의 가르침에 비추어 정당성을 얻어야 한다. 그러나 위와 같은 경우를 성경의 가르침에 비추었을 때 과연 옳다 할 수 있는가. 교회 공동체의 재정을 전횡하고 목사직을 수권적 지위로 남용하는가 하면 그러한 권력을 세습하는 것이 구약의 제사장 전통 이외에 어디 있는가. 예수님이 그렇게 말씀하셨는가?

이에 대해 많은 네티즌들이 분기충천(憤氣衝天)하여 기독교를 개독교라 부르며 욕하는 것은 어쩌면 당연한 일인지도 모른다. 종교 개혁기의 많은 종파들이 어떠한 배경에서 파생되었는가? 기존의 종교가 부패했기 때문이다. 그러나 우리 시대는 교회와 목회의 부패가 새로운 복음 운동으로 이어지기보다 신도와 대중들에 의해 교회가 버림받는 쪽으로 흘러가고 있다. 종교 개혁기의 유럽은 기독교 전통이 뿌리 깊어 그리스도 신앙 안에서 대안을 찾으려 했지만, 우리나라처럼 유교와 불교 등 종교적 스펙트럼이 다양한 사회에서는 이탈(개종)이 일어날 개연성이 높다.

교회가 무익하면 다른 종교를 통해 대안을 찾기 쉽다. 이러한 흐름이 2005년 인구 조사를 통해 증명되었다. 그간 한국 교회가 1200만 신도라고 힘주어 말하던 그 교세가 사실은 시장주의 논리에 의해 거짓으로 부풀려진 수치라는 것이 만천하에 드러났다. 이제 교회가 세속을 향해 부끄럼 없이 거짓을 말하고 있다는 사실이 폭로된 것이다.

2007년도 개봉교회 담임 목사는 자신이 집례하는 예배에 참석하지 않고 따로 주일 예배를 드린 교인들을 상대로 손해배상 청구 소송을 제기했다. 담임 목사의 독선과 거짓말, 성추행 등으로 인해 일부 교인들이 담임 목사를 불신한 데서 오는 내부 갈등을 세속 법정에 진실을 묻고 금전적 손해배상을 요구한 것이다. 이 교회 담임 목사는 따로 주일 예배를 드린 교인들의 헌금을 돌려 달라는 소송을 내기도 했다. 형사상의 횡령으로 사법부에 고발한 것이다. 일부에서는 "교회와 목사가 이럴 수가 있나, 미쳐도 단단히 미쳤다!"는 소리가 터져 나왔다. 이는 손해배상을 청구한 담임 목사가 교회와 재정을 사유물(私有物)로 볼 뿐만 아니라

교회를 경제적(물질적) 대상으로 보고 있음을 적나라하게 보여 준 사건
이었다.

이러한 교회와 목사를 통해 영혼이 구원 받을 수 있다고 생각하는 세
속인은 없을 것이다. 다만 교회는 과격한 심청이들만이 남아 목사에게
충성 경쟁으로 아귀다툼하는 공간으로 전락할 것이다. 전도가 안 되는
것은 하느님을 부정하는 세속인들의 타락 때문이 아니라 부패한 교회
구조와 목회자의 오만한 권위주의 때문이다.

안으로는 곪을 대로 곪아서 썩은 내가 진동을 하는데도 교인들에게
는 전도하라고 밖으로 내모는 것이 오늘날 한국 교회와 목회자들이다.
사람들이 전도자와 그들이 건네는 전도지를 외면하는 것은 복음에 대한
외면이 아니라 부패한 한국 교회와 오만한 목회자들에 대한 외면이다.

반공 이데올로기와 목회자 권위

합리성이 발붙이지 못하게 하는 교회의 이러한 구조는 또 다른 역사
적 경험으로부터 온다. 그것은 반공을 국시로 하는 독재 정권의 이데올
로기다. 해방 이후 남한의 이승만 정권은 근대 국가의 관료적 경험이 있
는 친일파를 대거 등용하여 국정 안정을 꾀했다. 이승만에게는 미국이
라는 거대한 백그라운드가 있었다. 그런데 이승만과 미국의 정치적 이

해관계를 보장하는 또 다른 코드가 있었는데 그것이 바로 기독교였다. 일제 강점기에 일제의 주구(走狗) 노릇을 하던 많은 반민족 세력이 자신의 살 길을 찾아 권력에 줄을 대기 위한 방법으로 기독교를 선택한 측면도 없지 않다. 그리고 한국전쟁 과정에서 공산주의자들에게 탄압 당했던 기독교인들은 반공 이데올로기와 자연스럽게 손잡게 되었다.

그런데 이러한 반공 이데올로기의 정점에는 이를 이용하여 권력을 절대화하고 지속하려는 부정한 정치 세력이 있었다. 바로 이승만과 박정희, 전두환 등으로 이어지는 권력자들이다. 그들은 쿠데타와 부정의로 시대를 짓밟고 독재를 일삼았다. 한국 교회는 그러한 정치 지형에 맞게 길들여졌던 것이다. 시대의 불의에 항거하지 못하고 오히려 그들의 야만적 행위를 묵과하거나 야합하는 쪽으로 보호막을 쳐 목회자 자신의 역사적 오점을 감추기에 급급했다. 일제 강점기에 신사 참배를 통해 신앙의 전통과 순수성을 오염시킨 경험이 있는 사람들이 분단과 독재 상황에서도 신앙의 순수성을 또다시 오염시켰던 것이다. 죄도 처음 지을 때보다 두 번, 세 번째 지을 때가 훨씬 쉬운 법이다.

일제에 굴복하여 신사 참배를 했던 교회 지도자들이 회개를 통해 바로 서기보다 갖가지 명분을 내세워 자신의 행위를 합리화하기에 급급했다. 이들이 회개하지 않고 교회에 영향력을 지속시킬 수 있었던 것도 당대의 정치적 맥락과 관련 있다. 이승만에 의해 과거를 숨길 수 있는 정치적 환경이 조성되자 친일파는 자신들의 새로운 주인인 이승만과 미국에 맹목적으로 복종한다. 나아가 이승만과, 그가 기용한 친일파들은 그

동안 역사적 정의를 바로 세우겠다던 민족주의 노선을 탄압했는데, 반공 이데올로기는 그들이 복음처럼 떠받들던 이념이었다. 이러한 민족사의 비극을 관통하는 하나의 큰 줄기에 기독교 지도자들이 있었다. (물론 시대를 이끌었던 위대한 지도자 중에 기독교인들도 많이 있다.)

문제는 우리의 근현대사에 민족적 정체성과 신앙의 순수성을 버렸던 정치 지도자들과 교회 지도자들이 해방 이후에 새로운 권력으로 부상했다는 것이다. 이는 곧 한국 근현대 정치사와 교회사가 동일한 이데올로기 위에 공존했음을 의미한다. 반공 이데올로기에는 독재 권력의 치부가 숨겨져 있었다. 특히 그 이데올로기에는 전근대적인 유교적 가부장제와 남성 중심 사상이 뿌리 내리고 있었다.

따라서 우리가 정통이라고 믿는 주류 교단의 목회자에 대한 관념은 냉전 시기의 이데올로기가 낳은 산물이라 해도 지나친 말이 아니다. 이러한 문제는 목회자의 본질과 역할을 구약의 제사장적 권위에서 찾는 모순을 낳고 말았다. 예수님의 '섬기는 종'의 모습을 보이기보다 권위적이고 독선적인 모습으로 신도 위에 군림하려는 제사장의 모습을 갖게 되었다. 이러한 제사장적 관념으로 교회를 장악하고 전권을 휘두르는 한국 교회의 목회자들에게서 예수님의 '섬김의 종'의 모습을 찾아보기 어렵게 된 것이다. 이러한 풍토가 숱한 심청이를 만들어 내고, 심청이가 되기를 거부하는 지성인을 교회로부터 멀어지게 한다. 교회는 이제 상처 받은 교인들을 사탄의 굴레를 씌워 추방하고, 상처 받지 않는 교인들만의 심청이 교회를 만들어 가고 있다.

한국 교회의 문제 대부분은 목사의 지나친 권위와 독선으로부터 온다. 목사가 교회 발전을 가로막고, 영적 성장을 발목 잡는다. 목사가 세속으로부터 교회를 비난 받게 만들고 있는 것이다. 목사가 먼저 회개하지 않으면 한국 교회의 미래는 없다. 서구 교회의 몰락을 예화로 들 때가 아니다. 목사가 먼저 하느님과 교회 앞에, 또 신도와 시대 앞에 겸손한 자세로 무릎 꿇지 않으면 교회는 더욱 추락할 것이다.

교회, 이념의 성전(聖殿)

한국에 사탄이 많은 이유

한국에는 사탄이 참 많다. 그런데 그 사탄은 교회가 만들어 내는 인위적인 경우가 허다하다. 어느 해인가 3·1절 행사에 보수 단체들이 성조기를 흔들며 인공기를 불태우는 일이 있었다. 이런 행사는 지금도 그치지 않는다. 3·1절에 일장기가 아닌, 3·1절과는 무관한 북한 인공기를 불태우는 것도 이해가 안 되지만, 이런 행사에 한국기독교총연합(한기총)이 한국 교회를 대표하는 것처럼 나가서 기도를 하고 찬양과 찬무로 그들의 행사를 돕는 것도 이해할 수 없기는 마찬가지다. 이런 행사의 기도에는 어김없이 '빨갱이', '사탄' 등의 용어가 사용되며 하느님의 거룩한 이름으로 북한 권력자나 특정 정치 세력이 저주된다. 한국 교회에서 '빨갱이'와 '사탄'이 동의어로 사용되고 있는 것이다.

2008년 한미 쇠고기 협상 문제로 불거진 촛불 정국에서 김홍도 목사는 "빨갱이 잡아들이면 촛불 집회 쏙 들어갈 것"이라고 설교했다. 그는 또 "경찰, 검찰, 기무사, 국정원을 동원해 빨갱이들을 잡아들이라"며 "그러면 (촛불 집회하는) 그 사람들이 쏙 들어가고 국민들 지지율이 다시 올라온다"고 설교했다.* 그는 또 "나는 이명박 대통령을 지지한 사람들은 다 우파라고 생각한다"는 말도 했다.

이는 설교라고 할 수 없는 말이다. 더군다나 세계 감리교회 중 최대 규모를 자랑하는 교회의 담임 목사의 입에서 나올 수 있는 말이 아니다. 마치 자유당 정권 때 이념 대립의 한 축으로 백색 테러를 자행했던 서북청년단 같은 극우 단체의 행동 대원에게서나 나올 법한 선동 구호다. 서북청년단은 해방 이후 자유당 정권 아래서 '빨갱이 색출'을 구실로 폭행, 부녀자 강간, 협박, 갈취 등을 일삼고 이승만과 태극기 사진을 강매하는 등의 백색 테러를 자행한 극우 반공 집단이었다.

기독교적 가치와 배치되는 사상이나 사회적 문제에 대해서는 성경의 가르침과 교회의 권위로 준엄하게 꾸짖을 수 있다. 사회의 도덕적 타락을 꾸짖어 올바른 하느님의 정의를 가르치는 것은 교회의 예언자적 사명이기 때문이다. 그러나 김홍도 목사의 발언은 그런 차원의 문제가 아니었다. 마치 서북청년단의 행동 대원이라도 되살아온 듯한 인상을 준다. 어디 김홍도 목사뿐인가. 내로라하는 한국 대형 교회의 목사들은 대

---

* 2008년 6월 5일, 한국기독교100주년기념관에서 열린 기도회.

부분 이 대열에 합류하고 있다.

이명박 정부 초기에 청와대 홍보기획비서관을 지낸 추부길 목사의 발언도 이 대열에서 빠지지 않는다. 그는 2008년 6월 '한국미래포럼 창립 2주년 및 법인설립 감사예배'에 참석해 연설을 했다. 그는 이 연설 말미에 "사탄의 무리들이 이 땅에 판을 치지 못하도록 함께 기도해 주시기 부탁드립니다"라고 했고 그의 발언은 기사화됐다. 그가 말한 '사탄의 무리'가 누구인지는 문맥에 따라 이해될 수밖에 없는 것이었다. 이때는 촛불 집회가 뜨겁게 달아오르던 시기였다. 더욱이 그의 사탄 발언은 "광화문의 촛불 집회가 계속되면서 정치 집회로 변질되고 있다"는 발언 이후에 나온 것이어서 촛불 집회 참가자들을 '사탄의 무리'로 지목했다는 혐의를 받기에 충분했다. 그러나 이는 혐의로 끝나지 않고 확신으로 굳어져 시민 사회로부터 이명박 정부와 한국 교회 전체에 대한 부정으로 이어졌다.

그런데 추부길 목사와 한국미래포럼 집행위원장인 김춘규 장로에게 이해할 수 없는 해명이 나왔다. 이들은 '사탄의 무리'라는 표현에 대해 "흔히 기독교에서 쓰는 관용어구"라고 해명한 것이다. 이들의 말에 따르면 한국 교회는 사탄의 정체나 사탄의 일에 대한 사실 확인 없이 '사탄'이라는 말을 습관적으로 사용한다는 셈이다.

이러한 문제는 개인이나 개별 집단의 역사적 경험을 일반화하는 데서 나타나는 오류다. 한국의 근현대사는 외세의 침략과 내분으로 인해 인간성이 잔혹하게 파괴되는 비극을 경험했다. 특히 한국전쟁과 전후

(戰後)의 좌우 대립 과정에 나타난 광기는 사회심리학적 차원으로 확대 재생산되면서 형제에 대한 사랑보다 혐오와 저주의 심리를 낳았다. 한국 교회와 일부 목사들은 이러한 시대적 상처를 치유해야 할 책임을 방기했을 뿐만 아니라 오히려 증오와 파괴의 전위대로 나서기도 했다.

자유당 정권과 유신, 5공화국으로 이어지는 반공 노선에 한국 교회와 목사들이 인권 탄압을 묵인하거나 도리어 앞장서서 주도한 것은 중대한 범죄다. 이것은 역사적 범죄일 뿐만 아니라 하느님의 정의를 짓밟는 행위다. 교회가 하느님의 정의에 배치되는 특정 집단이나 사상에 맞서 싸우지 못하고 이념과 정치 대립의 장에 깊숙이 개입하여 인권을 유린하고 인명을 살상하는 데 앞장섰던 것이다. 사탄의 세력을 몰아내기 위해 사탄의 세력을 끌어들여 사탄의 방법을 사용했다면 결국 그것은 누구를 위하고 무엇을 위한 전략인가. 특정 정치 집단과 교권주의자들의 헤게모니를 위해 하느님의 이름을 이용하여 사탄의 짓을 한 것이 아닌가.

빨갱이가 사탄이 된 내력

한국 목사들의 일방주의와 배타적 권위주의는 또 다른 역사적 소산이기도 하다. 식민지 경험과 분단, 전쟁, 그리고 좌우 대립과 독재의 연속 과정에서 이분화된 한국 교회의 세계상은 목회자들에게 전후 남한 사회의 부조리에 일정 부분 역할을 담당케 한다.

그 역사적 경험은 평안북도를 중심으로 하는 서북 지역의 교회들에서 두드러지게 나타났다. 북한을 장악한 공산 정권은 지주 계급을 척결하기 시작했는데, 이때 지주와 중산층이 북한 교회의 주축이었다. 당연히 이들은 북한 정권으로부터 타도의 대상이 되었다. 그러나 서북 교회 내에서도 사회주의 이념을 수용하기 좋은 계급적 위치에 있는 하층민 기독교인들도 있었다. 이들은 북한의 공산 정권에 찬동하였고, 이로 인해 교회는 분열되었다. 한국전쟁 당시 북한 정권과 그를 지지하는 기독교인으로부터 수세에 몰렸던 일부 북한 교회와 지도자들이 대거 월남하여 장로인 이승만 대통령을 중심으로 친미 반공주의 세력의 주류를 형성하게 된 것이다.

그런데 이들은 복음 정신에 따라 분단된 민족과 상처 받은 역사를 치유하고 화해시키는 그리스도의 사랑을 실천하기보다 갈등과 대립을 조장하는 데 앞장섰다. 형제에 대한 사랑이나 용서와 화해 대신 증오와 저주를 선택했다. 공산주의에 대한 그들의 이해는 하느님의 정의가 아니라 자신의 소유를 빼앗기고 교권을 박탈당한 데서 오는 개별적 경험이었다. 공산주의자들에 대한 신학적 탐구나 담론이 이루어지기도 전에 사탄이라고 단죄해 버림으로써 이후 다양하게 전개되어야 할 신학의 스펙트럼을 일찍부터 차단해 버렸다. 따라서 한국 교회는 신학적 반성이나 통찰력 없이 근본주의적인 성향을 띠게 되었다. 교권주의자들에게 근본주의만큼 매력 있는 이데올로기는 없을 것이다.

그러나 미국의 근본주의와 한국 교회의 근본주의 성향은 본질적으로 다르다. 미국의 근본주의는 자유주의와 근대성의 도전으로부터 성서적이며 전통적인 기독교 신앙을 보존하기 위해 일어난 종교 운동이다. 그리고 계몽주의적 성서 비평과 진화론 교습, 니체의 철학에 반대하며 기독교적 전통과 가치를 수호하기 위한 것이었다. 물론 미국의 근본주의가 폐쇄성과 반지성주의 등으로 인해 부정적인 영향을 끼친 것은 사실이다. 그리고 일부 교권주의자들의 헤게모니가 개입된 것도 부정할 수는 없다. 하지만 복음에 대한 그들의 신학적 노력까지 부정해서는 안 된다.

그러나 한국 교회의 근본주의는 이러한 신학적 동기에서가 아니라 식민지와 한국전쟁이라는 역사적 경험에 의해 감정적 진단에서 비롯되었다. 이로부터 자신의 정치적 이해와 관련시켜 대상을 쉽게 단죄하는 못된 습관이 생긴 것이다. 추부길 목사가 "흔히 기독교에서 쓰는 관용어구"라고 한 것은 바로 이러한 역사적 맥락에 의한 것이다.

한국 교회 지도자들의 이러한 모습은 해방 이후 수립된 남한 단독정부의 첫 대통령이었던 이승만 장로에게서 강하게 나타났다. 이승만은 상해 임시정부의 초대 국무총리로 선임되었다. 그러나 워싱턴에 구미위원부를 설치하여 스스로 대통령 행세를 하다가 상해로 돌아가 대통령에 취임했으나 전횡적이고 독선적인 행동으로 임시정부로부터 탄핵을 당했다. 그러나 임시정부의 탄핵 결정에도 상관하지 않고 임의로 국제연맹회의에 참석하여 외교를 전개하는 등 월권행위를 했다. 이승만의 이러한 태도는 집권 기간 내내 독선적인 모습으로 나타났다. 해방 정국에 역사적 정의를 바로 세우려는 민족적 노력을 무시하고 친일파에게 면죄부를 줌으로써 내부의 갈등을 증폭시키고 편향적인 정치 노선을 만들었다.

이승만은 자신에게 반기를 든 민족주의 노선을 제어하기 위해 친일 세력을 적극 활용했다. 월남한 목회자 그룹은 이러한 이승만의 정치 노선과 정책에 적극 가담했다. 해방 정국과 한국전쟁 당시 남한 내 좌익 척결을 명분으로 내세웠던 우익 단체, 특히 서북청년단에 월남자 그룹이 적극 가담하여 활동했던 것이다.

이승만은 기독교 신앙을 가진 교회 장로였지만 그의 정치 노선은 반기독교적인 태도로 일관했다. 특히 국민보도연맹 사건을 통해 보여 준 그의 잔혹한 태도는 그리스도인이기 전에 인간으로서도 저지르지 못할 악마적 처사였다.

이승만은 정권 유지를 위해 좌익 세력을 포섭해야 했다. 자신의 정권을 반대하는 세력과 공산주의자를 발본색원하는 것으로 정권 유지의 기초를 닦을 수 있다고 판단한 이승만은 "개선의 여지가 있는 좌익 세력에게 전향의 기회를 주겠다"며 '국민보도연맹'을 창설했다. 이에 많은 사람들이 보도연맹에 가입하게 되는데, 좌익 활동을 한 사람뿐만 아니라 공산주의자로 몰릴 만한 여지가 있는 사람들까지 가입되었다. 본인과는 무관하게 가족이나 친척 중 좌익에 가담한 경력이 있다는 이유로 보도연맹에 강제 가입된 사람들도 있다. 보도연맹은 1년 만에 33만

5000명이 가입하여 거대 조직이 되었지만 한국전쟁이 터지자 이승만은 이들을 처형하기 시작했다. 이때 학살당한 사람들은 25~30만 명으로 추산된다. 이들을 학살할 때 처음에는 군경이 동원되었지만 점차 서북 청년단과 같은 우익 반공 단체들이 적극 개입했다.

이들 우익 단체, 특히 서북청년단에 적극 몸담았던 월남한 기독교계 인사들이 이와 같은 이승만의 정치 노선에 적극 가담한다. 이런 역사적 맥락에서 볼 때, 한국의 주류 교단과 대형 교회를 장악하고 있는 월남자 그룹의 목회자들이 빨갱이니 사탄이니 운운하며 관용적 표현이라고 둘러대는 것이야말로 역사적 경험의 소산이라는 것을 반증하는 것이다.

일제 강점기 후반부에 가서 한국 교회는 신사 참배 문제로 기독교 신앙을 뿌리째 흔들어 버린다. 천주교와 감리교를 필두로 한국 교회의 대세를 이룬 장로교마저 총회에서 신사 참배를 우상 숭배가 아닌 국민의 례로 정의하고 공인하게 된 것이다. 이에 반대하는 양식 있는 목사와 교회 지도자들은 일제의 탄압으로 교권을 잃거나 투옥 당한다. 순수한 신앙의 전통을 지키기 위해 노력한 사람들이 해방과 함께 교회로 돌아왔을 때는 이미 신사 참배에 가담했던 목사들이 교회를 장악한 뒤였다. 생명을 걸고 신앙의 순수성을 지킨 목사들이 돌아갈 강단은 없었다.

이와 같이 한국 교회는 신앙의 순수성과 정통성을 잃은 목사들에 의해 장악되고 말았다. 교권을 장악한 목사들은 이승만의 극우 반공 대열에 적극 가담하며 정권의 추악한 짓을 눈감아 주거나 적극 동조한다. 그러나 일은 여기서 그치지 않는다. 이들 목사들은 박정희와 전두환으로 이어지는 폭압적 군사 독재에 협력하며 교회를 권력 집단의 하부로 전락시킨다.

1966년 박정희 군사 정권 때 김준곤 목사에 의해 '대통령 조찬 기도회'가 시작됐다. 연중행사로 열리는 이 모임의 첫 번째 기도에서 김준곤 목사는 "박 대통령이 이룩하려는 나라가 속히 임하길 빈다"고 기도했다. 그리고 2회 때는 "우리나라의 군사 혁명이 성공한 이유는 하나님이 혁명을 성공시킨 것"이라 하는가 하면, 6회 때는 "민족의 운명을 걸고 세계의 주시 속에 벌어지고 있는 10월 유신은 하나님의 축복을 받아 기어이 성공시켜야 하겠다. …… 10월 유신은 실로 세계 정신사적 새 물결을 만들고 신명기 28장에 약속된 성서적 축복을 받을 것이다"고 설교했다.

1980년 8월 6일 전두환이 5·18 학살의 공로로 대장 진급을 하던 날, 서울 롯데호텔에서는 개신교 지도자 23명이 참석한 가운데 기도회가 열렸다. 정진경 목사(당시 성결교 증경총회장)는 "이 어려운 시기에 막중한 직책을 맡아서 사회 구석구석에 악을 제거하고 정화할 수 있게 해 주셔서 감사합니다"라고 기도했다.

이와 같이 한국 교회의 교권을 잡은 일부 대형 교회 목사들은 독재자에게 면죄부를 주며 그들을 오히려 하느님의 정의로운 사도로 칭송했다. 독재자에 대한 이들의 칭송은 독재로부터 고통당하는 많은 시민을 악의 세력으로 몰아갔다. 선악의 관념이 분명한 정치 대결의 어느 한편에 서게 될 경우 그 반대편은 악의 세력으로 전락할 수밖에 없다. 이들은 복음의 진정성보다는 부패한 권력과 적절히 타협하여 교회를 보호하고 몸집을 불리는 데 더 큰 가치를 둔 것이다. 일제 때 신사 참배를 주장했던 목사들의 연장 선상에 선 것이다. 또한 이들 목사들에게 선의 기준은 권력이었다. 하느님의 정의도 복음의 가르침도 이들의 기준에서 배제된 것이다.

2008년 2월 16일 MBC 시사 프로그램 〈뉴스후〉는 금란교회 김홍도 목사의 교회 공금 횡령 문제를 보도했다. 이에 대해 김홍도 목사는 "빨갱이 놈들, 빨갱이가 가장 많은 데가 MBC 아니냐"라는 비난을 퍼부었다. 빨갱이라는 말이 입에 붙어 습관적으로 튀어나오지 않는다면 이런 저속한 공격이 나올 수 없다.

사회는 보수적인 이념과 진보적인 이념이 공존하며 조화와 균형을 이루어 나가야 한다. 보수와 진보를 우익과 좌익*이라는 다른 이름으로 말하는 것은 바로 두 날개를 통해 한 사회가 건강하게 균형을 잡고 발전할 수 있다는 의미일 것이다. 그러나 한국 사회에서의 '좌익'이란 곧 악마적 죄악 관념을 표상한다. 보수주의자들은 누군가에게 혐의를 뒤집어 씌우거나 도덕적 흠집을 내고 싶을 때 좌익이라는 말을 사용한다. 그리고 자신의 치부를 은폐해야 할 때도 논리가 궁색하면 이 말을 쓴다. 좌익이라는 말은 곧 '빨갱이'라는 원색적인 비난이다. 빨갱이라는 말은

* '좌익(左翼)'과 '우익(右翼)'의 '익(翼)'은 날개를 뜻한다. 두 날개를 함께 사용해야 비상할 수 있다는 의미일 것이다. 리영희 선생은 이러한 이념의 균형의 요구를 『새는 좌우의 날개로 난다』(두레, 1994)를 통해 역설했다.

더 이상의 변론을 필요치 않는 법원의 최종심과 같은 것이다. 한국 사회에서 이는 절대 용서 받지 못할 뿐만 아니라 저주 받아야 할 죄악으로 선포되는 말이다. 적어도 남한 사회에서는 이것이 합리적 담론을 불허하며 극단적 이분법으로 직행하여 상대방을 악마로 둔갑시키는 특효약이다. 한국전쟁의 와중에서, 그리고 해방 이후 이승만과 박정희가 이 특효약을 써먹으며 국민들의 기억 속에 악마의 이미지를 만들어 놓았던 것이다.

한국 교회도 이러한 역사적 맥락에서 자유롭지 못하다. 교회가 신학적 뿌리보다 이념적 토대 위에 서 있는 탓이다. 이런 면에서 조금 과한 표현을 하자면, 한국 교회는 독재자를 찬양하고 고통당하는 형제를 악의 세력으로 정죄하는 친독재 반신학적 사이비 복음주의 집단이라고 해도 무방할 것이다. 한국 교회가 주장하는 대부분의 사탄은 이들에 의해 탄생하고 있기 때문이다.

보수 이데올로기의 새로운 전도사들

지난 김대중 정부와 노무현 정부 시절 보수주의자를 자처하며 친미 반공 노선에 선 목사들이 있다. 김진홍 목사와 서경석 목사가 그 대표이다. 김진홍 목사는 뉴라이트라는 새로운 보수 단체의 수장을 맡으면서 기존의 한국 사회 기득권층의 반동적 이념을 확대 재생산하는 데 열을 올렸다. 그는 1970년대 청계천의 노숙자들과 함께 그리스도의 사랑을 실천하며 복음 실현을 위해 노력했던 목사라고 생각할 수 없을 정도로 변했다. 그는 물질 문명으로 병든 우리 시대에 새로운 삶의 길을 제시해 준, 기독교적 가치와 복음의 진정성을 실현하려 했던 청년 목사였다. 그런 그가 정치판에 뛰어들어 온갖 잡설을 쏟아 내 지성 사회로부터 한국 기독교의 정체성을 의심 받게 하고, 복음의 진정성을 흐려 놓는 짓을 하고 있는 것이다.

그는 이명박 대통령의 대통령직 인수위원회에도 참여했는데, 그 이후로 더욱 노골적으로 친정부 색채를 드러냈다. 이명박 대통령이 추진하려다 국민적 저항에 부닥친 대운하에 대해 그는 "대운하는 하나님의 지시이다", "사람들이 반대한다고 해서 운하 파는 것을 그만두면 하나님의 뜻을 거스르는 것이 된다"는 등의 말을 쏟아 냈다. 정치 권력의 정책을 하느님의 직접적인 지시라고 아무 두려움 없이 떠들어 대는 이 사람이 새벽을 깨우겠다던 김진홍 목사라는 것이 믿어지지 않을 정도다. 그는 또 "셋방살이 하는 장관이 나라를 다스리면 나라 꼴을 셋방살이로 만든다"는 엘리트주의 경제관념을 피력하기도 했다.

『새벽을 깨우리로다』를 통해 젊은이들의 심금을 울리고 수많은 이들의 멘토가 되었던 사람이 이제 가난한 자와 부자를 나누어 정치적 선악구도를 만들고 있는 것이다. 김진홍 목사는 예수의 평화의 사도가 아니라 한국 사회를 증오와 저주의 지옥으로 불러들였던 이념의 화신이 되고 말았다. 그의 주장을 들어 보면 아연실색하지 않을 수 없다.

"방송·통신·문화·언론 모든 분야에 좌파의 일꾼들이 그대로 남아 있
어서 아직도 국민 여론을 그릇되게 이끄는 면이 많다는 것을 피부로 느
낀다."

"2005년 6·25 때 노근리 사건을 KBS가 한 시간 특집으로 다뤘는데, 미
군이 마치 남한의 양민을 학살하러 온 것처럼 그런 내용으로 비춰졌다."

"서울에서 나오는 방송인가, 평양에서 나오는 방송인가. 우리 사회가 지
나치게 좌 성향으로 기울어졌다."[*]

김진홍 목사가 말한 노근리 사건은 한국전쟁 발발 직후인 1950년 7
월 노근리 철교 밑에 피신하고 있던 인근 마을 주민 수백 명을 향하여
미군들이 무차별 사격을 가하여 300여 명을 학살한 사건이다. 이는 명
백한 전쟁 범죄였다. 미국 내에서도 전쟁 중 양민 학살에 대한 윤리적
문제와 이에 대한 책임 공방이 치열했다. 미국의 정가와 시민 사회가 이
에 대한 윤리적 문제로 뜨겁게 달구어질 때 정작 한국의 보수 언론들은
오히려 이에 면죄부를 주는 사설을 연일 쏟아 냈다. 김진홍 목사는 바로
그러한 보수 언론들의 언동과 일치되는 주장을 했다. 김진홍 목사에게
는 이제 인간의 생명과 하느님의 정의보다 정치적 이념이 더 중요한 덕

---

[*] 2008년 4월 14일. 서울 프레스센터에서 열린 '이명박 정부의 방송통신정책 대토론회' 환영사.

목이 된 것이다.

　김진홍 목사의 이 같은 정치 편향성은 신보수를 표방하고 나선 '뉴라이트'를 통해서 적극적으로 개진된다. 그가 뉴라이트 홈페이지를 통해 밝힌, 뉴라이트 운동을 시작한 이유를 보면 더욱 기가 질린다.

　"대한민국은 표류와 혼돈의 위기에 직면하게 되었는데, 그 이유는 과거 좌파 사상에 경도되었던 이들이 대한민국의 국정을 책임지게 되어 대한민국을 말아먹었기 때문"이라는 것이다. 그러나 그가 말하는 '표류와 혼돈의 위기'의 본질은 다른 데 있다. 김대중과 노무현 정부 시절 정국 운영 주도권을 상실한 기득권층은 매우 당황했다. 김진홍 목사가 말하는 대한민국의 표류와 혼돈은 기득권층의 권력 상실로부터 기인한 불안감의 우의적 표현이었던 것이다. 일제 강점기부터 해방 정국을 거쳐 1970~1980년대에 이르기까지 친일과 친미·친독재를 경유하며 권력을 휘두르던 기득권자들의 정치 구호였던 것이다. 김진홍 목사의 주장은 그가 이런 극우 집단의 이념에 편승했음을 커밍아웃한 것이다.

　그가 상임의장으로 있는 뉴라이트는 서울대 안병직 교수가 이사장으로 있으며 노골적으로 친일적 행동을 하는 단체다. 안병직 교수는 "위안부는 없었다. 국내에도 일본에도 그에 대한 객관적 자료는 없다", "일제 식민 시대는 한국을 근대화시켰다" 등의 발언과 함께 한국의 근현대사를 왜곡하는 친일 역사 교과서를 만든 단체로 시민 사회로부터 노골적 친일 집단으로 지목 받는 단체다. 김진홍 목사가 이 단체의 행동 대장이 된 것이다. 그러므로 그는 "과거에 좌파 사상에 경도되었던" 사람들이 어떠한 정책을 가지고 대한민국을 운영하느냐보다 그들의 과거 이념의 흔적을 문제 삼고 있는 것이다.

이는 논리적 근거가 빈약한 일부 이념 편향 세력에게서 흔히 나타나는 논리적 오류다. 이는 어떤 개인이나 집단을 공격하는 과정에서 나타나는 비합리성의 테러리즘이다. 근거와 논리가 빈약한 집단이나 개인일수록 이런 오류를 부끄러워하지 않는다. 보수 정치권에서 많이 사용하는 '빨갱이'나 '좌파'라는 말도 이러한 경우에 해당한다. 정치권의 이러한 오류와 반이성적 테러리즘이 기독교에 그대로 흘러 들어와 '사탄'이라는 말로 변형된 것이다. 김진홍 목사가 주장한 좌파라는 말도 실체에 대한 문제의식에서가 아니라 그것을 주장하는 집단의 이해관계에 의한 것이다. 김진홍 목사는 그렇게 추잡하고 비합리적인 논변에 하느님의 이름을 팔아먹고 있다.

김진홍 목사와 함께 현실 정치에 적극 개입하여 세간의 온갖 비아냥을 사고 있는 서경석 목사도 이와 유사한 그룹을 이루고 있다. 한때 진보적 지식인으로 건강한 사회 참여와 시민적 가치를 위해 기독교 정신을 구현하는 것처럼 보였던 서경석 목사도 김진홍 목사와 같은 길을 걷고 있다. 그는 경제정의실천시민운동연합(경실련) 중앙위의장 등 시민사회 단체의 활동을 통해 사회에 건강한 기독교 정신을 실현하려는 것처럼 보였다. 그러나 2004년부터 '기독교사회책임'이라는 단체의 공동대표로 활동하며 김진홍 목사와 같은 색깔을 띠기 시작한다.

서경석 목사가 주도한 '기독교사회책임'은 '교과서포럼'이라는 뉴라이트 계열의 친일 성향 단체를 후원하기까지 한다. 교과서포럼은 기존 대한민국 교과서의 현대사와 경제사 관련 서술을 문제 삼아 이 부분을 중점적으로 수정한 『대안 교과서 한국 근·현대사』를 출간했다. 이 교과서에서 주로 수정된 내용은 일제 강점기와 해방 이후의 경제사, 대한민국 역사에 대한 기술인데, 일제의 식민 통치와 해방 이후의 군부 독재를 긍정하는 것들이다. 이들은 역사학계에서도 이미 퇴물이 되어 버린 랑케의 실증주의 역사학을 들고 나왔다. 역사는 주관적 해석이 아니라 사실만을 필요로 하는 것이라는 실증주의 사관으로 한국의 근현대사를 친일적 관점에서 새로 기술한 것이다.

그러나 이들이 내세우는 역사 실증주의도 터무니없기는 마찬가지다. 이들 역시 사실에 기초하기보다 이념에 기초하여 자신의 주장을 펴고 있기 때문이다. 이들은 '교과서포럼 창립 선언문'을 통해 "역사는 바로 세울 수 없다. 또 바로 세울 필요도 없다. 역사란 우리가 살아온 삶의 발자취이기 때문이다", "'역사 쓰기'에는 사실과 사실을 확인하는 것에 대한 엄숙함이 있어야 한다"라고 주장함으로써 실증주의를 통한 역사적 리얼리즘을 복원하겠다는 포부를 밝혔다. 그러나 이들이 대안 교과서에서 주장하는 역사 실증주의는 이승만의 자유당 정권 시절의 반공주의에 뿌리를 두고 있다. 실증주의는 역사의 주도권을 상실한 세력이 자신들의 권력 유지를 위해 써먹은 정치적 무기였던 것이다. 이들 단체의 구성원들은 일제의 압제를 근대화 과정으로 정당화하고, 위안부가 실재하지 않았다는 등의 궤변을 펴는데, 때로는 대범하게도 조선총독부 자료를 근거로 제시하기도 한다.

이들의 이러한 인식과 태도는 '자학 사관'에 대한 잘못된 생각으로부터 나온 것이다. 자학 사관이란 일본의 극우파가 주장하는 것이다. 일본 극우파는 과거 일본 제국의 전쟁이나 식민 지배 등이 결코 일본의 '죄악'이 아니며, 그러한 인식이야말로 자국의 역사를 스스로 부정하고 자학하는 것이라고 주장한다. 따라서 일본의 우익들은 '과거 전쟁이나 타민족 학살 등에 대하여 반성해야 한다'라는 식으로 기술한 현재의 역사 기술이 자학적이라고 주장하며 역사 교과서를 새로 써야 한다고 주장한다. 이들에 따르면 조선을 지배한 것은 침략이나 착취가 아니다. 즉 조선은 일본 제국에 의해 근대화를 선물 받은 것이라는 주장이다.

교과서포럼의 주장은 일본 우익의 주장과 다르지 않다. 대안 교과서를 쓰겠다는 모양새 역시 판박이처럼 닮았다. 교과서포럼은 역사 실증주의를 통해 친일과 독재, 경제 성장 과정에서의 경제사적 부조리 등에 대한 인식을 바로 잡겠다고 한다. 우리 근현대사에 대한 현재 교과서의 설명이 잘못되었다는 것이다. 이는 일본 우익이 주장하는 자학 사관을 앵무새처럼 되뇌이는 것에 불과하다. 역사적 범죄나 사실에 대해 성찰하고 잘못을 돌이키는 것을 '자학(自虐)'이라 생각하고 외면한다면 올바른 역사에 대한 또 다른 정의가 요구될 수밖에 없다. 교과서포럼이 내세우는 실증주의 역시 그러한 오류로부터 자유롭지 못하다. 뿐만 아니라 이는 자신의 역사적 범죄를 은폐하려는 술책일 뿐이다. '근대화'라는 사실 하나만으로 친일 부역자들의 범죄를 정당화하려는 치졸한 꼼수가 숨어 있는 것이다.

이러한 교과서포럼을 지원하는 기독교사회책임과 서경석 목사가 한
국 교회의 심볼처럼 여겨지는 것은 한국 교회에 반감을 가진 세력들에
의해 조장된 것이다. 그러나 이런 조장을 그들만의 잘못으로 돌리기엔
서경석 목사가 기독교의 이름으로 저지른 문제들이 너무 많다.

교과서포럼을 후원하는 기독교사회책임의 구성원들을 보면 한국의
내로라하는 대형 교회의 목사들이 대거 포진해 있다. 기독교사회책임에
서 밝힌 구성원들을 보면 다음과 같다.

> **고문** 김삼환 목사(명성교회), 김준곤 목사(CCC총재), 림택권 목사(전 아
> 세아연합신학대학교 총장), 이동원 목사(지구촌교회), 이수영 목사(새문안
> 교회), 정정섭 장로(국제기아대책기구).
>
> **공동대표** 김요한 목사(국제신대원 총장), 김일수 교수(고려대), 박환인 장
> 로(여의도순복음교회), 서경석 목사(조선족교회), 손인웅 목사(덕수교회),
> 이광선 목사(신일교회), 이광자 총장(서울여대), 이승영 목사(새벽교회),
> 이우근 변호사(법무법인 한승 대표변호사), 이정익 목사(신촌성결교회),
> 이화숙 교수(연세대 법대), 정영환 목사(청운교회), 최성규 목사(순복음
> 인천교회).

이 밖에도 기독교사회책임은 지도위원 31명, 상임집행위원 49명, 집
행위원 153명, 복지위원 219명, 청년위원 8명 등으로 세를 과시한다.

그런데 기독교사회책임의 구성원 중에는 자신의 의사와는 무관하게 명단이 올라간 경우도 있는 것으로 밝혀졌다. 이는 자신들의 세력을 과시하기 위해 불법과 편법을 동원하는 전근대적 정치 행태를 그대로 따라하는 꼴이다. 기독교를 간판으로 내건 단체들의 이 같은 비상식적 행태는 이들이 기독교의 진정성으로부터 얼마나 멀리 있는 정치 집단인지를 여실히 보여 준다. 교회와 하느님의 이름을 팔아 혹세무민하는 정치 목사들이 주님의 교회를 더럽히고 있는 것이다.

이들은 과거 반공주의를 매개로 독재 권력과 유착·공생 관계를 지속했던 교권주의자들의 이데올로기를 현실 정치판으로 직접 끌고 나와 교회와 하느님의 이름으로 혹세무민하는 것이다. 한국 교회가 교회의 조직과 교의를 통해 순교자들을 팔아 반공주의를 확대하며 친일·친미·반공의 이데올로기를 확대 재생산했다면, 이들은 이제 교회와 하느님의 이름으로 현실 정치판에 뛰어들어 권력을 직접 소유하려 한다.

이들이 세상에 전하려 하는 것은 예수 그리스도의 복음과 하느님의 정의가 아니라 한국 사회를 증오와 저주의 나락에 빠뜨렸던 이념이다. 이들에 의해 한국 교회의 이미지가 저질스럽고 추잡하게 변질된 것이다. 이와 같은 경향은 양식 있는 지성인과 새로운 역사적 안목을 갖게 된 젊은 세대를 교회로부터 내쫓고 있다. 한국 교회가 마이너스 성장을 하게 된 요인 중 한 부분에 이들도 분명히 끼어 있다. 이념 편향적인 교권주의자들과 김진홍, 서경석 등과 같은 목사들이 교회와 하느님의 이름으로 역사를 이념 대립의 도구로 사용하며 기독교의 진정성을 훼손하고 있기 때문이다. 이들의 주장에는 성경적 근거보다 이념적 근거가 우위에 있다.

교회사가들의 예언자적 책무

교회사가(教會史家)들은 교회와 목사들의 역사적 범죄를 고발하고 성찰해야 할 의무가 있다. 이들은 시대의 문제를 성경에 비추어 대안을 제시하고 해결해야 할 예언자적 사명을 가진 사람들이다. 구약의 저자들은 자신들이 처한 역사적 상황에서 언약을 해석하고 새로운 지평을 열어 나갔던 사람들이다. 야훼 신앙에 대한 예언자들의 해석학적 전통은 그들의 역사적 반성과 직결된 것이었다.

예언이 없으면 계시도 없다. 한국 교회는 계시 없는 종교 집단이 되고 말았다. 계시는 개별적인 역사 경험을 일반화하는 데서 오는 것이 아니라 잘못된 역사적 문제를 바로 잡으려는 성찰로부터 오는 것이다. 그러나 한국의 교회사가들은 목숨을 걸고 예언하고 계시로 경고했던 예언자들의 전통을 따르지 못하고 있다. 한국 교회사가들은 한국 교회의 역사적 범죄를 직접 다루기를 두려워한다. 학살과 만행에 동조하거나 앞장섰던 교회와 지도자들의 이름을 거명하지 못한다. 교회를 장악하고 있는 그들 세력이 너무 거대하여 함부로 건드릴 엄두를 못 내는 것이다. 그러니 교회 밖의 비기독교인들에게 공격의 빌미를 제공할 수밖에 없다.

황석영의 소설 『손님』은 바로 이러한 한국 기독교의 문제를 비기독교적 시각에서 고발한 작품이다. 이 소설은 해방 이후 황해도 신천 지역에서 발생한 대규모 양민 학살 사건을 다루고 있다. 그런데 신천 학살은 남과 북에서 서로 다른 주장을 펴고 있는 사건이다. 북에서는 미군이 저지른 대규모 양민 학살이라 주장하고, 남에서는 북의 체제에 반대하는 사람들을 북한 정권이 학살한 것이라고 주장한다. 서로의 주장이 다르고 증거가 불충분하기 때문에 이에 대한 진실을 명확히 규명하기는 어렵다. 그러나 소설가 황석영이 신천 지역을 방문하고 가해자의 유족과 인터뷰를 통해 내린 결론은 "우익 기독교 세력에 의해 저질러진 학살"이라는 것이다. 즉, 신천 학살 사건은 공산주의와 기독교라는 외래 사상에 의해 저질러진 만행이라는 것이다.

신천에서 일어났던 학살 사건의 전후 맥락을 살펴보면 황석영의 이해와 주장이 결코 잘못된 것이라고 쉽게 단정할 수도 없다. 그러나 이것이 사실이든 아니든 비기독교인의 입장에서 한국 기독교가 형제에 대한 증오와 학살을 자행하는 무서운 전염병으로 인식되고 있다는 것은 문제다. 기독교와 공산주의가 민족 외부에서 들어와 민족 내부를 분열시키고 파괴하는 악마적 세력으로 인식되고 있는 것이다.

한국 교회는 이러한 주장을 논박할 만한 자료나 근거를 제시하지 못한다. 이럴 때 교회는 현실적이고 역사적인 명분을 상실하게 된다. 명분이 없는 집단은 사회적으로 진정성을 의심 받을 수밖에 없다. 지금 한국 교회가 이러한 의심의 눈초리를 받고 있다.

자기주장의 명분과 합리적 근거가 없을 때 저급한 집단일수록 관념적인 논변으로 일관하는 경향이 있다. 한국 교회는 바로 이러한 관념적 논변의 한 방법으로 사탄론을 내세우는 것이다. 한국 교회의 몇몇 지도자들은 사탄이 먹여 살린다고 해도 과언이 아닐 듯하다. 자신의 주장을 명확한 논리로 증명할 수 없는 사람들이 사탄이란 말을 관습적으로 사용하는 것이다.

관습화된 사탄은 신학적 기초가 아니라 극우적 반공주의라는 이념에 의해 탄생한 것이다. 1959년 세계교회협의회(WCC)와 미국복음주의연맹(NAE) 노선 지지자들 사이의 갈등으로 장로교가 '통합'과 '합동'으로 분열된 사건이 있었다. 이 과정에서 WCC를 탈퇴한 예장 교단의 합동 측은 에큐메니컬 운동을 '용공 신신학'이라고 비난했다. 또 기독교교회협의회(NCC)에 가담한 교회와 신자를 향해 '사탄의 집단', '지옥의 자식'이라고 저주하기도 했다.*

교회의 태도가 이러한 반공주의 노선과 밀착하자 비기독교 신자인 정치 권력자들이 한국 교회를 향해 권력의 주구(走狗)가 되어 달라고 적극 주문하기도 했다. 1974년 11월 9일에 있었던 '기독실업인회' 주최 조찬 기도회에서 당시 국무총리였던 김종필은 서슴없이 성경을 인용하여 유신 체제를 정당화하며 교회의 협력을 요구했다. 그가 인용한 성

---

* 정규식, 「군사 정권기 한국 교회와 국가 권력」, 『한국 기독교와 역사』 24권 (2006), 106쪽.

경은 로마서 13장이었다. 로마서 13장은 "각 사람은 위에 있는 권세들에게 굴복하라. 권세는 하나님께로 나지 않음이 없나니 모든 권세는 다 하나님의 정하신 바라"고 바울의 말을 전한다. 이 구절을 인용하여 김종필은 "신약 성서 로마서 13장…… 하나님으로부터 그 권위가 비롯되는 민주 정부에 대하여 미워하거나 두려워하는 이가 있다면 그것은 곧 악을 행하는 자일 것입니다"라고 말한다. 그는 '사탄'이라는 단어를 사용하지 않았지만 "악을 행하는 자"라는 표현은 그것을 암시한다. 그리고 유신 정권이 하느님으로부터 비롯된 민주 정부라고 주장한다. 그러므로 독재 권력을 부정하는 시대적 양심과 지성은 모두 악이라는 것이다. 이러한 궤변은 30년 넘은 세월이 흐른 21세기 대한민국 사회와 교회에도 그대로 나타난다. 헌법에 보장된 국민의 권리 행사의 한 방법인 집회에 대해 사탄 운운하는 이명박 장로나 조용기, 김홍도 등과 같은 목사들은 이승만, 박정희의 화신들이다.

이러한 문제는 한국 교회의 문자주의적 성서 해석에서 나온다. 성서가 쓰인 당대의 사회적·문화적 상황이나 배경 등을 고려하지 않고 문자의 사전적 의미에만 집착하기 때문이다. 이러한 태도는 현실의 다양한 문제에 성경적 권위로 대응하지도 못할 뿐만 아니라 김종필과 같은 정치 권력자가 교회를 농락하는 수단으로 삼게 하는 빌미를 제공한다. 성서는 해석을 요하는 텍스트라는 사실을 교회 스스로 부정함으로써 교회 밖 이방 종교의 권력자에 의해 정치적 도구로 이용될 빌미를 주는 것이다.

정치로 문제를 해결하려는 교회

수구 정치권과 밀착 관계를 유지해 오던 한국 교회가 급기야는 정치 판에 직접 뛰어드는 일이 발생했다. 이전에도 기독교를 표방한 군소 정당이 명멸한 적은 있지만 2000년 이후의 기독교 정당은 다른 형태를 띤다. 국가 조찬 기도회를 창설하고 독재 권력을 찬양했던 김준곤 목사가 2004년 창당한 '한국기독당'이 그 예이다. 한국 교회를 대표할 만한 조용기, 김기수, 김준곤, 박영률 목사 등이 선두에 섰다. 선거 전 설문 조사에서 기독교인 네티즌 86퍼센트가 기독당에 반대한다는 결과가 있었지만 이들은 이를 무시했다. 이들에게는 선거가 시작되면 기독교인이 적극 나서서 지지할 것이라는 믿음이 있었던 것으로 보인다. 그러나 기독당은 1.1퍼센트의 득표에 그쳐 참패하고 말았다. 그리고 4년 뒤인 2008년 '기독당'이 창당됐다. 기독당을 주도한 전광훈 목사는 "교회당 1만 개를 세우는 것보다 기독당이 원내 진출하는 것이 선교에는 더 효과적"이라고 주장했다. 이는 2004년 총선에서 나타났던, 기독교인이 결집할 것이라는 환상이 그대로 재연된 것이다.

그런데 2004년과 2008년의 기독당 창당의 배경이 된 것은 다름 아닌 통일교였다. 통일교가 국회 입성을 위해 정당을 창당하여 정치에 적극 개입하려는 양상을 보이자 이에 위기를 느낀 보수 교단의 목사들이 기독당 창당을 위해 발 벗고 나선 것이다. 그러나 두 번째 선거에서도 기독당은 2.59퍼센트라는 낯부끄러운 지지율로 참패를 면치 못했다.

두 번에 걸친 기독당의 참패는 '정책 부재'라는 포괄적 문제에서 비롯된다. 통일교가 '가정'과 '평화'라는 우리 시대의 화두를 들고 나와 보편성에 호소한 반면, 기독당은 통일교에 맞서기 위해 아무런 대안이나 정책 개발도 없이 정치판으로 뛰어든 것이다. 그러니 기독당은 오합지졸일 수밖에 없었다. 더군다나 '빤스 발언'으로 한국 기독교를 천박한 저질 집단으로 추락시킨 전광훈 목사 같은 사람이 메가폰을 잡고 기독당을 이끌었다는 것은 기독교 세력이 원내 입성을 하느냐 마느냐의 문제 이전에 도덕성 문제였다. 기독당은 처음부터 한계를 드러냈던 것이다.

한국 교회가 정치를 통해 기독교 정신을 구현하려면 적어도 전광훈 목사 같은 사람을 통제했어야 한다. 전광훈 목사는 대선 과정에서도 "이명박을 찍지 않으면 생명책에서 지워 버린다"는 막말을 해서 물의를 일으킨 사람이다. 그는 또 "예수 안 믿는 놈은 감방에 처넣고, 중들은 섬에 처넣어"라는 폭언으로 기독교를 품위 없는 저질 집단으로 추락시킨 사람이다. 이런 사람이 기독교를 대표하는 정당인으로 나선 것이다. 그런데 이들이 정치판에 뛰어들 때 기독교 내부에서 아무런 비판이나 제재를 가하지 않았다. 모두가 침묵하고 있었던 것이다. 한국 교회가 두 번에 걸쳐 기독당이라는 간판을 걸고 나와 부끄러운 자기 치부를 세속 앞에 다 드러낸 꼴이 되었다.

이들은 기독교적 가치 실현을 위한 정책을 장기적으로 수립할 만한 인재들이 아니었다. 그러한 가치를 실현할 만한 정신(mentality)이 없는 사람들이었다. 기독교가 하느님의 정의와 복음을 실현하기 위해 각자의 자리에서 최선을 다한다면 굳이 정치판에 뛰어들지 않아도 될 일이다. 통일교와 같은 이단 종파가 정치판을 휘젓는다 해도 시민 사회에 교회의 본질과 복음의 진정성을 보여 준다면 이단이 발흥할 수 없을 것이다. 이단이 발흥하는 것은 언제나 기성 교회의 부패와 부조리 때문이라는 역사적 교훈을 되돌아보면, 이들이 정치를 통해 한국 교회의 위기를 해결하려 하는 태도야말로 얼마나 정신이 빈곤한 짓인지를 알 수 있다.

자신의 잘못을 성찰하거나 고백하기 싫어하는 자들은 자신의 모습을 은폐하기 위해 항상 문제의 원인을 외부로 돌린다. 한국 교회는 이단 때문에 망하는 것이 아니라 내부의 부조리와 부패 때문에 망하고 있다는 것을 지각하지 못하는 것이다.

이렇게 볼 때 한국 교회에 복음의 진정성이 살아 있는지 질문하지 않을 수 없다. 일제 강점 때 신사 참배한 죄, 해방 이후 이념 대립 과정에서 잔혹한 학살극에 가담한 죄, 수많은 시민을 탄압하고 온갖 부정과 부패를 일삼는 독재 권력에 빌붙어 그들을 하느님의 이름으로 축복한 죄, 기독 정당의 명분으로 세속적 명리와 권력을 탐한 죄 등 이러한 교회의 죄악상은 묻어둔 채 신도들을 향해 회개를 강요하는 것이 오늘날 한국 교회의 모습이다.

집단적 범죄를 은폐하기 좋은 장치가 바로 개인주의다. 한국 교회는 모든 신앙의 형태를 개별화시켜 집단으로부터 분리하려는 이중적 태도를 갖는다. 개인은 교회라는 공동체 안에 존재하지만 신앙은 각자의 몫으로 전가하여 교회라는 집단의 도덕성과 무관한 것처럼 치부해 버리는 것이다. 교회라는 집단의 도덕성이 구성원 개별자의 신앙과 무관한 것처럼 호도하는 것이다.

이러한 문제는 한국기독교총연합(한기총)의 조직 운영에도 나타난다. 한기총 주최로 시청 앞 광장에 모여 무슨무슨 기도회가 열릴 때마다 TV 뉴스에 비치는 참가자들의 일면을 보면 이를 짐작할 수 있다. 대부분 50~60대 주부들, 즉 여성 신도들이 대부분이다. TV 화면에 비친 이들의 얼굴에는 정치적 관심이나 이념이 없어 보인다. 순박한 가정주부나 세상 물정 모르는 청년들 같아 보인다. 이들 순박한 심청이들은 담임목사의 권고에 이끌려 여전도회 등과 같은 교회 기관에 의해 동원된 사람들일 것이다. 개별적 신앙인들이 교회라는 집단의 정치 논리에 의해 정치적 행사에 동원된 것이다. 이럴 때 그들은 자신의 정치적 이해와는 무관하게 한기총이라는 집단과 이념을 공유하게 된다.

한기총 소속의 많은 교회와 목사들도 이와 비슷한 양상일 것이다. 자기가 속한 지역 단위의 지방 조직이나 교단이 한기총에 가입했기 때문에 개별 교회나 목사 개인의 의사와는 무관하게 한기총 회원이 되어 버린다. 이럴 때 개별교회나 목사는 한기총이라는 집단의 정치적 편향성에 동조하거나 그들의 세력에 힘을 보태는 꼴이 되는 것이다. 한기총이 기회 있을 때마다 자기네 소속 교회와 목사들의 숫자와 명단을 밝히는 것은 세를 과시하려는 부도덕한 세속 정치를 흉내 내는 꼴이다.

교회가 역사적 범죄를 저지를 때, 그 공동체의 구성원은 공동 정범이 될 수밖에 없다. 나 아닌, 타인에 의해 저질러진 범죄의 책임을 구성원이 함께 져야 한다. 많은 교회 구성원들은 이러한 집단의 부조리와 범죄 사실을 묵과한다.

그러나 새로운 역사적 안목과 자기의식이 분명한 젊은 세대들은 이러한 집단의 도덕성과 집단 구성원으로서의 자기 정체성을 연결할 줄 안다. 현대 사회는 다양한 매체로 인해 각 집단의 정체가 대중 앞에 확연히 드러난다. 무엇이 옳고 그른지, 어느 집단이 더 도덕적이고 진정성을 가지고 있는지 알지 않으려 해도 알 수밖에 없는 구조가 되었다. 다양한 미디어 앞에 이제 개인도 집단도 정체성이 드러날 수밖에 없게 되었다. 또한 구성원으로 하여금 자신이 속한 공동체의 이념이 무엇이고, 자신이 속한 집단이 그 이념을 얼마나 잘 수행하는지 감시하는 기능이 발달했다. 교회의 재정 운영, 지도자나 구성원들의 도덕성 여부, 조직의 개방성, 참여함으로 인한 보람 등에 대해 합리적으로 판단하려 한다. 젊은 세대일수록 이러한 가치 판단의 속도는 매우 빠르다. 구성원이 요구하는 가치에서 멀어질 때 젊은이들은 가차 없이 조직을 이탈한다. 한국 교회는 지금 젊은이들에게 버림받고 있다. 그러나 교회는 젊은이들의 속물성과 세속적 타락을 한탄한다. 자신은 잘못한 게 없는데 세상이 타락해서 교회에 나오지 않는다고 생각하는 것이다.

지난 2008년 8월 5일 서울시청 광장에서 한기총이 개최한 '나라 사랑 특별 기도회'는 '① 국민 화합과 국론 통일을 위하여 ② 독도 수호와 국가 안보를 위하여 ③ 경제 발전과 교회 부흥을 위하여 ④ 한미 동맹의 강화를 위하여'라는 주제로 열렸다. 그러나 많은 시민들은 한기총이 개최한 이 기도회가 기독교적 가치와 진정성과는 거리가 있는 것으로 여긴다. 이 행사에 대해 무수하게 달린 인터넷 댓글들이 이를 증명한다. 국민 화합과 국론 통일이 과연 상식과 원칙에 입각한, 민주 사회의 가치를 위한 것인지, 아니면 한미 쇠고기 협상 문제로 곤욕을 치르고 있는 이명박 정부에 보호막을 치기 위한 것인지 그 진정성이 확연히 드러나기 때문이다. '국가 안보' 역시 마찬가지다. 그들이 내건 구호가 탈냉전 이후로 남북 관계의 화해 무드를 깨뜨리기 위한 수구 세력의 선동이라는 것을 지각 있는 시민들은 다 안다. 또 경제 발전과 교회 부흥을 같은 항목에 넣은 것은 한국 교회가 시장주의에 예속되었다는 것을 스스로 고백한 것이다. 한미 동맹 강화 역시 민족의 운명을 주체적으로 해결하기보다는 신냉전과 신자유주의를 획책하고 있는 부시 정권에 종속되어야 한다는 주장일 뿐이다.

이와 같이 한국 교회가 정치적 편향과 수구적 이념을 옹호하는 집단으로 인식되기 시작하면서 기독교에 대한 부정적 인식이 확산되었다. 이런 상황에서 한국 교회가 유럽과 미국 교회의 몰락을 남의 일처럼 설교 자료로 사용하며 자신들의 현재 상황을 긍정적으로 인식하는 것은 제 발등의 불을 보지 못하는 꼴이다.

교회는 교회여야 한다. 교회가 정치나 이념의 주구 노릇을 하게 되는 순간 교회의 생명은 끝난다. 예수님을 따르던 군중이 빌라도의 법정에서 "예수를 십자가에 못 박으라"고 외쳤던 것은 복음을 정치 이념으로 착각한 무지한 대중 심리 때문이었다. 한국 교회는 이러한 무지를 답습하고 있는 것이다.

교회는 이념으로 생명을 구원하고 사회를 정화시킬 수는 없다. 교회는 복음의 가르침으로 세속의 타락을 준엄하게 꾸짖을 수 있는 권위를 세워야 한다. 그 권위는 탈이념화와 윤리에서 비롯된다. 그러나 한국 교회는 권위도 없고 진정성도 없는 이념 집단이 되고 말았다.

한국 교회의 뿌리 없는 국가주의

한국 교회의 이러한 이념 편향성은 교회를 국가주의에 빠뜨리기도 한다. 기독교적 가치와 국가에 대한 충성도가 동일 선상에 놓이기 때문이다. 보수 우익 단체는 자신들의 정치적 견해와 다른 사람들을 비판하고, 함정에 빠뜨리기 위한 구호로 '자유 민주주의 수호'와 '애국'을 강조한다. 보수 이념과 권력 편향적인 한국 교회가 기독교적 가치와 국가주의를 구분하지 못하고 뒤섞어 버린 것이다.

기독교 사상은 국가를 초월한 만인 형제주의에 뿌리를 두고 있다. 전 인류가 한 하느님의 지으심과 통치 가운데 공존하는 공동체라는 것이 복음의 핵심 사상이다. 그러므로 기독교가 국가주의나 민족주의를 지나치게 강조하는 것은 복음의 가르침에 위배된다. 한국 교회가 이러한 성경의 원리와 가르침을 구별하지 못하고 국가주의에 경도된 것은 앞에서 살펴본 역사적 경험과 교권주의자들의 헤게모니 때문이다. 예수 그리스도의 복음은 국가나 민족, 또는 이념을 목적으로 하는 그 어떤 집단의 이기성도 부정한다. 엄밀한 의미에서 기독교 정신은 아나키즘의 정신이다. 콘스탄티누스 이후로 이러한 기독교의 아나키즘이 국가주의와 결탁하여 헤게모니화하였는데, 한국 교회는 이러한 역사적 오류의 중심에 서 있는 것이다.

나운몽 목사가 세운 '용문산 기도원'의 구국 제단을 보면 한국 교회의 국가주의 또는 민족주의의 일면을 볼 수 있다. 한국 교회의 기도원 운동이 시작된 용문산 기도원에 '구국 제단'이라 이름 붙여진 기도 처소가 생겨난 이후 크고 작은 기도원에서 이와 유사한 이름의 기도 처소가 생겨났다. 구국 제단 옆 두 개의 깃대에 태극기와 십자가가 나란히 달려 있는 것은 이를 방증한다. 또 구국 제단의 내부는 작은 기도실로 되어 있는데, 다음과 같은 '구국 기도 요령'이 붙어 있다.

구국 기도 요령

1. 30분 전에 대기실에서 준비 기도
2. 기도복을 입을 것
3. 주소 성명을 기록할 것
4. 정각에 신호종을 울릴 것
5. 헌금함에 헌금을 드릴 것

6. 발성으로 나라와 민족을 위해 기도할 것

7. 신호종이 울릴 때까지 기도할 것

이와 같은 나운몽 목사의 민족주의적 관념과 신앙은 그가 해방 이후 '애향숙'을 재건하여 무수히 배출한 수련생들이 이후 기도원 운동에 투신하게 됨으로써 한국 교회만의 독특한 신비주의와 함께 국가주의를 발흥시켰다.

한쪽에서는 교권주의자들의 이념 편향성이 국가주의를 부추겼다면 한쪽에서는 기도원 운동의 한 흐름으로 신비주의가 국가주의와 결합하는 양상을 보인 것이다. 이는 그 과정과 방법에서는 차이가 있을지 모르지만 동일한 역사적 경험에서 출발한다. 나운몽 목사의 이러한 국가주의는 신앙의 개인주의화와 함께 국가(이념)에 대한 개인의 충성도를 강화시켰다. 따라서 한국 교회는 신학적 성찰 없는 이념 편향과 역사에 대한 주관적 경험으로 인해 신앙의 개인주의와 국가주의가 불륜의 나락에 빠진 것이다.

용문산 기도원의 구국 제단에 붙은 다음과 같은 조건은 이를 잘 보여준다.

구국 제단 참고 사항

1. 개인적 기도를 하지 않는다.

2. 한 사람이 한 시간 단위로 기도한다.

3. 소리 내어 기도한다.

4. 기도 인계봉을 다음 사람에게 전한다.

이는 집단주의와 신비주의가 결합되고 있음을 보여 준다. "개인적 기도를 하지 않는다"는 것은 곧 국가를 위해서만 기도해야 한다는 것이며, (큰소리로) "소리 내어 기도"하는 것은 신비주의자들의 기도 양식을 보여 주는 것이다.

1975년 5월 4일 김준곤 목사는 자신이 대표로 있는 한국대학생선교회(CCC) 학생들을 동원한 대중 집회 자리에서 "나라를 위해서는 순국을, 주님을 위해서는 순교를, 공산주의자들의 무력 도발에는 육탄으로 맞서는 의지를 가지고, 반공의 면역체가 되고 전도의 새 종족이 될 것"을 다짐한다. 그의 말을 도식화하면 다음과 같다.

A	① 순국 → 국가 ② 순교 → 주님 ③ 육탄 저지(죽음) ↔ 공산주의	B	④ 반공	C	⑤ 전도

'국가'와 '주님'과 '반공'이 하나의 의미로 합치되는 것을 볼 수 있다. 국가와 주님에 대해서는 생명을 버리는 순국과 순교의 태도를 요구한다. 그리고 공산주의에 대해서도 같은 요구를 한다. 국가나 반공 이념

과, 주님을 향한 신앙과 태도를 동등한 가치로 여기는 것이다. A의 세 항목이 동일한 의미로 합치되어 B와 C를 향해 발전한다. 그러나 A항목 ① ② ③을 보면 ①과 ③ 사이에 ②가 놓여 있는 것을 알 수 있다. 이는 주님을 향한 신앙의 열정과 태도가 국가주의와 반공 이념의 외피 안에 보호 받아야 한다는 수사학적 논변이다. 그리고 B와 C는 발전되는 별개의 항목처럼 보이지만 사실은 같은 카테고리 안에 있다. 이를 다시 정리하면 다음과 같다.

A	① 순국 → 국가	B	④ 반공
	② 순교 → 주님		⑤ 전도
	③ 육탄 저지(죽음) ↔ 공산주의		

즉, 기독교 최대의 지상 명령인 전도(선교)를 '반공' 이념과 동일시하는 것이다. A와 B는 각각의 카테고리 안에 국가주의(=반공 이념)와 기독교적 이념을 병치시키면서 수평적 안정성을 이루고 있다. 이 수사법에 따르면 국가는 곧 교회이며, 교회는 국가의 정치적 이념을 실현하는 수단이다. 이와 같은 수사법의 핵심에는 예수님마저도 국가주의와 반공 이념의 선동자로 삼고자 하는 정치꾼의 교묘한 자기 이해가 숨어 있다. 예나 지금이나 한국 교회는 이러한 정치꾼들의 선동에 놀아나고 있는 것이다.

김준곤 목사가 기독교적 가치의 본질과 정신을 추구하는 주의 종이라면 공산주의 유물사관의 문제를 성경에 근거하여 비판하거나 신학적 차원에서 비판했어야 한다.

이러한 국가주의는 냉전이 종식된 21세기 한국 교회에도 그대로 유전된다. 한기총 총무 최희범 목사는 언론과의 인터뷰*에서 여호와의 증인으로부터 시작된 대체 복무 문제를 국가주의를 전면에 내세워 비난했다.

국방부는 2009년부터 시행할 예정이던 양심에 따른 병역 거부자의 대체 복무제 도입을 보류한다고 발표했다(2008년 12월). 대체 복무는 소수자의 자유와 인권을 존중한다는 노무현 정부의 정책에 의해 추진된 것이었다. 이른바 '양심적 병역 거부'로 불리는 이 문제로 해마다 몇 백 명에 달하는 젊은이가 실형을 살아야 하는 모순을 해결하기 위한 것이었다. 그러나 이명박 대통령이 당선된 직후 국방부는 태도를 바꾸어 대체 복무제를 보류시켰다.

그런데 이 문제는 단순히 군대를 가느냐 마느냐의 문제가 아니라 국가주의와 개인의 양심에 관한 근원적인 문제였다. 이것은 한 시대에 나타났다 사라지는 유행 담론이 아니라 인간의 본질적 가치와 국가라는 제도적 가치의 우열에 대한 인간과 국가에 대한 화두였다.

국가와 개인의 문제는 역사적으로 늘 충돌하는 문제였다. 그런데 현대 민주주의 사회에 와서는 국가 체제나 이념보다 개인의 자유와 인권

---

* 김은석, 「"힘만 있었다면 예수도 '칼' 들고 로마에 맞섰을 것"」, 『뉴스앤조이』, 2009년 2월 9일.

이 우선되는 쪽으로 방향이 설정되고 있다. 그리하여 서구의 많은 국가들이 징병제를 모병제로 바꾸거나 대체 복무제를 도입하고 있는 것이다. 이 문제가 불거졌을 때 한국의 지성계와 시민 사회에서는 이러한 차원에서 담론을 형성하였다. 그런데 이 담론의 전장(戰場)에 한국 교회─자칭 한국 교회를 대표한다는 한기총─가 전위 부대로 나서며 과격하게 공격을 가했다. 대체 복무는 절대 반대한다는 것이었다. 한기총은 재향군인회, 그리고 병무청과 삼각 편대를 이루어 대체 복무제의 반대 전선에서 총공격을 펼쳤다.

따라서 대체 복무제 도입을 보류한다는 국방부의 발표를 환영한 것이다. 최희범 목사는 언론과의 인터뷰에서 다음과 같이 말했다. "국가 없이는 신앙도 없다. 신앙의 자유도 국가의 제재를 받아야 한다."

국가와 제도를 기독교 신앙보다 우위에 두어야 한다는 발상은 그가 기독교 신앙에 정통한 목사가 아니라 국가의 이념에 봉사하는 이념과 체제의 수호자라는 것을 고백한 것이다. 이는 공산주의가 종교와 예술을 자신들 이념에 복무해야 하는 도구로 생각하는 것과 무엇이 다른가. 성직자가 아닌 일반 정치인이나 학자의 입장에서는 이러한 인식과 태도가 가능하다 하더라도 어떻게 목사의 입장에서, 그것도 한국 기독교를 대표하는 집단이며 복음의 정수를 수호한다고 내세우는 복음주의 집단에서 국가를 위한 수단으로 기독교 신앙을 말할 수 있는가. 이는 그들이 말하는 복음주의란, 사실은 자기 집단의 헤게모니를 위한 전략적 이념일 뿐 진정한 복음과는 무관하다는 것을 자백한 것이다.

그는 또 "복음서에 나오는 예수의 평화적 가르침들은 단지 사회 정의를 이루는 방법론일 뿐"이라고 말하는가 하면, "국민·국토를 지키기 위해 적을 막는 것은 정당방위지 살인이 아니다"라고도 말했다. 예수님의 평화적 가르침이 사회 정의를 위한 방법론이라면 기독교인이 굳이 예수를 신앙할 이유가 없다. 사회 정의를 위한 사상이나 방법을 설파한 인물은 한둘이 아니기 때문이다. 최 목사는 예수를 그저 한 사람의 사상가로 격하시키고 있다.

그는 또 예수님의 (예루살렘) 성전 정화 행위를 폭력으로 규정한다. "예수님의 행위를 봤을 때 장사꾼들 쫓아내면서 물리력을 행사했다. 그게 폭력이다"라고 말했는데, 예수님도 폭력주의자였다는 것이다. 그러므로 군대와 같은 폭력을 사용해 살인하는 것은 정당하다는 논리다.

그뿐이 아니다. 그는 예수가 군대를 조직할 힘이 없었기 때문에 비폭력을 행했다고 주장한다.

> 예수님이 무슨 힘이 있었나. 무기 들고 싸울 수 있는 군대를 조직할 힘이 없었다. 그러나 유대인들은 마사다 전투에서 끝까지 로마군에 무력으로 저항하다 전멸했다. 예수님은 실제 정치 현장에서 군대를 조직할 힘이 없었다.

위의 발언 이면에는 다음과 같은 논리가 함의되어 있다.

예수는 군대를 조직할 힘이 없었기 때문에 희생당한 것이다. 예수의 십자가는 자발적 자기희생의 결과가 아니라 무능으로 인한 패배다. 이 논리에 따르면 군대를 조직해서 전쟁을 수행한 유대의 열심 당원들에 비해 예수는 열등한 존재다. 예수는 무능한 패배주의자다. 마사다 전투를 이끌었던 조직은 로마에 과격하게 항전했던 유대의 극렬 민족주의자들이었다.*

최희범 목사의 성경과 신앙관이 예수의 복음에 있는 것이 아니라 극렬하고 배타적인 유대 민족주의에 있다는 것을 알 수 있다. 이스라엘의 팔레스타인 침공과 민간인 학살 사건 등과 같은 반인륜적 범죄에 대해 한국 교회가 침묵하며 이스라엘에 우호적인 태도를 갖는 이유를 알 수 있는 대목이다. 그의 논리와 신앙관에서 예수를 신앙하는 그리스도인의 정체성보다 유대교, 그것도 극렬하고 배타적인 묵시적 유대교의 색채를 볼 수 있다. 기독교의 목사가, 그것도 한국 교회를 대표하고 복음을 수호한다고 자처하는 집단의 지도자급 목사가 유대교와 기독교도 분간하지 못하고 자신들의 이념에 따라 예수와 복음을 자기 마음대로 왜곡하고 있는 것이다. 이들은 교회의 정체성을 예수와 복음에서 찾는 것이 아니라 국가 이념과 체제에서 찾는다. 따라서 예수와 복음도 국가 이념과 체제를 위해 복무해야 하는 수단으로 이해하는 것이다.

---

* 마사다 전투는 A.D. 72년에 유대인이 로마군에 대항하여 마지막까지 싸운 전쟁을 말한다. 최후 항전을 주도한 세력은 유대 권력층(바리새파, 사두개파, 에세네파)의 하나였던 에세네파로 알려져 있다. 강력한 로마 군대에 맞서 승리할 수 없다는 사실을 알게 된 저항 세력은 자기 가족을 모두 살해하고 최후의 한 사람만 남아 로마군에게 희생된다. 이로써 유대 국가는 패망하고 유대인들은 세계에 흩어져 디아스포라가 된다. 이 사건은 요세푸스의 『유대 전쟁사』(박정수·박찬웅 옮김, 나남출판, 2008)에 자세하게 전해진다.

엄밀한 의미에서 기독교(모든 종교)는 국가와 합치될 수 없을 뿐만 아니라 어떠한 형태의 체제나 이념에 복무해서도 안 된다. 예수님의 삶과 가르침은 국가나 민족의 경계를 넘어 아나키즘을 지향하고 있기 때문이다.* 원시 기독교의 신학적 기틀을 잡았던 바울의 사상도 바로 이러한 맥락에 있었다. 배타적 민족주의를 표방하고 유대교적 전통을 강조한 유대 그리스도인들과의 투쟁을 통해 기독교를 보편 종교로 발전시킨 데는 경계를 넘어서는 아나키즘 정신이 있었던 것이다.

예수의 복음도 아나키즘을 내포한다. 지상의 권력은 부정(不正)할 수밖에 없다. 경계 선상 안에서 인간을 경쟁과 피 흘림의 전선으로 내몰기 때문이다. 이는 기독교적 세계관에서 볼 때 부정(不正)한 일이다. 국가와 국가, 민족과 민족, 인종과 인종의 경계들, 특히 현대 신자본주의 사회에서는 금융 자본을 축으로 하는 거대한 경제 카르텔이 보이지 않는 경계를 만들고 개인과 국가 간의 경쟁과 대결을 부추기고 있는데, 이는 자기희생을 통한 세계 구원의 궁극을 지향하는 기독교적 이념과 배치되는 것이다. 예수님은 예루살렘의 정주권적 이데올로기와 투쟁하며 소외된 사람들의 변방을 여행하는 견유**적 삶을 산 분이다. 예수님이 예루살렘 정부의 권력자들에 의해 살해됐다는 것은 무엇을 의미하는가. 이

* 아나키즘(Anarchism)은 '무정부주의'라는 의미보다 '절대 자유', '무강권주의', '무권위주의'를 지향하는 이념이다. 그러므로 엄밀한 의미에서 예수의 정신과 사상도 아나키즘에 있다고 보아야 한다.
** 견유학파(犬儒學派, Kynikos)는 고대 그리스 철학의 한 분파로 정신의 자유를 위해 무욕(無慾)과 자연생활을 영위하려 노력했다. 이는 아나키즘의 여러 유형 중 하나로 볼 수 있는데, 예수의 삶도 이러한 유형을 좇는다고 볼 수 있다.

런 차원에서 볼 때 기독교 정신의 모토는 아나키즘에 있다고 볼 수 있다.

기독교를 공인했던 콘스탄티누스 이후로 기독교는 아나키즘의 정신을 잃고 제도권 아래 자신의 헤게모니를 위해 투쟁하는 집단으로 전락했다. 중세의 수많은 종교 범죄들이 가능했던 이유도 기독교가 예수님의 아나키즘 정신을 버리고 정주권적 이념에 안주했기 때문이다. 한기총과 최희범 목사의 주장은 바로 이러한 중세적 사고와 헤게모니가 복음의 정신과 가치를 짓밟고 있다는 것을 반증한다.

이쯤 되면 한국 교회가 예수를 믿고 복음을 실현하기 위해 노력하는, 구별된 하느님의 성전이 아니라 국가와 이념, 체제에 복무하는 도구적 집단에 불과하다는 것을 알 수 있다. 교회에서는 신도들에게 거룩성과 예수 그리스도에 대한 순수한 신앙을 강조하는 목사들이 실제는 교회와 신도를 국가 이념에 봉사하기 위한 도구로 생각하고 있는 것이다.

그런데 이 문제의 이면에 한기총이 드러내어 말하지 않는 것이 있다. 인간의 보편적 가치문제인 양심적 병역 거부를 허용하게 되면 이 담론을 선도한 '여호와 증인'의 교리를 인정해 주는 꼴이 될 뿐만 아니라 그동안 한국 근현대사의 이념 투쟁 과정에서 기독교가 행한 것들이 부정될 수밖에 없다. 이뿐만 아니라 군대에 가고 싶지 않은 젊은이들이 양심적 병역 거부를 핑계로 여호와 증인에 가담하게 될 것이라는 우려가 섞여 있다. 나아가 인간의 보편적 정의에 대한 문제, 즉 국가와 제도를 초월한 정의에 대한 담론의 주도권이 여호와의 증인에게 넘어감으로써 담론의 주도권을 상실하게 될 수 있다는 우려가 깔려 있다. 한국 교회는 무엇이 진실이고 무엇이 복음에 합치되는 가치인가에 대해 근본적으로 고민하기보다 현재 자신들이 누리고 있는 기득권에 연연하여 성경의 내용마저도 왜곡하고 있는 것이다.

한국 교회는 이러한 교회사적 흐름이나 이념의 문제를 성찰할 수 있는 신학적 기반이 빈곤하다. 일선 교회 지도자들이 신학과 신앙을 별개의 것으로 호도하며 신학적 성찰을 게을리했기 때문이다. 그러므로 교회가 신학을 멀리하고 주관적 체험을 절대시하거나 지나친 국가주의로 나가는 것은 교회의 미래를 교권주의자들이나 이념적 국가주의자들의 횡포에 내맡기는 것이나 다름없다.

예수님은 "누가 내 모친이며 내 동생들이냐"(마태복음 12:48)고 말씀했다. 이는 편협한 가족주의나 민족주의(또는 국가주의)라는 집단의식에 빠져 크고 넓은 하느님의 정의를 잃게 될 것을 염려한 말씀이었다. 한 집단이나 개인이 자기애에 빠지게 될 때 편협한 집단주의나 이기심의 포로가 될 수밖에 없다. 그런 집단일수록 내부의 결속을 위해 배타성을 띨 수밖에 없다. 예수님은 (원수까지) 포용(사랑)하기를 원하셨지, 나와 다른 존재들을 배척하라고 하지 않으셨다. 예수님의 이 가르침이 무시되는 교회라면 그것은 예수를 믿고 따르는 교회가 아니라 예수를 브랜드로 하는 이익 집단일 뿐이다.

한국 교회가 성경으로 돌아가 그 본질을 회복하지 않는 한 이익 집단이라는 세간의 의혹과 비난을 피하기 어렵다. '빨갱이'이니 '사탄'이니 하는 무책임한 저주를 거두지 않는다면 한국 교회도 (남의 일처럼 예화를 들고 있는) 구미 교회의 길을 걸을 수밖에 없을 것이다.

기독교 정신은 아나키즘이다

그리스도인에게는 국경이 없다. 국가란 자신의 삶을 가능케 하는 외적 보호 장치다. 인간은 보호 받고 싶은 본능에 따라 하나의 국가나 체제에 귀속되어 정체성과 존재감을 확인한다. 인간의 귀속 본능은 가족으로부터 시작하여 혈연, 지연, 학연으로 이어진다. 자신의 정체성을 강화하기 위해서, 또는 자신의 이익을 증대시키기 위해서는 자신이 속한 집단의 안녕과 발전을 도모해야 한다. 그럴 때 개인은 집단의 이념을 공유하게 되고, 이것이 발전하면 집단과 자신의 정체성을 일치시키게 된다. 서구 제국주의자들의 식민지 수탈도 자국의 경제 성장과 국가 발전이라는 이데올로기에서 파생된 것이었다. 제국주의에 대항한 제3세계 민족주의도 혈족 공동체가 확장된 이데올로기였다. 이슬람 무장 세력의 자폭 테러와 같은 것도 이슬람 민족주의가 낳은 현상이다. 히틀러의 잔혹한 유대인 학살에 동조한 독일인들도 국가의 존립과 발전이라는 이데올로기의 희생양이었다.

국가는 개인의 자유 의지와 이성을 통제하고 모든 사람을 단일한 이념에 봉사하도록 강제한다. 이때 개인은 인간됨의 자율성과 우주적 직관으로서의 영성을 상실한다. 국가주의는 국가라는 집단의 이념과 체제 안에서 진리를 정의한다. 그러나 이 진리와 진실은 왜곡되기 쉽다. 한반도 침략과 수탈을 근대화로 미화시키는가 하면 베트남 파병으로 베트남 민중을 학살한 것을 '자유 수호'라고 호도한다. 동족과의 잔혹한 학살극을 자유 민주 수호를 위한 성전으로 둔갑시킨다. 국가주의에서는 오직 국가가 진실이고 진리이다.

2002년 한일 월드컵 때 동네 꼬마에서부터 할머니, 할아버지에 이르기까지 'Be the Reds'라는 빨간 티셔츠를 입고 "대한민국"을 연호(連呼)한 것도 스포츠를 통한 애국적 제의였다. 국가주의는 신앙의 본질을 왜곡한다. 한국의 대형 교회 목사들이 걸핏하면 '빨갱이'와 '사탄'을 동의어로 사용하며 체제와 이념의 편에서 진리를 부르짖는 것도 그들이 국가주의라는 외물(外物)에 신앙을 희생양으로 바치고 있다는 것을 방증하는 것이다.

"누가 내 모친이며 내 동생들이냐"라고 일갈하신 예수님의 말씀은 가족에 대한 이기적이고 일방적 애정이 국가주의와 같은 비본질적 집단의식을 만드는 것에 대한 경계였다. 집단이나 체제에 대한 집착은 구조악을 낳는다. 이는 살인이나 강도와 같은 개인의 도덕성으로 인한 범죄보다 구조적 죄가 더욱 큰 악이라는 사실을 함의한다. 아프가니스탄과 이라크 파병이 국제 질서를 위한다는 명분을 내세우고 있지만 이는 미국의 세계 지배 전략을 위해 죄 없는 중동의 형제들을 살해하는 공범이 되는 것이다. 파병에 찬성하는 것 자체가 살인은 아니지만 살인 병기를 파병하는 것을 묵과하거나 동조함으로써 간접 정범(間接正犯)이 되는 것이다.

가난한 자들에 대한 관심과 배려, 그들에 대한 복지를 포기하고 부유한 자들에게 유리한 정책을 펴는 정치인을 지지하는 것이 자유로운 정치적 선택으로 보이지만 사실은 빈부의 차이를 극대화해 가난과 빈곤을 심화시키고, 그 대가를 어느 일방 계층이 취하게 하는 것이라면 이 선택 역시 악한 일이 될 수 있다. 자유와 민주주의를 가장한 구조악에 그리스도인이 편입되어 악을 저지르는 줄도 모르면서 악을 저지르는 것이다. 소크라테스의 말처럼 무지는 악이다.

이러한 구조악은 이성을 몰각시킨다. 그리고 신앙의 본질을 왜곡한다. 신앙과 국가주의가 몸을 섞으면서 또 다른 악을 낳는 것이다. 신앙과 체제 이념이 동일시되면서 악마적인 짓도 서슴지 않는다. 해방 이후 서북청년단 등의 우익 단체에 의해 자행된 백색 테러에 가담하거나 그들의 이념에 동조하여 형제를 학살하는 데 직간접적으로 가담했던 목사들이 바로 이들이다. 이들의 행위가 정당화되는 것은 기독교 신앙이 국가주의와 체제 이념에 봉사하기 때문이다.

"누구든지 하나님의 뜻대로 하는 자는 내 형제요 자매요 모친이니라"(마가복음 3:35)는 예수님의 말씀은 바로 이것을 지시한 것이다. 가족에 대한 집착과 편파적 애정, 그리고 혈연과 지연, 학연 등으로 발전하는 국가와 체제 이념을 벗어 버리는 것이 그리스도의 진정한 형제자매가 되기 위한 첫 번째 과제다. 그리스도인에게는 하느님과 예수 그리스도의 세계가 국가나 체제 이념보다 우선하는 가치여야 한다. 예수님은 유대 민족주의자들과 결탁한 로마 군대에 의해 살해당했다. 오늘날 한국 교회의 그리스도인들이 편협한 국가주의나 체제 이념에 사로잡혀 서로를 증오하고 정죄하는 것은 예수를 십자가에 못 박는 짓이나 다름없다.

사랑의 정신이 자의적으로 해석되어 편견과 오만을 낳고, 그것이 구조적 악을 확대 재생산하는 모순으로부터 벗어나야 한다. 한국 교회가 그리스도의 복음과 기독교적 정신을 회복하려면 편협한 국가주의와 배타적 민족주의 등과 같은 이념으로부터 벗어나야 한다. 기독교 복음은 어떤 편협한 이념에 종사하거나 국가주의에 구속될 수 없는 (우주적 차원의) 인간 구원의 메시지이기 때문이다. 이런 기독교 복음을 편협한 국가주의나 이념의 자루 속에 구겨 넣고 제 맘대로 흔들어 대는 짓이야말로 한국 교회의 죄악이 아닐 수 없다.

설교, 소비되는 권위

설교를 위한 설교

요한복음의 첫 문장은 "태초에 말씀(λόγος)이 계시니라"로 시작한다. 헬라어의 로고스란 말은 여러 가지 의미가 있지만 그중 가장 대표적의미를 가지는 것이 '말'이다. 이는 기독교는 언어를 통해 진리가 전파되며 보존되는 종교라는 것을 함의한다. 일부 교파나 특정 시기의 신앙행태가 금욕의 방법으로 언어 사용을 절제했던 적도 있지만, 기독교는전체적으로 언어의 바탕 위에 선 종교라는 것을 부인할 수 없다.

따라서 예배의 중심이 되는 설교도 언어적 종교 의식이다. 문자언어로 기록된 텍스트를 음성 언어로 변환시켜 청자와 소통하려는 예배의한 형식이 설교인 것이다. 설교는 이미 선포된 말씀(성경)의 내용을 강론하거나 전달하는 방법론적 예배 의식이지 예배의 목적은 아니다. 예배는 하느님을 신앙하고 숭배하는 행위로써 인간과 하느님이 소통하고 교제하는 방법이다. 하느님과 신도의 소통과 화해를 통해 하느님을 존숭하고 높여 드리는 것이 예배의 궁극적 목적이라면, 예배 과정에 이루어지는 모든 의식은 하나의 절차나 수단에 불과하다. 설교 역시 이러한 목적에 봉사하는 하나의 수단일 뿐이다. 설교는 이 차원에서만 의미를 가질 수 있다.

그러나 한국 교회의 예배 대부분이 설교에 집중되는 양상을 보인다. 예배의 절차와 과정이 설교를 중심으로 구성되고, 모든 절차가 설교를 위한 부속 수단으로 전락한다. 이러한 예배 구조는 예배자의 주체적인 참여를 방해하고 설교자와 청중을 이원화시킨다. 따라서 청자는 설교를 듣기 위해 예배에 참석하게 된다. 교회와 예배의 모든 권위가 설교자와 설교에 집중됨으로써 예배자들을 타자화하는 것이다.

이러한 구도는 설교자의 권위를 높이는 데 유용하다. 설교자가 예배를 돕는 한 사람의 스태프로서가 아니라 전체 예배를 장악하고 통제하는 이원적 권력 구조의 수위권자가 되는 것이다. 이런 구조는 설교자의 오만을 낳기 쉽다.

오만한 설교자들이 곧잘 사용하는 성경은 구약의 영웅적 인물들이다. 그 인물들을 예로 들어 청중에게 신앙을 요구하면서 설교자 자신이 마치 그들과 동일 선상에 있는 것 같은 착각을 불러일으키게 만든다. 이들의 설교는 대부분 영웅적 서사를 담론으로 하여 예배자들을 쥐 잡듯이 몰아붙이는 경향이 있다. 심지어는 자신이 하느님을 대신하는 심판관이나 되는 듯 예배자에게 호통을 치며 회개와 각성을 요구하기도 한다. 특히 기도원 등의 신비주의 집단이나 그러한 경향을 가지고 있는 목회자 그룹에서는 그것을 카리스마와 혼돈하는 경우가 많다.

카리스마(charisma)*의 본래적 의미는 신으로부터 특별히 부여 받는 초월적이고 신비적인 능력이다. 예수님이 귀신 축출과 유대의 종교 지도자들 앞에서 지혜의 능력을 통해 보여 주었던 힘이 카리스마다. 그러한 능력이 특정한 사람에게 나타난다는 것은 부인할 수 없다. 그러나 설교자가 넘치는 기개(氣槪)로 사람을 제압하려 하는 것은 카리스마가 아니다. 이는 베버가 정의한 사회학적 카리스마일 뿐이다. 이것을 오해하는 설교자들은 스피커의 볼륨을 최대한 높이고 눈을 부라리거나, 강대상을 탕탕 두들기며 청중을 향해 삿대질을 하는 등의 만용을 부리기 일쑤다.

어느 개척 교회에서 있었던 일이다. 그 교회는 60평밖에 되지 않는 좁은 공간에 600와트짜리 대형 스피커 두 개를 설치했다. 두 개를 합하면 1200와트다. 보조 스피커까지 합치면 스피커 총용량은 1600와트가 넘는다. 공간에 비해 스피커 용량이 너무 크다. 그런데 이 교회 담임 목사는 설교 때마다 볼륨을 최대한 높이고 고성을 지르며 설교하는 것을

---

* 카리스마는 예언자나 현자, 전쟁 영웅 등에서 나타나는 주술적 능력과 초자연적 특권을 신에게 부여 받은 인물의 특별한 자질이다. 한국 교회의 설교자들도 자신을 카리스마적 존재로 인식하고 있거나 그러한 인물로 포장하려는 경향이 있다. 막스 베버(Max Weber)는 『경제와 사회』(박성환 옮김, 문학과지성사, 2003)에서 한 사회의 지배 유형을 합리적·전통적·카리스마적 지배로 분류하며, 카리스마의 의미를 사회 지배 유형의 방법론으로 해석했다. 한국 교회의 목사들은 이 두 요소를 혼합하여 특권을 행사하려는 경향이 있다.

좋아했다. 그것이 자신의 카리스마라고 착각한 것이다. 좁은 공간에 넘치는 볼륨은 고막을 찢을 듯이 파고든다. 1시간 동안 진행되는 설교 때마다 청중은 고통을 감내해야 했다. 그 고통을 참아야 하는 신도들의 얼굴이 일그러질 수밖에 없었다. 담임 목사는 얼굴이 일그러진 신도들을 향해 설교에 은혜를 받지 못한다고 호통을 쳤다. 그러나 신도들은 스피커 볼륨이 너무 크다고 담임 목사에게 건의할 수 없었다. 그것은 자신이 믿음이 부족해 설교에 은혜 받지 못하고 있다는 것을 고백하는 것이 되기 때문이다. 교회의 분위기가 그런 식이었다. 결국 신도 몇 명이 교회를 소리 없이 떠났다. 물론 그들은 다른 핑계를 댔다. 스피커 볼륨과 고성을 참지 못해 떠난다는 말을 할 수 없었던 것이다. 예배가 끝난 후에는 언제나 이명(耳鳴) 현상이 찾아왔다. 고막을 찢는 소리의 여파로 귓속에서 소리가 오랫동안 지속된 것이다. 많은 신도들이 이러한 문제를 겪고 있었지만 이를 겉으로 말하지 못하고 있었다.

설교자가 큰 목소리로 분위기를 제압하고 청중을 압도하려는 이러한 태도는 카리스마에 대한 오해 때문이기도 하지만 그것이 설교자의 권위를 높일 수 있다는 오해 때문이기도 하다. 설교자는 하느님의 말씀에 대한 경건하고 겸손한 태도와 인격적 성숙에 대한 화답으로 존중 받고 권위가 높여질 수 있다. 그것이 안 되는 설교자는 큰 목소리와 박력 있는 몸짓(gesture)으로 청중을 제압하려는 만용을 부린다. 이런 설교자들은 신도와 소통하려 하기보다 군림하려는 경향이 강하다. 급기야는 잘못된 권위의 칼날을 휘두르다 인간관계의 파행을 낳고 교회를 어렵게 만든다.

　예배가 참여와 소통, 경건의 의식으로 진행되기보다 설교를 위해, 그리고 설교자의 권위에 예배자를 복종시키기 위한 수단으로 전락해 버린 것이다. 예배를 위한 설교가 아니라 설교를 위한 예배가 되어 버린 것이다. 설교를 위한 설교가 되어 버린 것이다.

인격이 실종된 설교

　권위를 내세우는 설교자들일수록 본문과 동떨어진 설교를 하는 경우가 많다. 성경의 본문과는 무관한 자신의 경험을 얘기하거나, 심지어는 과격한 정치 선동을 일삼는 경우가 많다. 이것은 설교를 빙자한 자기 과시이거나 정치적 편향을 강제하려는 것에 불과하다. 이런 설교일수록 거칠고 품위 없는 말들이 쏟아지게 마련이다. 상스러운 말들이 튀어나오는가 하면 전광훈 목사의 '빤스 발언'과 같은 천박하고 저질스러운 얘기가 설교라는 가면을 쓰고 예배를 더럽히는 것이다.

　이러한 설교에 대한 패턴을 이해하는 재미있는 학술 발표가 있었다. 2008년 4월 이화여대에서 있었던 '여성주의 인문학 연합학술대회'에서 숭실대학교 구미정 교수는 '강남형 대형 교회 여신도들의 신앙 양태에 대한 신학 윤리적 성찰'이라는 발표문에서 한국 교회를 '강남형 교회'

와 '강북형 교회'로 나누어 설명했다. 구미정 교수는 '강북형'은 "1970~1980년대 개발 독재 패러다임을 그대로 차용한 모델로 목회자의 제왕적 리더십에 기대 은행 빚을 얻어 무리하게 교회 건물을 짓고, 축복 일변도의 설교로 신자들에게 고통 분담을 강요하며, 교회 내 비판 세력을 잠재우기 위해 부교역자 등에게 감시와 통제를 할당하는 조직 관리의 특징을 보인다"*고 주장했다.

구미정 교수의 발제를 재해석하면 교회의 성장 메커니즘을 위해 설교가 수단화되고 있다는 것이다. 목회자가 교회 위에 제왕적으로 군림하며 재정과 행정, 인사 등을 독단적으로 운영하는 시스템인 것이다. 이런 교회일수록 축복과 저주라는 이원론적 설교가 나올 수밖에 없다. 교회에 봉사하고 헌신하는 사람은 축복을 받고 그렇지 않은 사람은 저주를 받는다는 암시가 깔리기도 하지만 좀 더 저급한 설교자는 그것을 노골적으로 선포한다.

이런 설교자들일수록 교회에 대한 충성과 봉사를 최고의 선으로 선전한다. 그것이 구원의 보증 수표나 되는 것처럼 신도들을 몰아세운다. 이웃에 대한 따뜻한 돌봄과 사랑보다 교회의 유지와 보수를 위한 육체적·물질적 봉사와 헌신을 강조한다. 그리스도인으로서의 일상적 윤리와 행함보다 교회라는 시스템을 유지하고 보수하는 데 시간과 돈을 투자하는 것이 더 우월한 가치라고 호도한다. 교회 이외의 것은 '세상적'

* 손제민, 「"강남형 교회, 女신도 종교 소비 자극"」, 『경향신문』 2008년 4월 24일.

인 것이라고 냉혈하게 단죄한다. 이때 설교자들이 즐겨 인용하는 것이 '충성'이라는 말이다.

"네가 죽도록 충성하라"(요한계시록 2:10)는 말씀을 교회라는 외적 장치에 대한 헌신과 봉사의 의미로 확정해 버린다. 그러나 이 말씀의 본래 의미는 한국 사회에서 말하는 '충성(忠誠)'의 의미와는 다르다. 이 본문의 헬라어는 '피스토스($\pi\iota\sigma\tau\grave{o}\sigma$)'인데, 이는 기본형 '피스튜오($\pi\iota\sigma\tau\epsilon\grave{u}\omega$)'에서 파생된 말로 '신실한', '신뢰하는' 등을 의미한다. 이는 또 계약을 맺는 사람들 사이의 일반적인 '신뢰성'이나 '확실성'을 의미한다. 즉 하느님에 대한 절대적 신뢰를 뜻한다. 이 구절이 영어 성경에서는 다음과 같이 번역되어 있다.

Be thou <u>faithful</u> unto death (ASV, KJV)

Be <u>faithful</u>, even to the point of death (NIV)

Be <u>faithful</u> unto death (RSV)

Be <u>faithful</u> until death (NASB)

become thou <u>faithful</u> unto death (YLT)

Be <u>true</u> till death (BBE)

BBE 버전의 'true'를 제외하고 모두 'faithful'로 번역하고 있다(우리말 번역본 중 흠정역(KJV)은 이를 "죽기까지 신실하라"로 번역하여 원본의 의미에 더 가깝게 다가갔다). 이는 어떤 가시적 현존물에 대한 복종이나 현세적 위계 선상에서의 지배와 복종을 의미하는 것은 아니다. 즉 이 말씀은 로마 권력의 압제와 같은 위기에서도 하느님에 대한 믿음과 경건성을 잃지 말아야 한다는 권고다. 절대 군주제에서 국가나 임금에게 바치는 계급적 의무나 강제되는 헌신으로서의 '충성'과는 전혀 다른 의미이다. '충성'이란 번역은 유교 이념에 의한 관용적(慣用的) 표현일 뿐이다.

그런데 이른바 '강북형' 교회의 설교자들은 이 말씀을 제왕적 질서 아래서 행해지는 국가와 임금에 대한 충성 서약의 의미로 해석해 버린다. 이럴 경우 교회라는 외적 장치가 교회의 본질이 되어 버리고, 그 구조의 정점에 있는 목사가 교회의 목적이 되는 것이다. 즉 설교자(목사) 자신이 하느님의 위치를 점령하고 공경 받을 대상으로 군림하게 된다. 이런 구조에서 교회의 신도는 타자화될 수밖에 없다. 타자는 언제나 주체에 종속되며 복종하는 하부일 뿐이다. 그러므로 신도들에게 충성을 강요하는 것을 당연하게 여기는 것이다.

이런 설교자들일수록 자신의 설교에 '영적'이라는 수식어를 붙이기 좋아한다. 인간의 이성으로는 이해할 수 없는 고차원적이고 초월적인 세계를 얘기할 때 설교자들은 이 말을 즐겨 사용한다. 이성과 영성을 대립 관념으로 이해하는 것이다. 이는 계몽주의와 근대성이 낳은 반기독교적 환경에 맞섰던 근본주의자들의 잘못된 생각에서 비롯됐다. 이성을 절대화하는 근대성이 기독교의 근간을 흔든 것은 사실이다. 그러나 '선과 악'이라는 이원 대립 구도로 이성을 죄악시하는 것은 또 다른 죄악을 낳을 수 있다. 마녀사냥이 그랬고, 십자군전쟁이 그랬다. 이성에 대한 잘못된 사용이 죄악이지 이성 그 자체가 죄악은 아니다.

　이성이 없는 영성은 인격을 살해한다. 인격이 없는 설교는 영혼이 없는 육체와 같다. 설교자도 예배자의 한 사람일 뿐이다. 이것을 망각하면 제사장 이데올로기가 부활하게 된다. 그 제사장들은 인격을 짓밟고 예수님을 살해한 자들이다. 예수님의 설교는 얼마나 인격적이었는가. 존중하고 사랑하며, 화해하는 평화의 메시지가 예수님 설교의 겉과 속이었다. 그 설교는 강단과 예배자의 자리가 분리되지 않은 광야에서 행해졌다. 일상적 활동 안에 설교가 살아 운동했던 것이다. 몸과 몸이 만나고 얼굴과 얼굴을 마주 보며, 그의 육성이 심장을 고동치게 했던 광야 예배는 존중과 사랑이라 이름하는 인격이 출렁이는 현장이었다.

　카리스마로 잘못 알고 독선과 폭언을 일삼는 설교는 사람을 압제하여 상처를 입힐 뿐이다.

선포하는 설교

　어떤 말을 기호학적으로 분석하면 종종 그 말에 숨어 있는 이데올로기와 마주친다. 인간이 말을 사용하지만 반대로 그 말이 인간을 움직이는 하나의 원리로 작동하는 것이다. 그런 측면에서 '설교'라는 말과 유사한 낱말의 내시 의미*를 살펴볼 필요가 있다.

주보의 예배 순서 '설교' 항목에 '말씀 선포'**라고 표기된 것을 종종 볼 수 있다. 설교자들은 이 말을 특권 의식을 가지고 사용하는 경우가 많다. 설교하는 자신을 청중과 분리하여 어떤 특별한 사명을 담당하는 사도적 존재로 여기는 것이다. 설교자는 하느님이 특별히 세워 주신 '주의 종'이라는 특권을 가진 존재이고, 그 권위는 인간이 함부로 건드려서는 안 된다는 암시가 깔려 있는 것이다. 이러한 암시는 청중을 통제하는 기제로 작동한다.

그러나 '설교'와 '선포'는 의미와 차원이 다른 말이다. 설교는 성경을 본문으로 하여 청중에게 강론하는 것을 말한다. 즉 본문에 대해 해석하는 말하기이다. 이미 주어진 텍스트를 설명하고 전달하는 말하기 형식인 것이다. 설교자는 단순히 선포된 말을 전달하는 메신저일 뿐이다. 메신저는 의미의 주인이 아니라 의미의 종이다. 선포된 내용이나 정의된 사실을 전달하는 심부름꾼에 불과하다. 심부름꾼이 주인의 특권을 향유할 수는 없다.

한편, 선포는 새로운 사실을 대중에게 널리 알려 펼치는 것을 말한다. 설교가 주권이 없는 전달을 의미다면 선포는 주권을 가진 주체가 하

---

* 기호학에서 겉으로 표현되는 언표(言表) 또는 그 행위를 기표(記表)라 하고 그 의미를 기의(記義)라 한다. 기의는 다시 '외시 의미'와 '내시 의미'로 나뉘는데, 전자는 보편적으로 모든 사람이 알고 있는 의미이고 후자는 주관적으로 해석되고 이해되는 특수한 의미이다.
** 헬라어 신약 성경에서 이 말은 '케리그마($\kappa \acute{\eta} \rho \nu \gamma \mu \alpha$)'로 표기되는데, 이는 주로 선포되는 내용과 행위를 의미하는 데 동시적으로 사용된다. 그러나 선포자의 행위에는 비밀을 전달하는 자의 겸손한 심부름꾼의 모습이 내재되어 있지만, 한국 교회의 설교자들은 권위자의 모습을 보인다는 점에서 신약 성서의 용법과 다른 현실의 모습을 나타내고 있다.

위 개체들을 향해 어떤 내용을 확정적으로 공포하는 것을 말한다. 즉 A＝B라는 명제의 성격을 띠는 것이다. 복음이 선포됐다고 말할 때 그 것은 "예수님은 그리스도이시며 하느님의 아들이시다"는 명제를 확증 하는 것이다. 선포라는 말의 한자에도 이러한 의미가 담겨 있다. '선 (宣)'은 단순히 '어떤 사실을 말하다'는 의미도 있지만 '임금이 하교(下 敎)하다(an order from the king)'는 의미도 있다. 성경은 이미 선포되고 확정된 텍스트다. 그러므로 성경을 본문으로 하는 설교자는 선포자의 주권적 지위를 가질 수 없다. 다만 선포된 말씀을 전달하는 메신저 역할 을 할 뿐이다. 설교를 선포라고 말할 때 거기에는 설교자의 권위가 암시 될 수밖에 없다.

설교자가 자신의 말을 '선포'하는 행위로 인식하고 강조하는 것은 설 교자와 청중을 주체와 객체로 분리하고 자신의 설교를 사도적 직무 행 위로 특징지으려는 욕망 때문이다. 이것은 목사와 신도를 사제와 평신 도로 이원화했던 가톨릭 교회의 이데올로기다. 한국 교회가 '평신도'라 는 말을 서슴없이 사용하는 것도 이러한 이데올로기의 부활을 방증한 다. 사제로 부름 받은 자들은 보통의 인간보다 하느님의 거룩성에 더 가 까운 존재들이고, 따라서 그들은 일반 신도들과 엄격히 구별된 존재라 는 의미에서 '평신도'라는 말을 사용하는 것이다. 개혁 교회의 정신은 만인이 하느님께 부름 받은 사제라는 평등 이념에 있다. 이러한 평등 이 념이 한국 교회에서 무너지고 있는 것이다.

또 설교에 대한 유사어로 '말씀을 먹이다'는 표현이 있다. '먹이다'

는 말은 자립 능력이 없는 유아(幼兒)나 무능력자에게 음식을 주입한다
는 말이다. 이 말은 요한복음에서 예수님과 베드로의 대화 중에 예수님
이 베드로에게 하신 말씀—"내 양을 먹이라"(요한복음 21:17)—이다.
'말씀(음식)을 먹이다'와 '양을 먹이다'와의 문맥적 의미를 혼동하여 사
용하고 있는 것이다. 성경에서 말하는 목자는 근대식 사육 시스템에 의
해 방역 주사를 놓고 사료를 공급하고 격리된 공간에서 통제를 가하는
현대화된 목장주가 아니다. 양떼를 초지로 인도하고 맹수의 공격을 방
어하는, 방목의 관리자다. 즉 이 말은 특권적 지위를 가진 '통치'의 의미
가 아니라 교회 구성원들의 영적 안녕을 증진시키기 위해 가져야 할 교
사의 의무에 대한 비유이다. 자율적인 선택과 관리자의 역할이 목자에
비유된 교사들의 임무다.

그러나 한국 교회는 이러한 목자상을 공장제 시스템에 의해 운영되
는 사육 공장의 사장쯤으로 둔갑시켰다. 뿐만 아니라 신도들의 일상을
감시하듯 관리하는 통제의 메커니즘을 작동시키고 있다.

"내 양을 먹이라"는 말을 문자적으로 해석하여 신도를 자립 능력이
없거나 판단 능력이 없는 '양'으로 전락시키고 자신은 양의 무리에서 분
리된, 사도적 특권을 가진 통치자의 지위를 갖는 것이다.

또 '말씀을 먹이다'는 표현은 한국식 교육 제도에서 나온 것이기도
하다. 제한된 공간에 학생을 사육하듯 획일화된 지식과 가치를 주입하
는 교육 방식이 사회 전반에 왜곡된 구조를 낳은 결과다. 교회가 성경의
올바른 가르침과 하느님의 정의에 대해 깊이 통찰하지 않고 사회적 패

러다임을 그대로 수용했기 때문이다. 군사부일체라는 유교적 이데올로기는 가르치는 자의 신성화와 비상식적 위계를 낳았는데, 설교자도 이러한 이데올로기의 영향으로부터 자유롭지 못하다. 따라서 설교자는 청중을 향해 오만한 태도로 가르치려 드는 경향이 있다.

이러한 태도는 비단 설교자뿐 아니다. 한국 개신교인들의 언어 습관이나 행동 양식에도 나타난다. 한국 개신교인들은 타인의 말에 귀를 기울이려는 겸손함보다 무조건 가르치려 드는 오만함을 보인다. 신앙의 연조가 깊은 사람들이나 종교적 신비 체험을 하여, 이른바 능력을 받았다고 하는 사람일수록 이러한 경향이 더 강하다.

전반적으로 개신교인들은 타종교인에 비해 말이 많고 목소리가 큰 편이다. 말을 많이 하고 큰소리를 내는 것이 자신이 깨달은 진리를 효과적으로 전달하기 위한 좋은 방법이라고 생각하는 경향이 있다. 또 그것이 복음적 삶의 태도라고 믿는다. 왜 한국의 개신교인들은 귀는 닫아 버리고 입만 크게 벌리는가. 그것은 한국 교회 설교자들의 설교 스타일 때문이다.

말씀을 '먹이려는 자'와 '먹어야만 되는 자'로 이원화된 한국 교회 강단에서 신도들이 보고 배울 수 있는 것이 무엇이겠는가. 소통을 염두에 두지 않는 일방적인 공포(公布) 스타일의 설교, 청중을 제압하고야 말겠다는 비인격적인 설교, 설교자의 사도적 특권만 강조되는 설교에 익숙한 신도들의 말하기 방식도 그와 닮아 갈 수밖에 없는 것이다. 상대방이 어떤 생각을 하는지, 나를 무시하는지 존중하는지, 내 말을 듣고 있는지 안 듣고 있는지 신경 쓰지 않고 무조건 자기의 말만 떠들어 댄다면 이는 정신병자(psychopath)일 수밖에 없다. 이러한 저질스러운 설교가 전도라는 이름으로 길거리의 시민들을 붙들고 혐오감을 주고 있는 것이다. 반기독교 정서의 근원이 설교라고 해도 과언이 아닐 것이다.

문자주의자들은 에스겔 2장 7절—3장 11절도 동일한 의미다—의 "듣든지 아니 듣든지 너는 내 말로 고할찌어다"란 말씀을 자주 인용한다. 그러나 이 말씀은 에스겔이 바벨론의 포로로 있을 때 예언자로 부름받는 대목이며, 예루살렘을 향한 하느님의 심판이 예언되는 부분이다. 즉 이 말씀은 패역한 백성을 향한 말씀이지 하느님을 모르는 이방인을 향한 말씀이 아니다. 이 말씀에 의지하여 예언자적 사명을 수행하려면 물질주의와 독선에 빠진 한국 교회의 지도자들에게 먼저 해야 할 것이다. 그러나 이 말을 하기에 교회 지도자들은 이미 너무 높은 곳에 올라 있어 소통이 불가능한 상태다.

말씀대로? 어떻게 하자는 말씀?

가끔은 기독교방송 등을 통해 설교를 들으면서 설교자의 무지 때문에 말씀이 농락당한다는 생각이 들 때가 있는데, 단어 하나 또는 구절 하나에 포커스가 맞추어져 침소봉대되거나 문자의 기표에 치중하여 성경이 의도하고 지시하는 궁극적 의미를 무시해 버리는 경우가 그렇다. 이런 경우 설교자가 하고 싶은 말에 성경 본문을 찍어다 붙이며, 설교자의 의도대로 성경을 난도질하게 된다. 이는 성경에 대한 폭력이다. 자신의 인생 경험과 주관적 신념에 성경 말씀을 찍어다 붙여 함부로 말해도 되는 것이 설교자의 사도적 특권이라고 인식하기 때문에 이런 일이 벌어지는 것이다.

성경은 하나의 단어나 한 구절에 함축적 의미를 담아 두기도 한다. 그러나 성경은 역사적 사실과 문학적 수사법이 복잡하게 얽힌 텍스트다. 즉, 성경은 전후 문맥에 의해 주제를 구성하는 텍스트다. 그러므로 맥락을 무시한 해석은 성경에 대한 왜곡을 낳을 수밖에 없다. 목사가 강단에서 하는 말이라고 해서 다 설교가 될 수 없는 이유가 여기에 있다. 그러나 목사들은 신도들이 그렇게 믿어 주기를 강요한다.

있어서는 안 되는 일이지만, 그렇게 믿지 않으면 저주를 받는다고, '마귀의 새끼'라고 자기 교회 신도들에게 험한 말로 저주를 퍼붓는 경우도 보았다. 한 개척 교회 여성 목사는 "강단에서 하는 설교는 인간의 말이 아니라 하나님의 말씀이기 때문에 절대적으로 순종해야 한다"는 주장을 서슴없이 했다. 아멘으로 화답하지 않는 신도들에 대해 '지옥 자식'이라는 험악한 말을 쏟아 냈다. 그가 할 수 있는 설교는 시종일관 "말씀대로"라는 한마디였다. 그러나 그는 무엇이 말씀대로 사는 방법인지, "말씀대로"라고 강조하는 그 말씀의 의미가 무엇인지 해석할 수 없는 문맹 아닌 문맹이었다. 정작 자기 자신이 성경에서 이탈하여 찍어 붙이기식 궤변을 늘어놓고 있는지도 모르면서 자신은 절대 옳다는 착각에 빠져 있었던 것이다. 그는 지방의 중소 교회에서 운영하는 신학원을 졸업한 후 남편과 함께 목사 안수를 받았다. 두 부부는 뿌리도 알 수 없는, 신학 아닌 신학을 강단에서 선무당 칼춤 추듯 설교했다. 장로교 계통의 군소 교단에서 설립한 비인가 신학교를 졸업한 그의 신학적 기반은 "말씀대로"였다.

그런데 지루하게 되풀이하며 고압적으로 강제하는 그 "말씀대로"라는 주장은 마르틴 루터의 종교 개혁 사상에서 온 것이다. 그것은 가톨릭의 도그마로부터 순수한 예수 그리스도의 복음으로 돌아가자는 루터의 신학 사상이었다. 루터는 순수한 복음으로 돌아가기 위해 네 가지를 주장했는데, 첫째 '오직 성경으로만(sola scriptura)', 둘째 '오직 그리스도로만(solus christus)', 셋째 '오직 은총으로만(sola gratia)', 넷째 오직 믿음으로만(sola fide)'이었다.

첫째는 교회법과 각종 전통, 그리고 교권이 지배하는 가톨릭의 도그마에 대항하여 복음의 순수성을 주장한 것이다. 그리고 둘째는 가톨릭의 천사 숭배에 대한 신학적 심판이었고, 셋째와 넷째는 가톨릭의 의례화된 종교적 행위보다 믿음과 은혜가 선행한다는 주장이었다.* "말씀대

---

* 교황 무오류설을 비판했다가 파문당한 튀빙겐대학의 가톨릭 신학자 한스 큉(Hans Küng)은 『위대한 그리스도교 사상가들』(이양호 옮김, 크리스천헤럴드, 2006)에서 이와 같은 개신교 신학 사상을 긍정하며 과감하게 자기비판을 한다. 가톨릭 전통을 생각할 때 이처럼 노골적인 자기비판과 성찰은 경이로운 일이다. 그의 해박한 지식과 얼음같이 차갑고 불같이 뜨거운 지성과 열정이 궁극적으로 지향하는 바를 그의 대작 『그리스도교 본질과 역사』(이종한 옮김, 분도출판사, 2002)를 통해 만날 수 있다.

로"란 바로 이러한 루터의 개혁 사상에서 나온 것이다.

그러나 그는 자신이 칼날처럼 휘두르는 "말씀대로"의 신학적 배경이나 의미를 알지 못했다. 그저 선무당이 주문을 외듯 의미도 모르고 쏟아낸 것이다. 그가 4년 동안 시간과 에너지를 투자하여 다닌 신학원에서 배운 것이라곤 "말씀대로"라는 의미 없는 주문이었다. 그리하여 말씀에서 벗어나면 큰일 난다는 식의 공포감이 그 내면을 지배하게 된 것이고, 그는 자신의 공포감을 교회와 신도들에게 확산시키는 데 주력했던 것이다. 역설적이게도 무지가 죄악이 될 수 있다는 것을 그는 자신의 설교를 통해 증명한 셈이다. 무지하기 때문에 성경을 올바로 볼 수 없고, 무지하기 때문에 자신이 무슨 말을 하는지도 모르며, 무지하기 때문에 험악한 말로 신도들을 함부로 저주했던 것이다.

알고 지은 죄와 모르고 지은 죄의 경중을 따지자면 아마 모르고 지은 죄가 더 클 것이다. 자신이 죄를 짓고 있다(잘못하고 있다)는 사실을 인지하는 자는 언젠가는 그 죄의 행위를 그만둘 가능성이 있다. 그러나 자신이 죄를 짓고 있다(잘못하고 있다)는 사실을 모르거나, 자신이 죄를 지으면서도 자신의 행위를 절대 선한 것으로 착각하는 사람은 개선의 여지가 없는 사람이다. 그러므로 모르고 지은 죄가 더 클 수밖에 없다. 무지는 곧 죄악이다.

그는 루터가 분쇄하려 했던 교황의 권위를 누리고 싶은 욕망의 노예일 뿐이었다. 그는 루터의 사상을 둘러싸고 있는 껍데기 말을 주워듣고 그 말의 뜻도 모르면서 주문처럼 외웠다. "오직 말씀대로"라고.

한국 기독교의 군소 교단에서 운영하는 신학원에서 쏟아져 나온 이와 같은 사이비 목사들이 한국 교회 저변에서 이런 희비극을 연출하고 있다는 사실을 생각하면 소름이 돋는다. 말씀에 대한 해석 능력도 없고 신학적 기반도 없는 사람들이 '주의 종'이라는 권위 의식만 팽배해져서 교회와 신도를 종 부리듯 하며 교회 위에 군림하려 하는 것이다. 이러한 사이비 목사들이 교회의 미래를 좀먹는 것이다.

사이비 목사들일수록 "말씀대로" 이외에 초월적 영성이나 신비주의적 은사(恩賜)를 내세우는 경향이 있다. 그런데 은사를 자랑하는 자들일수록 인격 훈련이 안 된 경우가 많다. 사람과의 관계에서 서로를 배려하고 존중하는 인격적 태도보다 자신의 은사를 내세워 상대방을 제압하거나 사람 위에 군림하려는 방자한 태도를 보이기 십상이다. 그러한 태도는 주로 일상적 관계에서보다 설교를 통해 적나라하게 표출된다. 특히 자신의 설교에 대해 '거룩한 말씀 선포'라고 이름 붙이거나 '영적'이라는 수식어를 사용하여 자신의 입맛에 맞게 성경의 말씀을 찢어 붙여 너덜거리게 한다. 오랜 해석학적 전통 가운데 하나인 알레고리 해석의 위험성을 그대로 안고 있는 자들이다. 그것을 영적 비밀처럼 호도하며 성경을 너덜거리게 찢어 놓는 것이다.

이는 가톨릭의 교황이 자신의 권위를 위해 초월적 지혜를 강조하는 것과 다르지 않다. 교황주의자들은 "영적인 권위가 세상적인 권위보다 우월하다"는 주장을 하며, 오직 "교황만이 성경을 바르게 해석할 수 있다"고 주장한다. 영적 비밀을 깨달은 은사자만이 성경을 영적으로 해석할 수 있다는 이 가공할 궤변이 한국 교회의 일부 목사들 입에서 거침없이 나오고 있는 것이다.

소비되는 설교

이와는 대비되는 영역에서 설교가 또다시 어떤 집단의 이데올로기로 전락하는 경우가 있다. 주로 대형 교회 목사들에게서 나타나는데, TV 설교에 등장하는 설교자들의 목사 가운에 박사 학위를 나타내는 문양(文樣)을 자주 본다. 이는 설교자가 자신의 학위를 청중에게 과시함으로써 다른 설교자(혹은 목사)와 변별성을 드러내려는 것이다. 그러나 이는 그보다 더 저열한 세속적 욕망의 표현일 뿐이다.

한국 사회가 과도한 경쟁을 요구하는 시장주의에 편입되면서 학력 콤플렉스를 조장하는 풍토를 낳았다. 이러한 풍토는 초등학교에서부터 대학, 그리고 대학을 졸업한 이후까지 학벌과 학력이 한 사람의 일생을 따라다니는 그림자가 되는 구조에서 파생됐다. 학벌과 학력이 한 사람의 사회적 지위나 정체성을 규정하는 준거가 되어 버린 것이다. 학벌과 학력은 자기들만의 카르텔을 형성하고 그에 편입하지 못한 사람들을 타자화시키려 한다. 이때 카르텔을 형성한 자들은 그 밖에 있는 사람들에 대해 우월감을 갖는다. 이는 순화된 폭력으로 일상에 내면화된다. 굳이 푸코(Michel Foucault)의 말을 빌리지 않더라도 이러한 요소는 이미 한국 사회에서 제도화된 파시즘으로 작동하고 있다는 것을 누구나 경험하고 있다.*

설교자들이 박사 가운(Doctor's gown)을 입고 강단에 서는 것은 이러한 세속적 욕망에 편승하여 다른 목회자와의 변별성과 자기 우월성을 과시하려는 저급한 짓이다. 5공화국 이후 해외여행이 자유화되면서 유학이 러시를 이루었고, 해외에서 학위를 받은 해외파 박사들이 넘쳐 나기 시작했다. 이에 따라 목회자들의 학력도 동반 상승했는데, 기존 교회를 담임하는 목사들은 새롭게 등장하는 유학파 박사급 목사들과 경쟁해야 하는 상황에 처하게 됐다. 이뿐 아니라 신도들의 높아진 학력 수준도 기존 목사들의 위치를 위협했다. 성경에 대한 이해와 지적 수준이 높아진 교인들은 이전의 거칠게 밀어붙이던 성령파 목사들보다 좀 더 전문성 있고, 인격적이며 신사적인 목사를 원했다. 따라서 담임 목사나 부목사를 청빙할 때도 학위가 또 다른 기준으로 작용하게 되었다. 이왕 사례금 주고 청빙하는 목사라면 학위가 하나 더 있는 목사가 좋지 않겠냐는 시장주의의 상품 논리가 작동하게 된 것이다.

박사 가운과 같은 문양 표식은 설교자의 영성이나 목회 스타일 등과

---

* 미셸 푸코는 『감시와 처벌』(오생근 옮김, 나남출판, 2007)을 통해 현대 형벌 체제의 기원을 탐구하는 과정에서 고대 사회로부터의 권력에 의한 폭력이 근대화 과정에서 어떻게 제도화되고 일상에 내밀화되었는지를 보여 준다. 엘리트주의를 부추기는 학벌과 학력 카르텔은 배타적일 수밖에 없다. 그런 측면에서 학력 콤플렉스는 우리 사회에 내밀화된 폭력 현상이다. 한국 교회의 설교자들이 목사 가운에 박사 학위 문양을 표식하는 것은 이러한 폭력 구조가 교회를 통해 확대 재생산되고 있음을 방증한다.

는 무관하게 청중에게 신뢰감을 줄 수도 있다. 의사가 환자에게 약을 처방할 때 가짜 약을 진짜처럼 속이는 경우가 있는데 이때 환자는 심리적으로 안정감을 얻어 실제로 병이 호전되는 경우가 상당히 있다. 이를 '위약 효과(placebo effect)'라 하는데 설교자의 박사 가운은 바로 이러한 심리적 효과를 가져 올 수도 있다. 하지만 이것은 어디까지나 심리적인 문제일 뿐이다. 이러한 '문양(文樣) 처방'으로 사람의 영혼을 구원할 수는 없다.

이런 경우 설교자는 자신의 학위를 내세워 청중을 설득하고 청중은 설교자의 학위를 신뢰하게 되는데, 이런 형국은 설교의 텍스트보다 설교자의 피상적 가치를 따르게 된다. 즉 청중은 설교자의 영성이나 설교의 텍스트를 이해하려 하기보다 설교자의 학위 등과 같은 외적 장치를 통해 설교를 소비하려는 태도를 보일 수밖에 없다. 보드리야르(Jean Baudrillard)는 현대 사회를 '소비의 사회'로 규정하고 소비되는 상품의 가치에 따라 사람의 사회적 지위나 가치도 결정된다고 보았는데, 이러한 산업 사회의 상품화 현상이 교회와 설교에도 그대로 유입된 것이다. 교회는 '박사 학위 설교자'라는 상품을 판매하고 청중은 그것을 소비하는 시장의 구조로 재편된 것이다.

한국 교회는 이러한 시장주의의 불순한 요구를 뿌리칠 만큼 건강한 정신을 가지지 못하다는 것이 지난 2007년 신정아 전 동국대 교수의 가짜 학위 파문에서 드러났다. 신정아 씨의 학위가 가짜로 밝혀지면서 가짜 박사 학위가 사회적으로 도덕적 지탄을 받던 때의 일이다.

한국학술진흥재단의 자료에 따르면 2003년 1월부터 2007년 7월까지 외국에서 박사 학위를 받고 한국학술진흥재단에 신고한 사람은 943개 대학 7765명이었다. 그런데 이들 중 비인증 대학에서 박사 학위를 받은 사람이 276명에 이르고 이중 목회학 등 기독교 관련 학위를 받은 사람이 140명으로 절반 이상이었다고 한다.* 특히 남가주의 코헨대학교 신학대학원에서 89명이 가짜 박사 학위를 받아 한국에서 활동 중인 것으로 밝혀졌는데, 이들 가짜 박사들은 주로 대형 교회 목사로 사역하고 있는 것으로 나타났다.** 가짜 박사 학위를 한국의 목사들이 가장 많이 받았으며, 이들은 주로 대형 교회에서 소비되고 있다는 것이다.

이것은 설교가 상품화되고 있는 한국 교회의 현실을 적나라하게 보여 준 사건이었다. 목사가 목사로서의 자기 정체성에 불안을 느끼고 세속적 가치에 도전 받는다면, 그리고 그러한 가치를 좇는다면 이는 목사의 자질을 상실했거나 신앙에 문제가 있는 것이다. 교회와 목사가 세속 사회와 다른 점이 없다면 교회의 존립 목적이 무엇이며 목사의 존재 이유가 무엇인가. 설교자가 '학벌 권하는 사회'의 구조에 편승하여 학벌 없는 동료 목사나 청중들에게 열등감을 조장하고 경쟁을 부추기는 일을 하고 있다면 이는 매우 심각한 문제다. 가짜 학위를 과시하는 설교자의 설교가 진짜 설교인지 의심이 드는 것은 학위 문제가 아니라 설교자 이

---

* 한국학술진흥재단이 국회 교육위원회 소속 유기홍 의원에게 제출한 국정감사 자료. 『연합뉴스』 2007년 8월 24일.
** 한국학술진흥재단이 국회 교육위원회 소속 주호영 의원에게 제출한 국정감사 자료. 『크리스찬투데이』 2006년 10월 25일.

전의 인간의 진정성과 도덕성에 대한 의문 때문일 것이다.

현장을 떠난 말의 향연

한국 교회의 설교를 들으면서 설교자들의 현실성 부족을 자주 경험한다. 설교자들이 현실을 몰라도 너무 모른다는 생각을 하게 된다. 삶의 현장에서 고통 받는 신도들의 현실의 문제나 그들의 내면을 이해하지 못하고 주술에 감염된 사람처럼 자기 안에 갇혀 혼자 떠드는 것을 자주 본다. 목사는 교회라는 제한된 영역 안에서 자기만의 영성을 추구하는 사람이기 쉽다. 이런 경우 사람이 살아가는 현실 공간 안에서 벌어지는 복잡하고 다양한 사건들에 대해서 이해가 부족해진다. 따라서 강단의 설교가 현실을 이해하지 못하는 말의 향연으로 끝나게 마련이다. 삶의 현장을 떠난 말은 공허한 울림이 될 수밖에 없다. 공허한 울림은 청중의 삶에 영향을 미치지 못한다. 한국 개신교인들이 교회에서의 신앙과 현실 공간에서 살아가는 방식이 동일하게 나타나지 않는 모순도 바로 이러한 문제 때문에 생긴다.

현대는 미디어의 발달로 인해 매체마다 설교가 쏟아지고 있다. 기독교방송과 극동방송을 위시한 인터넷 매체 등을 통해 설교를 무한정 들을 수 있다. 그러나 쏟아지는 그 많은 설교들은 이미 현장을 상실했다는 측면에서 살아 있는 설교라고 보기 어렵다. 설교는 청중들 삶의 깊은 곳에서 살아 숨 쉬는 호흡 같은 것이어야 한다. 삶의 현장에서 성경이 해석되고 전파될 때 살아 꿈틀거리는 생명력을 얻게 되는 것이다.

현장을 상실한 말은 공허하다. 아무리 유창한 언변과 수사법으로 치장한다 하더라도 그것은 지적 감흥을 줄 수는 있어도 사람을 변화시키는 영적 영향력은 기대하기 어렵다. 영성은 현실을 벗어난 거창한 초월적 세계를 통해서 추구되는 것이 아니라 현실을 살아가는 형제들과 호흡하는 과정에서 발아하고 성장하는 것이다. 예수님의 사역이 바로 그것을 웅변했다. 예수님은 현실 공간과 분리된 성전에서 하느님처럼 말하고 심판관처럼 행세하던 제사장의 모습이 아니라 삶의 현장을 함께 걸으며 설교하는 모습을 보여 주었던 것이다. 설교 언어는 삶의 현장에서 발아하고 소멸하는 아우라(Aura)*가 있어야 한다.

기독교방송이나 극동방송, 또는 각 교회마다 홈페이지를 통해 유통시키는 설교들이 많은 사람에게 복음을 전파할 수 있는 좋은 기회가 될 수도 있지만, 설교의 진정성을 떨어뜨리고 상품화시킬 수도 있다. 꼭지

---

* 발터 벤야민(Walter Benjamin)이 문예이론의 새로운 개념어로 사용한 말이다. 벤야민은 대량 복제가 가능한 산업 사회에서 복제될 수 없는 유일무이한 원본성을 '아우라(Aura)'로 정의했다. 현대의 설교는 매체의 기술에 의해 저장과 복제, 그리고 유통이 자유로운 산업 사회의 구조에 편승했다는 측면에서 현장성과 원본성, 즉 아우라를 상실했다고 볼 수 있다. 아우라가 상실된 설교는 품위 없고 진정성도 없는 공산품처럼 대량 생산과 대량 유통을 획책한다. 이런 측면에서 설교는 또 다른 상업주의를 낳고 있다. 장경동 목사와 같은 일부 유명 설교자들은 이러한 시스템에 의해 유통되는 스타 상품이다. 이러한 스타 시스템은 현실 교회의 응집력과 공동체성을 약화시키고 왜곡된 보편주의를 낳을 수 있다. 교회는 자기가 위치한 사회적·문화적 환경에 맞는 색채를 가지고, 지역과 교회 구성원들이 처한 상황에 맞게 대응해 나가야 하는 특수성을 잃지 말아야 한다.

만 틀면 콸콸 쏟아지는 수돗물처럼 쏟아지는 설교들이 청중의 삶과 멀리 떨어져 있을 때 진정성도 멀어질 수밖에 없는 것이다. 이런 설교는 듣는 이의 지성이나 감성을 자극하고 정서적 일체감을 줄 수는 있지만 삶을 변화시키기는 힘들다. 말하는 이와 듣는 이가 한 공간 안에서 호흡하며 교감하는 것이 가장 효과적인 설교다. 설교는 명령이나 선포가 아니라 교감과 소통의 제의다.

현장을 떠난 설교에 길들여진 사람들은 왜곡된 보편주의에 빠지기 쉽다. 자기들만의 특수한 상황에 요청되는 설교나 교회의 모습이 아니라 어떠한 형태로 굳어져 버린, 정형성을 요구하게 되는 것이다. TV 설교를 통해 받은 감동을 우리 교회 목사님의 설교에 동일하게 요구하거나 이전 목회자의 관습화된 행위가 지속되기를 고집하는 경우가 그렇다.

다음은 기형도 시인의 「우리 동네 목사님」이라는 시다. 이 시를 통해 한국 교회의 왜곡된 보편주의를 살펴볼 수 있다.

읍내에서 그를 본 것은 이번이 처음이었다
철공소 앞에서 자전거를 세우고 그는
양철 홈통을 반듯하게 대장장이의
망치질을 조용히 보고 있었다
자전거 짐틀 위에는 두껍고 딱딱해 보이는
성경책만한 송판들이 실려 있었다
교인들은 교회당 꽃밭을 마구 밟고 다녔다, 일주일 전에

목사님은 폐렴으로 둘째 아이를 잃었다, 장마통에

교인들은 반으로 줄었다, 더구나 그는

큰소리로 기도하거나 손뼉을 치며

찬송하는 법도 없어

교인들은 주일마다 쑤군거렸다, 학생회 소년들과

목사관 뒷터에 푸성귀를 심다가

저녁 예배에 늦은 적도 있었다

성경이 아니라 생활에 밑줄을 그어야 한다는

그의 말은 집사들 사이에서

맹렬한 분노를 자아냈다, 폐렴으로 아이를 잃자

마을 전체가 은밀한 눈빛을 주고받으며

고개를 끄덕였다, 다음 주에 그는 우리 마을을 떠나야 한다

어두운 천막교회 천장에 늘어진 작은 전구처럼

하늘에는 어느덧 하나둘 맑은 별들이 켜지고

대장장이도 주섬주섬 공구를 챙겨 들었다

한참 동안 무엇인가 생각하던 목사님은 그제서야

동네를 향해 천천히 페달을 밟았다, 저녁 공기 속에서

그의 친숙한 얼굴은 어딘지 조금 쓸쓸해 보였다

　시의 화자가 바라보고 있는 목사는 자신의 교회 신도들로부터 추방
당하는 자이다. 그런데 추방의 이유는 성경에 대한, 그리고 예배에 대한

집사들과의 견해 차이 때문이다. "성경이 아니라 생활에 밑줄을 그어야 한다"는 대목에서 이 목사의 성경에 대한 이해와 목회 지향점을 읽을 수 있다. "그의 말은 집사들 사이에서 / 맹렬한 분노를 자아냈"는데, 이 분노는 강단에서 현실과 분리된, 거룩성과 초월성을 강조했던 이전의 목사들로부터 하나의 목회자상을 주입 받았기 때문에 발생한다. 집사들은 이전의 관습과 괴리된 다른 형태의 설교나 목회에 대해 참을 수 없는 분노를 표출한다. 그래서 "교인들은 교회당 꽃밭을 마구 밟고 다녔"던 것이다. 교인들은 꽃을 사랑하기보다 이전 목사의 권위를 사랑했던 것이고, 권위와 위엄이 없는 목사와 그의 설교를 짓밟았다. 이전 목사는 설교를 통해 교인들을 마조히스트로 길들여 놓은 것이다. 마조히스트들은 자신들의 권위자가 사라지자 사디스트로 무섭게 돌변한다. "폐렴으로 둘째 아이를 잃은" 것은 권위를 내려놓고 말씀을 현실에서 실천하려 했던 이상한(?) '우리 동네 목사님'에게 하느님의 저주가 임했기 때문이라고 생각한다. "폐렴으로 아이를 잃자 / 마을 전체가 은밀한 눈빛을 주고받으며 / 고개를 끄덕였"는데, 이것은 "큰소리로 기도하거나 손뼉을 치며 찬송하는" 관습을 따르지 않은 목사에 대한 하느님의 징벌이라고 집사들은 단정했던 것이다.

이 시는 설교자들이 강단에서 하는 설교와 현실이 얼마나 괴리되었는가를 풍자한 작품이다. 섬뜩할 정도로 한국 교회의 모순과 부조리의 핵심을 찌르고 있다. 시인은 "두껍고 딱딱해 보이는 성경책"이라는 진술을 통해 생명력 없는 "송판들" 같은 한국 교회를 풍자한다. 그리고

"교회당 꽃밭"으로 상징되는 '목사님'의 근본적 행위를 교인들은 낯설어하고 터부시한다. 권위에 지배 받던 자들이 권위가 사라지자 폭도로 돌변하여 잔인하게 한 인격을 짓밟고 추방해 버리는 동물적 야만성을 보이는 것이다. 이전 목사의 설교는 위선적인 권위에 기대어 현실과 괴리된 공허한 말의 유희에 빠졌을 뿐만 아니라 집사들에게 자신의 설교를 전범으로 여기게 만들었던 것이다. 이와 같은 한국 교회의 국면을 시인은 한 편의 시로 압축하여 말하고 있다. "마조히즘과 사디즘은 하나의 같은 동기를 가졌다"는 에리히 프롬(Erich Fromm)의 주장*이 이 시의 기저에 깔려 있다.

그런데 현실과 괴리된 설교는 미디어에 의해 또 다른 국면을 맞게 되었다. 기독교방송에 의해 시간마다 쏟아지는 예배와 설교는 현장을 벗어난 말(언어)의 축제가 되고 있다. 미디어 시대에 맞는 종교적 변신이 법어(法語)와 설교 등과 같은 종교 의례를 비현실적 가상 세계로 옮겨 놓은 것이다. 미디어는 실존성을 전제로 하는 종교 의례를 바꾸어 탈육체화와 탈공간화로 나아가고 있다. 미디어를 통해 접속되는 세계의 귀착점은 플라톤의 신전(神殿)**일 수밖에 없다. 육체를 이탈한 영혼의

---

* 에리히 프롬은 『자유에서의 도피』에서 사디즘과 마조히즘을 공생 관계로 설명한다. 자기 이외의 어떤 힘과 일체시키려는 경향은 사디즘과 마조히즘의 공통 목적이라는 것이다. 즉 외부의 대상을 필요로 한다는 측면에서 두 요소는 동일한 목적을 갖는다고 본다. 다른 사람을 자기의 일부분으로 만듦으로써 나 자신을 확대시키려는 목적을 추구한다는 것이다. 한국 교회의 목사와 신도들 관계도 사디즘과 마조히즘의 공생 관계에 있다고 해도 무방할 정도로 비틀려 있다. 에리히 프롬, 이상두 옮김, 『자유에서의 도피』(범우사, 1996), 194~195쪽.
** 플라톤의 이원론은 서구 사상 체계의 근간이다. 현대의 미디어와 미디어 설교는 탈공간화(탈

접속은 미디어 영지주의***가 될 수도 있다는 생각은 기우가 아닐 것이다.

미디어 설교는 또 다른 자본주의적 위험성을 안고 있다. 설교자는 자신의 설교를 방송에 내보내기 위해 방송국에 선교 헌금을 내기도 한다. 그러나 이것이 방송 선교를 위한 순수한 의도와 목적을 가지고 있다 하더라도 방송 상업주의라는 혐의를 완전히 벗을 수는 없다. 기독교계 지역 방송사들의 운영 이사들이 주로 대형 교회 목사들인 것도 이러한 오해로부터 자유롭지 못하게 하는 요소다. 대형 교회 목사들과 많은 선교 헌금을 낼 수 있는 목사들의 설교가 방송을 더 잘 탈 수밖에 없는 구조가 되어 버렸기 때문이다. 이러한 방식으로 매체들이 설교를 상품화하고 청자를 원격 조정하는 것은 현실 교회의 존립 기반을 흔들어 놓을 수 있다. 미디어 설교는 현장성을 살해할 수도 있다.

육체를 떠난 정신이 존재할 수 없듯이 현장을 떠난 말은 생명력을 잃는다. 설교는 현장에서 발아하고 그곳에서 함께 호흡할 때 가장 큰 영향력을 발휘한다.

현실화)된 공간에 설교라는 이데아를 영속시키려 한다는 점에서 신적 권위를 지향한다고 볼 수 있다. 이는 미디어를 통해 설교자의 권위가 보편화될 수 있는데, 이러한 미디어 설교는 스타 시스템을 낳고, 이 시스템에 의해 탄생한 유명 설교자는 탈공간화의 영속된 이데아를 갖게 되는 것이다.

*** 현장을 중심으로 한 예수의 사역과 복음에 심대한 도전이었던 영지주의를 생각하면 현대 미디어 설교도 이러한 영지주의적 위험성을 충분히 내포한다. 나는 이것을 '미디어 영지주의(Media Gnosism)'라 부르고자 한다.

복음, 유니폼 크리스천의 액세서리

이명박, 유니폼 크리스천의 전형

이명박 씨가 17대 대통령에 입후보했을 때 많은 교회와 교회 지도자들은 선거법 위반을 무릅쓰고 그를 공개적으로 지지하고 나섰다. 대기업의 CEO와 서울시장 등과 같은 굵직한 명함에 가려졌던 장로라는 직함이 전면에 등장하기 시작한 것은 이때부터였다. 그러나 그간의 그의 행적으로 보면 경건한 신앙인이라고 이해할 만한 점을 찾아보기 어렵다. 그가 소망교회에서 3년 동안 새벽 기도회의 주차 도우미를 했다는 것도 그의 신앙을 증명할 만한 일은 아니다. 교회라는 집단의 구성원으로서의 요식 행위가 신앙의 본질과 직결되는 것은 아니기 때문이다.

오히려 대통령 선거 과정에서 언론에 공개되어 국민의 지탄을 받았던 그의 말들을 보면 그가 기독교적 가치관을 가지고 있는지 의심이 들

정도다. 사소한 발언에서 드러난 그의 의식의 층위들은 신앙인 이전에 상식과 교양을 갖추지 못한 사람처럼 보이기까지 했다.

"(노무현 전 대통령에게) 대통령은 개나 소나 하나?"
"나 안 찍을 사람은 투표하러 오지 마라."
"김구는 실패한 사람이다."
"마사지 걸을 고를 때는 못생긴 여자를 골라야 한다."

위 발언들은 그의 정치의식과 역사의식, 그리고 인간에 대한 예의가 어떠한 수준에 있는가를 극명하게 보여 준다. 이 밖에도 언론 인터뷰에서 성경적 가르침과는 거리가 먼 답변을 하여 양식 있는 신앙인들을 놀라게 한 적도 있다. 2007년 5월 12일자 『조선일보』에 실린 인터뷰 내용 중에 이런 답변이 있었다.

유럽에서는 동성애가 합법입니다. 이 전 시장은 개신교 장로인데 이에 대해 어떤 견해를 갖고 계십니까?

"기본적으로 반대죠. 내가 기독교 장로이기 이전에, 인간은 남녀가 결합해서 서로 사는 것이 정상이죠. 그래서 동성애는 반대 입장이지요."

낙태에 대해서는 어떻게 생각합니까?

"기본적으로는 반대인데, 불가피한 경우가 있단 말이에요. 가령 아이가 세상에 불구로 태어난다든지, 이런 불가피한 낙태는 용납이 될 수밖에 없는 거 같아요."

동성애에 대한 입장을 묻는 기자의 질문은 장로로서의 관점을 요구하고 있다. 즉 기독교 신앙에 정통한 사람의 기독교적 관점을 묻고 있는 것이다. 그러므로 그는 기독교인으로서 성경에 기초한 세계관을 분명하게 제시했어야 한다. 그가 신실하고 경건한 그리스도인이며 복음의 가르침을 따르는 신앙인이라면 "그것은 하느님의 창조 질서와 성경의 가르침에 위배되는 것입니다. 그러므로 동성애는 용납할 수 없는 일입니다"라고 분명하게 말했어야 한다. 그러나 그는 자신을 그리스도인으로 내세우지도 않았을 뿐만 아니라 동성애 문제를 생물학적 차원에서 답변했다.

낙태 문제 또한 마찬가지다. 낙태를 반대하지만 장애를 가진 태아에 대해서는 낙태를 찬성한다고 했다. 장애를 가진 사람은 생명의 가치가 없다는 반대 논리를 성립시키고 만 것이다. 경제적 효율성을 최우선 가치로 삼는 경영자의 마인드가 성경적 가르침보다 앞서고 있음을 보여주는 대목이다. 그의 정신을 지배한 것은 성경의 가르침이 아니라 효율성과 경제적 합리성이었던 것이다. 그러므로 인간의 존재를 그러한 관점에서 이해한 것이다. "불구자"는 비생산적·비경제적 존재이기 때문에 모두에게 짐만 될 뿐이라는 인식이 그의 뇌리에 깊이 박혀 있는 것이다. "불구자"라는 용어도 장애우에 대한 인격 모독적 발언이다. 게다가 장애우를 태어나지 말아야 할 존재로 격하시킴으로써 많은 이의 지탄을 받았다.*

그는 인간을 하느님의 절대 주권에 의해 탄생하는 고귀한 생명으로 보는 것이 아니라 경제성(효용성)의 차원에서 이해하고 있다. 이는 생물 진화론의 관점에서 우생학적 견해를 밝힌 것이지 "하느님의 형상"대로 지음 받은 인간에 대한 성경의 가르침을 말한 것은 아니다. 이명박 장로는 창세기의 가르침보다 다윈과 아담 스미스의 가르침에 충실한 진화론적 시장주의자였던 것이다.

대통령 취임 이후 정국 운영 과정에서 그의 반기독교적 정책이 그대로 쏟아져 나왔다. 소수의 상류층 이익을 위해 다수의 국민을 포기하고 가시적 경제 지표를 상승시키려는 그의 정책은 나눔과 사랑을 모토로 하는 기독교적 가치와 배치되는 것이었다. 경제적으로 우월한 지위에 있는 사람들의 자유와 기회를 더욱 확대시켜 줌으로써 거시 경제 지표만을 상승시키려 할 때 힘없는 사람들의 희생이 따를 수밖에 없다. 세간에는 상위 2퍼센트를 위해 98퍼센트를 포기한 대통령이라는 비난이 연일 쏟아져 나왔다. 이명박 대통령은 장로라는 직함 이외에 그리스도인의 내적·외적 증거가 아무것도 없었다. 오히려 기독교적 정신과 반대

---

* 푸코는 『비정상인들』(박정자 옮김, 동문선, 2001)에서 근대의 정신의학이 가정과 국가 권력을 지배한 배경을 설명하며 정치 도구화되었다고 주장한다. 푸코가 분류한 비정상인은 인간 괴물, 교정해야 할 인간, 자위행위를 하는 어린아이다. 여기서 인간 괴물이란 장애인을 말한다. 이명박의 인식은 이러한 권력 구조적 의식의 산물이다.

편에 섰을 뿐만 아니라, 시민 사회의 가치와 질서를 억압하고 통제하는 파쇼적 행태를 보이기까지 했다.

이는 한국 교회 신도들의 세계관이 성경적 세계관과 일치하지 않는 것을 보여 주는 상징적 사례다. 이러한 현상은 한국 교회가 안고 있는 고질적인 문제다. 성경의 가르침보다 현실적 가치를 우선하는 위선적 신앙인들로 교회가 넘쳐 나는 것이다. 이러한 사람들은 유니폼 크리스천이다. 이명박 대통령은 유니폼 크리스천의 전형이다. 한국 교회는 성경의 가르침을 충실히 따르며 복음을 실현코자 하는 경건한 신앙인의 의무인 성경적 세계관을 갖지 못한, 유니폼만 그럴듯하게 차려입은 기독교인들이 지배하고 있는 것이다. 기독교인은 많으나 이들이 기독교적 가치관을 갖지 못한 것이다. 성경을 다독하는 한국 교회와 교인들이 성경의 교훈과 가치를 제대로 알지 못한다는 것은 크리스천의 유니폼만을 입었다는 것을 의미한다.

이명박 대통령은 콘스탄티누스?

이와 같은 사실 앞에서도 기독교 지도자들은 이명박을 노골적으로 지지했다. 그 사람이 성경의 가르침에 합당하게 살고 있는가, 혹은 그가 제시하는 공약이 성경의 가르침과 부합하는가에 대한 검토 없이 무조건 지지하고 나섰던 것이다. 이는 과연 한국 교회가 복음을 실천할 만한 정신이 있는지 의심하게 만든 사건이다.

2008년 미국 대통령 선거 예비 후보 경선에서 공화당의 유력 후보인 루돌프 줄리아니 전 뉴욕 시장은 각종 여론 조사에서 당내 1위를 달리고 있었다. 그러나 그가 낙태 문제에 찬성하자 기독교계는 "생명의 존엄성을 가볍게 여긴 위선자"라며 맹비난했다. "낙태를 찬성하는 인물을 공화당 대선 후보로 뽑을 수 없다"고 강하게 반발했다. 결국 줄리아니는 대선 경선에서 낙선하고 말았다.

이러한 낙태 논쟁에는 미국의 기독교적 가치관이 짙게 깔려 있다. 미국인들 중 성경적 가치를 지향하는 교회와 신자들은 "낙태는 하느님이 내린 생명을 파괴하는 반역이며, 이를 막기 위한 노력은 신도로서 숭고한 사명이며 성전(聖戰)"이라고 주장한다. 이는 미국을 움직이는 것이 표면적으로는 정치와 경제, 군사, 외교 등과 같은 제도적 장치들 같지만 국가와 지도자를 움직이는 궁극적인 힘은 기독교적 가치라는 것을 보여준 사례다.

부시 대통령은 "태어났건 태어나지 않았건 모든 아기들의 생명을 지키는 일은 나라의 거룩한 목표"라고 주장함으로써 기독교적 생명관을 명확히 선언했다. 세계를 움직이는 미국의 대통령을 검증하고 감시하는 것은 바로 이와 같은 미국 기독교인들의 기독교적 가치다.

그러나 놀랍게도 한국 교회와 기독교 지도자들은 그러한 일을 전혀 하지 않는다. 이는 한국 교회가 성경의 진리와 가르침을 상실했음을 의미한다. 그가 기독교의 유니폼을 입고 있는가에 대해서만 관심을 가질 뿐 진정으로 예수의 교훈과 성경적 가르침을 따르며 기독교적 정신을 실현하는 삶을 살고 있는가에 대해서는 묻지 않는다. 내가 속한 집단의 유니폼만 확인되면 그 다음 것은 묻지 않으려는 맹아적 집단의식에 사로잡혀 있는 것이다. '우리 편은 다 되고 우리 편이 아니면 다 안 된다' 는 극단적 이분법이 본질을 바로 보지 못하게 한다. 이것이야말로 종족의 우상이 아니고 무엇인가. 맹목적인 종족주의가 성경의 가르침과 예수의 교훈을 바로 보지 못하게 하는 것이다.

미국 교회의 쇠락을 조소하면서 그것에 빗대어 자신들의 규모와 열성을 자랑삼는 한국 교회가 덩치만 컸지 사실은 성경의 교훈을 배신하고 있는 반면, 교회가 축소되고 신도의 수가 감소한 미국 교회는 여전히 기독교적 가치를 현실 공간에서 실현시켜 나가고 있는 것이다. 예배당에 모여 행하는 집단적 의례만이 신앙 행위라고 강조하는 한국 교회가 사실은 알맹이 없는 껍데기에 불과하다는 것을 말해 준 것이다.

성경과 복음의 진정성을 상실한 교회가 어찌 세상을 향해 예수의 복음을 선포할 수 있겠는가. 그것은 비웃음만 살 뿐이다. 이제는 세상을 향해 진리를 말해도 그것을 진리로 받아들이지 않는다. 한국 교회는 '늑대 소년'이 된 것이다. 그런데도 교회들은 전도가 되지 않는 것은 교회의 부조리 때문이 아니라 세상이 악하기 때문이라고, 말세적 징후라고 개탄한다. 교회의 이탈자와 개종자들이 늘어도 사태의 본질을 바로 보려 하지 않는다. 지각 능력을 상실한 교회가 세상을 향해 내뱉는 말은 고작 '사탄의 세력'이니 '빨갱이'니 하는 몽매한 주술뿐이다.

언론에 비친 이명박 장로의 모습 중에 술잔을 들고 건배를 제의하는 모습이나 술잔 앞에서 세속적 음담을 부끄러움 없이 발설하는 모습이 있다. 만약 어느 교회 장로가 가는 곳마다 술을 마다하지 않고 그곳에서 세속적 음담을 스스럼없이 주고받는다면, 그리고 동네 사람들로부터 도덕적 비난을 받는다면 교회는 그를 항존직 장로로 계속 임직시킬 것인가. 그가 돈도 권력도 없는 미천한 평신도라면 교회는 그를 어떻게 대할 것인가.

그러나 소망교회를 비롯한 한국 교회들은 그의 존재를 매우 자랑스러워하는 것 같다. 그를 한국 사회를 단번에 복음화시킬 수 있는 콘스탄티누스 대제쯤으로 생각하는 것 같다. 전광훈 목사의 설교에는 그러한 인식이 짙게 깔려 있다.

> 이명박 장로님이 나한테 약속했어, 개인적으로. 꼭 청와대 들어가면 교회 짓기로. 박수 쳐, 박수 쳐. (박수) …… 이렇게 해서 시민 단체고 뭐고 싹 잠재우고, 세우면 돼. (교인들 "아멘") 할렐루야지. (교인들 "아멘") 여러분, 대한민국을 예수의 나라로 만들어 봅시다.
>
> 에스겔 37장처럼 하나님의 말씀 앞에 모든 뼈들이 자기 자리에 들어가기만 하면 이 민족은 예수의 나라로 생길 줄 믿습니다. (교인들 "아멘") 그렇게 되기 원하시면, 아멘. 할렐루야.[*]

---

[*] 이승규, 「"이명박 안 찍으면 생명책에서 지울 거야"」, 『오마이뉴스』 2007년 10월 4일.

그런데 이는 전광훈 목사 한 사람만의 의식은 아니다. 대선 과정에서와 대선 후에 보여 준 한국 교회와 교회 기득권층의 태도 역시 그와 동일한 선상에 있다는 것을 확인시켜 줬기 때문이다.

이명박 같은 인물은 오로지 성공 신화에 매달려 앞만 보고 달려왔다는 사실을 어렵지 않게 짐작할 수 있다. 입사 12년 만에 현대건설 사장 자리에 오른 것은 바로 그러한 삶의 과정을 대변한다. 그의 초고속 출세는 분명히 탁월한 능력 때문일 것이다. 그러나 그것은 세속적 탁월성이지 신앙인의 경건성과 영적 능력은 아니다. 그가 대통령에 취임한 후 보여 준 여러 가지 국정 운영 실태를 보면 그의 지난날이 앞뒤 안 가리는 돌격형 삶이었다는 것을 짐작할 수 있다. 특히 한국 건설 회사의 체질과 특성상 정도를 걸어서는 경영이 안 된다는 것을 알 만한 사람은 안다. 1970년대 개발 독재 시절에 그러한 위치에 오를 수 있는 능력이란 그리스도인이 갖추어야 할 진실성과 경건성과는 정반대의 자질임이 분명하다. 그러한 사람이 기독교계의 전폭적 지지와 응원을 받았다는 것은 한국 교회의 정신 수준을 가늠케 하는 사건이다.

교회가 어디에다 가치를 두느냐는 명확하다. 바로 성경이다. 그러나 한국 교회가 그것보다 우선하는 가치는 그 사람의 사회적 지위와 명망, 그리고 부의 정도이다. 이명박과 같은 인물은 세속적 권력과 명예를 가지고 있는 사람이기 때문에 교회에 현실적 이익이 될 수 있다.

실제로 이명박 장로가 대통령에 당선된 후로 소망교회의 교인 수가 급증했다는 보도가 있었다. 심지어는 두 배 이상으로 교인 수가 증가했다는 풍문도 있다. 이는 과장된 면이 없지 않다. 그러나 중요한 것은 이명박과 같은 권력층이 권력을 추종하는 무리들을 불나방처럼 끌어들여 교회의 외형을 키울 수는 있을지 모르지만 그리스도의 몸된 교회를 이루어 가기는 어렵다는 것이다.

재미난 사실 하나는 이명박 장로가 대통령에 당선된 후에 결혼 적령기 자녀를 둔 부모들이 신앙이 아닌 다른 목적으로 소망교회를 찾는 경우가 생겼다는 것이다. 소망교회가 시쳇말로 '물 좋은' 교회로 알려지면서 '집안 좋은' 배우자감을 물색하기 위해 소망교회 청년부와 대학부에 등록하는 젊은이들이 많아졌다고 한다. 특히 대통령직 인수위원회와 청와대 참모진, 그리고 내각에 이르기까지 이명박 정부의 초대 내각이 소망교회 출신으로 채워지면서 소망교회는 권력을 향해 가는 지름길이라는 인식이 확산되었다. 실제로 지방에서 올라와 소망교회의 주일 예배에 참석하는가 하면, 어떤 정치인은 자신이 소망교회의 등록 교인임을 공개적으로 말하는 촌극을 벌이기도 했다. 이쯤 되면 교회는 이제 세속과 구분되는 거룩한 그리스도의 몸이 아니라 인간을 상품화하여 거래하는 시장으로 변한 것이다.

기독교가 콘스탄티누스 대제의 공인으로 하루아침에 로마의 보편 종교가 됐던 것처럼 한국 교회가 이명박 대통령과 소망교회를 통해 새로운 교회 성장의 가능성을 열어 준 것 같은 착각이 들 정도다. 그러나 이명박 대통령이 대기업 건설 회사 CEO 출신답게 인사와 정책을 화끈하게 밀어붙인 것이 오히려 교회의 권위와 진정성에 상처를 입히고 말았다. 대통령직 인수위원장이었던 소망교회 이경숙 권사(전 숙명여대 총장)의 촌극이 낳은 국민의 냉소는 고스란히 소망교회를 통해 한국 교회 전체의 뼛속까지 파고들었다. 이경숙 씨는 영어 몰입 교육을 주장하며 한국인의 영어 발음에 문제를 삼았다. 그녀는 '오렌지'가 아니라 '어륀지'로 발음해야 한다는 격에 맞지 않는 말로 세간의 온갖 비웃음을 샀다. 그것은 대통령직 인수위원장이 할 말이 아니었고 관여할 문제도 아니었다.

그 얼음장같이 차가운 시선을 교회와 교회 지도자들은 아무렇지도 않게, 아니 오히려 대담하게 마주 보았다. 엄청난 배짱이거나, 상황을 제대로 인식하지 못하는 저능성이거나 둘 중 하나일 것이다. 어차피 같은 유니폼을 나눠 입은 처지라면 죽더라도 끝까지 함께 가 보자는 눈물 나는 동지 의식이었는지 모르겠다. 이명박 대통령의 지지율이 곤두박질치면서 한국 교회에 대한 신뢰도 동반 하락했다. 뿐만 아니라 이명박 대통령에 대한 부정적 시각이 한국 교회에 그대로 투사(透寫)되고 말았다.

교회 안의 맘몬, 자본주의

경제를 살리겠다며 내건 이명박의 공약이 철저하게 시장주의에 기초해 있다는 것을 누구든지 알 수 있다. 시장주의는 무한 경쟁을 이념으로 하는 자유주의다. 한국에서는 남북한의 특수한 역사적 사건과 이데올로기 때문에 '자유'를 절대 선으로 인식한다. 그리하여 한국 사회에서 시장주의적 자유는 정치적 자유와 동일시된다. 시장의 경쟁과 자유를 제한하는 것은 좌파적인 것이고 이는 곧바로 북한 공산 집단과 동일시된다. 그러므로 한국 사회가 지향하는 자유는 그것이 정치적 자유이든 경제적 자유이든 항상 동일한 기의(記意)를 갖는다. 즉 자유는 항상 선이라는 논리가 우리 사회를 지배하는 것이다. 재벌과 대기업의 자유를 제한하는 것이나, 부의 재분배를 위한 복지 정책 등은 좌익으로 매도되고 온갖 비난을 받는다.

보수 단체들이 "자유 민주주의 수호"라는 구호를 내세울 때 그들이 말하는 자유의 뿌리는 시장의 자유에 있다. 가진 자들에 대한 최대한의 자유가 그들이 주장하는 궁극의 자유인 것이다. 보수 단체는 이해관계의 역학 구도 아래 그러한 이념에 편승할 수밖에 없는 자신들의 한계 상황이 있다. 그러나 한국 교회의 일부 목사들이 김대중이나 노무현 정권을 향해 좌파니 빨갱이니 외치며 시장주의자들의 이념적 편견에 동조한 것은 기독교 정신을 희생시킨 것 외에 아무것도 아니다. 이들 일부 목사들의 주장이 시장주의자들의 이익은 대변할 수는 있을지 모르지만 기독교적 가치는 실현할 수 없기 때문이다. 아니 오히려 기독교 정신과 정면으로 배치되는 것이다.

신자유주의가 주장하는 시장의 자유란, 링 위에서 초등학생과 격투기 선수 최홍만이 동일한 조건에서 경기를 펼치는 것과 같다. 시장주의

자들은 이것을 꿈꾸고 있는 것이다. 이것이 자유 경쟁의 본질적 의미이고 궁극적 지향점이다. 그러나 성경은 말한다. 너희가 서로 경쟁(전쟁)하기보다 서로 희생하며 사랑하며 살라고. 성경의 핵심 사상과 가르침은 서로에 대한 자기희생과 사랑이다.

경쟁은 승자와 패자를 낳는다. 승자는 더 많은 부를 가질 수 있고 패자는 굶주림과 모멸감 속에 자기 수모를 견디거나 공동체를 스스로 떠나야 한다. 이것이 시장주의가 말하는 자유이고 이명박 대통령이 내건 공약의 뼈대였다. 경제를 성장시키려면 친기업적 정책을 펴야 하는데, 이를 위해서는 중소 상공인과 서민들에게 지원하던 복지 기금을 폐지하거나 삭감할 수밖에 없다. 뿐만 아니라 기업의 경제 활동 자율화와 경제 성장이라는 명분으로 재벌의 세금 감면과 함께 기업의 사회적 책임을 완화시켜 주어야 한다. 실제로 이명박 정부 들어 이러한 정책이 재빠르게 실시됐다. 김대중과 노무현 정부 때의 복지 정책이 천덕꾸러기 고비용 정책으로 비판 받기 시작했다.

시장주의자들이 말하는 자유는 아담 스미스의 고전적 시장 관념에 뿌리박고 있다. 스미스는 힘 있는 자든 힘없는 자든 무제한의 자유로운 경쟁을 하면 보이지 않는 손에 의해 경제가 발전하고, 인간의 도덕관념에 의해 선이 베풀어진다고 생각했다.* 그리고 그것이 의도하지 않은 공익

---

* 아담 스미스는 자유주의의 문제를 지적한 토머스 홉스와의 사상 논쟁 과정에서 인간의 도덕 감정을 신뢰해야 한다는 도덕감정론을 주장했다. 그러나 그의 주장과 예측은 이후 전개되는 자본주의 역사 속에서 보기 좋게 빗나갔다. 하지만 무엇보다 그가 신뢰해야 한다고 주장한 인간의 도덕 감정은 기독교적 인간관과 배치되는 것이다. 인간의 도덕성이나 정의만으로 스스로 구원

을 낳고 사회 발전으로 이어진다고 보았다. 그러나 스미스는 인간을 너무 낭만적으로 이해했다. 인간 안에 잠재된 죄성과 악성을 보지 못했다. 엄밀한 의미에서 스미스가 말한 자유는 하느님 없이 인간의 선한 의지로써 스스로 세계와 자신이 구원 받을 수 있다는 반기독교적 사상이다. 부시가 신자유주의를 기치로 세계화를 부르짖을 때 이러한 반기독교적 쓰나미가 기독교 정신을 "우는 사자와 같이" 삼키려고 덤벼들었다.

레이건과 대처 이후 신자유주의가 투기성 금융 자본을 통해 세계를 장악하면서 세계는 인간의 존재를 비웃으며 끝없는 나락으로 빠져 갔다. 투기성 금융 자본이 성실하게 일하는 사람을 비웃고 빈부 격차를 심화시켜 인간을 동물 세계의 잔혹한 경쟁 구도로 몰고 간 것이다. 미국의 서브프라임 모기지로 촉발된 금융 위기가 세계를 경제적 파국에 빠뜨린 뒤에야 그 실체를 볼 수 있었다. 세계화는 일부 부도덕한 투기성 금융 자본에 의해 세계 시민을 공황에 빠뜨렸다.

그런데 한국의 보수 교회와 지도자들은 이러한 반기독교적 흐름을 보지 못하고 오히려 미국이 하는 것을 절대 신뢰하며 찬양하기에 바빴다. 자신들이 지금 무슨 짓을 하고 있는지도 모르는 철부지 어린애와 같았다. 주님 뜻대로 살겠다고 하면서 주님의 뜻과 반대로 행하고 있었던 것이다.

받지 못한다는 것이 기독교적 인간 이해다. 그러므로 루터는 오직 믿음과 은혜로써만 구원 받을 수 있다고 한 것이다. 한국 교회는 신학적 기반과 사상적 토대가 약하기 때문에 기독교적 가치를 구별하지도 못하고 구현할 수도 없는 것이다.

또한 한국 교회는 그토록 혐오하고 죄악시하는 마르크스가 아담 스미스와 같은 맥락에 있다는 사실도 간과한다. 마르크스와 아담 스미스는 방법의 차이만 있을 뿐 동일한 기재(器材)를 가진 인물들이다. 정치적·경제적 행위(제도) 기제를 통해 인간과 사회의 운명을 결정할 수 있다고 생각했다. 두 사람 모두 어떤 이념과 제도를 통해 인간 사회의 모순을 극복할 수 있다는 자기 확신에 찼던 사람들이다. 이는 성경에서 가르치는 하느님 주권 사상과 정면으로 배치되는 것이다. 즉 그들은 하느님의 주권보다 인간의 정치적·경제적 행위를 인간 존재의 전제로 삼은 사람들이라는 측면에서 반기독교적인 사상가들이다.

그런데 한국 교회에서 마르크스는 죄악시하고 아담 스미스는 찬양한다. 이러한 한국 교회의 태도는 어떤 사상의 의미와 맥락을 성경의 거울에 비추어 보지 않고 역사적 경험 하나만으로 단순화시키려는 유아적 발상 때문에 나타난 것이다.

이는 한국 교회에 성서신학의 뿌리가 약한 데도 원인이 있다. 신학교에서 성서를 텍스트로 가르치고 있지만 교회에서는 성서신학보다 실천신학적 기능인을 필요로 하기 때문이다. 똑똑하고 지혜로운 사역자보다 우직하게 자기 자리에서 기계나 열심히 돌리는 기능공과 같은 사역자를 원하기 때문이다. 시대가 변해도 성경이 우리에게 가르치는 교훈과 가르침은 변하지 않는다고 떠드는 한국 교회가 정작 성경의 그러한 가르침을 이해하지 못하고 있으니 모순의 극치가 아닌가.

이명박 씨 본인도 자신이 걸어온 삶의 과정이나 현재 행하고 있는 것을 성경의 가르침에 비추어 성찰해 보지 못한 사람이기는 마찬가지로 보인다. 그가 내세우는 경제 제일주의가 성경에서 말하는 "(하나님과) 재물을 겸하여 섬기"(마태복음 6:24)는 것이라는 사실을 알지 못하는 것으로 보이기 때문이다. 자신의 성공을 하느님의 축복으로 여기는 신앙관이 그를 지배했을지 모른다. 또 교회는 그에게 맘몬에 대해 가르치고 경계하기보다 잘 나가는 그의 세속적 부와 권력을 탐했을 것이다. 이명박과 그를 지지한 목사들에게 복음은 다만 권력과 부(교회 성장)를 위한 액세서리에 불과했던 것이다. 복음의 진수(眞髓)를 안다면 그렇게 하지 못했을 것이기 때문이다.

한국 교회와 목사들이 제정신이 있다면 이명박의 경제 제일주의에 대해 성경적 검증을 했어야 한다. 경제(물질)만이 지상의 최고선이라고 부르짖으며 경제를 살리자고 외치는 시장주의자가 맘몬주의자와 어떻게 다른가 한 번쯤은 진단해 봤어야 한다. '너희가 하나님과 재물을 겸하여 섬기지 못하느니라'는 구절의 '재물'은 재물의 신 맘몬을 의미한다. 예수님은 재화를 통해 인간의 삶과 운명이 조건 지워지는 것을 우상으로 단정했다. 그러한 삶은 세계를 창조하고 통치하시는 하느님의 주권을 거부하기 때문이다.

성경은 재물신에 현혹되는 것은 하느님의 계시와 통치를 훼방하는 사탄의 전략이라는 사실을 강조한다. 인간의 재물에 대한 욕구가 우상을 낳았던 것이다. 예레미야 7장 31절은 "힌놈의 아들 골짜기에 도벳 사당을 건축하고 그 자녀를 불에 살랐다"는 내용이다. 인간을 재물신 맘몬의 희생물로 삼는 것은 고대의 우상들에서 현대 자본주의 시장 경제 체제로 그 양식을 달리하며 진화해 왔다. 자본주의와 시장 경제라는 이념과 제도를 통해 보이지 않게 그 희생 제의가 내밀화된 것이다. 맘몬은 인간 사회의 이념과 제도를 통해 교묘하게 진화하고 있었던 것이다.

인간의 정신과 육체를 생산 메커니즘의 하부 구조로 전락시켜 영혼까지 지배하는 것이 산업 사회와 시장 경제다. 자본주의 산업 사회와 시장주의의 무한 경쟁 체제는 인간을 하느님의 형상을 한 고귀한 생명이 아닌, 생산 메커니즘의 하부로 지배하려 한다. 이는 몰렉과 같은 우상들에게 인간을 희생 제물로 드렸던 것과 무엇이 다른가. "네 이웃을 네 몸과 같이 사랑하라"(마가복음 12:31)는 말은 너의 성공을 위해 누군가를 희생 제물로 삼아서는 안 된다는 명령이다. '그 누군가' 는 창조의 섭리 가운데 있는 하느님의 형상이기 때문이다.

그러나 자본주의 시장 경제 체제는 그러한 명령과 배치된다. 너의 성공을 위해 "네 이웃"을 밟고 넘어서지 않으면 안 된다는 경쟁의 논리를 강요하기 때문이다. 이러한 경쟁의 논리는 교육에서부터 시작된다. 수치로 표기되는 성적(成績)으로 인간의 가치가 부여되고 상품화되는 사회에서 인간은 사랑하는 방법보다 경쟁하는 방법을 먼저 배운다. 그러므로 자신의 가치를 인정받으려 이기적 본능을 앞세우는 인간은 하느님에 대한 사랑이나 이웃에 대한 사랑, 나아가 자신의 존재 의미를 깊이 생각할 수 없다. 시장에서 인간은 경주마처럼 앞뒤 돌아보지 않고 달려야만 한다. 그러다 힘이 다하면 '퇴마 도살장'*으로 가는 것이다. 이제 시장은 '나' 아닌 다른 사람을 희생 제물로 삼는 것을 넘어 나 자신을 재물(財物), 즉 맘몬의 제물(祭物)로 드리라고 강요한다. 시장의 인간은 모두 맘몬의 제물이 되고 있는 것이다.

성경의 교훈을 가르치고 실행하지 못할 때 교회는 하느님의 거룩한 성전이 아니라 맘몬의 신전으로 전락할 수밖에 없다. 이명박 대통령이 과연 예수님의 몸된 교회의 장로로서 기독교적 정신을 가진 사람인지 맘몬을 숭상하는 사람인지 검증하지 않은 것은 한국 교회가 스스로의 정체성을 잃어버렸다는 것을 의미한다.

돈(맘몬)이 모든 가치를 결정한다

이명박 씨는 2005년 3월 12일 미국 방문 중에 특파원과의 간담회에서 "돈 없는 사람이 정치하는 시대는 지났다"고 말했다. 그의 가치는 돈이었다. 돈 없는 사람이 정치를 하면 뇌물 수수와 같은 부정이 저질러질 것이며, 자신처럼 돈(재물)이 많은 사람은 상대적으로 그러한 유혹과 부

---

* 조지 오웰은 『동물농장』(도정일 옮김, 민음사, 1998)에서 조직에 충성 봉사한 동물 '복서'의 죽음을 통해 인간 사회의 이념에 대한 허구와 부조리를 날카롭게 파헤쳤다. 현대 자본주의 시장경제 역시 시장주의라는 체제 아래 인간을 희생시키고 있다는 측면에서 성경이 제시하고 있는 하느님 주권 사상과 대립하는 이념이다. 시장주의에서의 궁극의 목적은 이윤이며 인간은 이윤을 위한 수단으로 전락한다. 마르크스는 이것을 인간 소외로 규정했다.

조리로부터 자유롭다는 주장이다. 그의 주장을 액면 그대로 이해한다면 돈 없는 사람은 부정의한 사람이거나 그러한 일에 빠질 가능성이 매우 높은 사람이다. 그러므로 그러한 부조리로부터 자유로운, 돈(재물) 있는 사람은 정의로울 수 있다는 주장이다. 이를 압축하면 '① 돈 있는 사람은 부조리로부터 자유롭다. ② 나는 돈이 많다. ③ 그러므로 나는 정의롭다'는 삼단 논법이 성립된다. 그러나 이 삼단 논법의 대전제(①)는 사실이 아니라 개연성과 추측일 뿐이다. 돈 있는 사람이 모두 정의로운 것은 아니다. 오히려 한국 사회에서는 부를 축적하는 과정에서 부자들은 일반인들보다 더 많은 부조리를 행할 수밖에 없다는 것을 많은 사람이 알고 있다. 그러므로 이명박 씨의 이 주장은 성급한 일반화의 오류이거나 개연성과 추측으로 진리를 확증하려는 무모한 태도다. 개연성과 추측만으로 진리를 확증할 수 없다. 그러므로 ③의 결론도 당연히 오류일 수밖에 없다. 그가 믿고 있는 것은 사실에 근거한 논리나 진실성이 아니라 자신이 임의로 세운 기준으로서의 '돈(재물)'일 뿐이다. 돈 있는 사람은 선악의 판단 기준도 스스로 세울 수 있는 권력까지 갖게 된다는 오만한 태도다. 이것이 우리 시대에 진화한 맘몬의 형상이다.

그런데 한국 교회와 목사들은 예수님의 가르침보다 진화한 우상 맘몬을 선택하고 말았다. 우상도 진화하면 목사를 속일 수 있다는 것을 보여 준 것이다. 이제 한국 교회와 목사들이 예수님의 가르침과 우상의 가르침을 구별하지 못할 정도로 우상은 진화했다. 아니 목사들이 아둔해진 것이다. 같은 유니폼만 입으면 다 우리 편이라고 착각할 정도로 정신이 흐려진 것이다.

18대 대통령 선거가 있기 6개월 전인 2007년 6월 21일 한국기독교 개혁운동(한기운)은 성명서를 발표하여 이명박 씨를 공개적으로 지지하고 나섰다. 그런데 이 성명서는 제목에서부터 싸구려 국가주의 냄새를 풍겼다. 성명서의 제목이 "시대를 비추는 희망의 빛, New Korea의 자랑, 이명박 후보를 지지합니다"이다. 이명박을 지지하는 근거가 예수의 가르침이나 복음의 본질에 부합하기 때문이 아니라 그가 "시대를 비추는 희망의 빛"이며 "New Korea의 자랑"이기 때문이라는 것이다. 이명박이 시대를 어떻게 비추는가, 그리고 어떻게 New Korea의 자랑이 될 수 있는가에 대한 석연찮은 이유들이 성명서에 제시되었다. 성명서 내용을 요약하면 ① 지역감정의 실제적인 해소 ② 민생 경제를 회복시키는 시장 지향적 후보 ③ 소외 계층 복지의 실질적 향상 ④ 새로운 대한민국 정신의 수립 등이 이명박을 지지하는 이유라고 밝혔다.

이명박 씨가 대통령에 취임한 후 ①의 지지 근거는 보기 좋게 빗나갔다. 그의 청와대 참모진과 내각 구성은 고소영(고대·소망교회·영남 편중 인사), 강부자(강남 땅부자)라는 세간의 조롱과 비판을 샀다. 독재 권력도 체면치레로나마 나누어 갖던 정부 요직을 특정 지역 출신과 자신의 주변 인물들로 가득 채움으로써 승자 독식의 몰염치한 짓을 했다. 한기운이 이명박을 지지한 근거를 묵사발로 만들었던 것이다. 한기운은 이명박이 애초에 지역감정 등의 문제에' 대해 관심이 있는지, 그러한 문제를 해결할 자질이 있는지에 대해 검토하지 않았다. 그러한 사실을 중요하게 생각하지도 않고 지지 성명서를 작성한 것이다. 이명박 장로에 대한 거짓 정보에 놀아났거나 스스로가 거짓을 말한 것이거나 둘 중 하나일 것이다. 개혁의 대상이 개혁 운동을 표방하고 나선 꼴이다.

이명박을 지지하는 두 번째 근거로 제시한 '민생 경제 회복'과 '시장 지향'은 상호 모순되는 논리라는 것을 약간의 경제 상식을 가지고 있는 사람이라면 다 알 수 있다. 시장에서의 자유는 약자들을 보호하지 않는다. 오히려 강자에게 유리하게 작용한다. 따라서 이러한 시장 지향성이 민생 경제를 살릴 수 있다고 주장하는 것은 자가당착이다. 경제 활동을 자유롭게 하면 대기업과 수출 주도형 재벌 기업 등이 더 많은 이익을 얻을 것이라는 생각인데, 이는 사회 전체의 부를 증가시켜 하부 구조에도 나누어 줄 수 있다는 1970년대식 자유주의 시장 경제 논리다. 가난하고 소외된 계층에 대한 배려보다 일단 파이를 키워 놓고 보자는 식이다.*

박정희 정권이 이러한 경제 논리로 어느 정도 국가의 부를 증대시킨 것은 사실이다. 그러나 그 과정에서 얼마나 많은 노동자의 희생과 농민의 몰락이 있었는가. 이는 어느 일방을 희생시켜 다른 일방의 이익을 보장하는 방식이다. 지금은 어렵지만 나중에 보자는 식이다. 노무현은 과

* 이는 미국의 경제학자 A. B. 래퍼(Laffer)가 제시한 견해로 '래퍼 곡선(Laffer Curve)'으로 알려졌다. 그는 세율이 높을수록 소득을 위한 경제 활동이 위축되므로 세수도 줄어든다고 보았다. 즉 세수 증대를 위해서는 세율을 낮추어 경제 활동에 활력을 불어넣어야 한다는 주장이다. 이명박 정부의 부자 감세 정책도 바로 이러한 이론에 근거하고 있는데, 이는 결국 부자들의 이익을 증대시켜 서민들에게 그 부스러기를 얻어먹게 하겠다는 논리다. 그러나 이는 래퍼가 실증적 연구를 통해 도출한 것이 아니라 그와 같은 사고(思考)도 가능하다는 견해일 뿐이다. 유시민은 이는 어마어마한 재정 적자를 발생시킨 레이건 정부의 실패 모델이며, 이 정책이 성공한 사례는 한 번도 없다고 주장한다(2009년 3월 17일 충남대 강연).

거 초고속 성장 과정에서 소외된 사람들을 위해 복지 정책을 실현하려 했다. 그런데 이명박은 다시 성장과 시장 논리를 들고 나온 것이다. 누가 더 성경에 가까운 정신을 가졌는가. 한기운은 이러한 경제적 기호 뒤에 숨겨진 이데올로기를 보지 못했거나 그것을 외면하고, 같은 유니폼을 입은 사람을 무조건 지지해야 한다는 유니폼 신학을 내세웠던 것이다.

그리고 세 번째 근거로 내세운 '소외 계층을 위한 실질적 복지'가 어떻게 가능한지 이명박을 지지하기 전에 내부적으로 담론화해 보았는지 의심이 든다. 위의 근거 ②에서 보이는 오류 때문이라도 실질적 복지는 애초에 불가능한 것이다. 이는 노무현 정부의 복지 정책에 반대하기 위해 만들어 낸 억지 논리와 구호에 불과하다. 명확한 근거나 논리 없이 반대부터 하고 보자는 1970∼1980년대 남한 사회의 냉전적 사고를 교회와 목사들이 그대로 재연한 것이다.

또 근거 ④ '새로운 대한민국 정신의 수립' 역시 정치 이데올로기의 복사물에 불과하다. 이는 대한민국의 정신이 잘못됐다는 전제가 깔린 표현이다. 이러한 표현은 정치적 보수 세력이 자신의 정적을 흠집 내기 위해 내세우는 선동 구호라는 것을 양식 있는 사람은 알고 있다. 좌파 정권이 국가의 질서와 정체성을 교란시키고, 이로 인해 미국과의 관계가 잘못되어 가고 있다는 극우 세력의 정치 논리인 것이다. 그런데 한기운은 이러한 논리를 신학적 검증이나 성경의 가르침에 비추어 살펴보지 않고 교회의 이름으로 그대로 전파하고 있다. 한국 교회와 교회 지도자가 신학적 이해 없이 정치 이념에 가담하여 기독교의 정체성을 흐려 놓은 것이다.

정신 나간 목사들

한기운이 함께하는 뉴라이트전국연합의 상임의장인 김진홍 목사도 이명박 후보를 공개적으로 지지하고 나서며 '이명박 후보를 지지하는 이유'를 제시했다. 그가 내세우는 다섯 가지 이유를 요약하면 다음과 같다.

①타의 추종을 불허하는 그의 업무 추진 능력 때문이다.
②대통령은 기업을 경영하는 때의 경영 마인드로 국가를 경영해야 하기 때문에 지지한다.
③그의 도덕적 투명성 때문이다.
④이명박 후보가 서울시장으로 재임 중에 펼쳤던 복지 정책(자신이 할수 있는 만큼 땀 흘려 일하게 하고 그에 대한 대가로 복지의 혜택을 받게 하는 정책)을 지지한다.
⑤기업가 정신은 기업은 물론 국가의 발전을 측정하는 기준이 된다. …… 기업가 정신을 회복시키는 일이 그 첫 번째가 될 것이다. …… 그런 점에서 이명박 후보가 가장 적합한 인물이다.

김진홍 목사는 "그가 나와 종교가 같은 기독교인이기에…… 그가 교회의 장로이기에, 그런 이유로 인하여 그를 지지한다면 참으로 부질 없는 노릇이다"며 자신은 유니폼 크리스천에 대한 맹목적 지지자가 아니라는 것을 분명히 했다.

그러나 그는 유니폼 크리스천에 대한 맹목적 지지보다 더 혐오스러운 지지 이유를 밝히고 있다. 그것은 이명박 후보가 기독교의 핵심 사상과 가장 배치되는 의식을 가지고 있기 때문이다. ①과 ⑤는 인간과 사회를 시장주의의 그물 안에 가두어 두려는 맘몬주의의 주술과 다르지 않기 때문이다. 특히 이명박 지지 이유 ⑤를 거론하면서 경영학자 피터 드러커 (Peter Ferdinand Drucker)의 책 『넥스트 소사이어티(The Next Society)』를 인용하는데, 그는 대담하게도 물신주의자의 정체를 드러낸다.

그 대담에서 편집장이 드러커 교수에게 묻기를 "기업가 정신이 세계에서 가장 높은 나라가 미국이냐"고 물었다. 드러커 교수가 답하기를 "아닙니다. 기업가 정신으로 말하자면 미국은 2등도 되지 못합니다"고 답하였다. 이에 질문자가 다시 묻기를 "그렇다면 1등은 어느 나라입니까?" 하고 물었다. 교수가 답하기를 "Korea입니다"고 답하였다. 우리가 지난 반세기에 허리띠를 졸라매고 열심히 일하여 나라 경제를 이만큼이나마 일으킨 것을 드러커 같은 세계적인 석학이 알아주는 것이다.
그런데 이렇게 세계 1등이라 평가 받던 한국의 기업가 정신이 지난 10년 사이에 여지없이 사그라져서 지금은 심각한 지경에 이르고 있다.

김진홍 목사는 1970~1980년대 활빈교회를 세우고 가난한 자들을 위한 공동체 운동을 통해 시대의 깨어 있는 지성으로 젊은이들의 정신적 사표가 되었던 사람이다. 특히 그의 책 『새벽을 깨우리로다』는 시대를 밝히는 양식 있는 그리스도인의 지침서가 되기도 했다. 그런 그가 갑자기 시장주의 신봉자로 돌변한 것이다. 김진홍 목사가 주장하는 '기업가 정신'이란 자본주의 시장 경제 체계에서의 자본의 논리이지 하느님의 말씀을 생명으로 삼는 성직자의 논리는 아니다.

이런 논리대로라면 삼성 이건희 회장 등이 거액의 비자금을 조성하여 국가의 주요 기관에 비자금을 살포하여 국가 기관을 떡 주무르듯 하는 비리를 저지르더라도 국가 경제를 명분으로 면죄부를 주어야 한다고 주장할 수도 있다. 기업을 하다 보면 그럴 수도 있다는 관용적 태도를 보이는 것이다. 이런 목사일수록 개인의 비도덕적 행위에 대해서는 집요하게 물고 늘어지며 회개를 강조하지만, 기업의 부조리에 대해서는 국가 경제를 내세워 정당화하려 한다.

김진홍 목사의 이러한 태도는 경제 제일주의, 시장 만능주의자의 환상에서 비롯된 것이다. 어느 특정한 인물에 의해 하루아침에 경제가 성장하여 국가가 부강해질 것이라는 환상을 갖는 것이다. 이러한 사람은 순진하기 때문에 무식할 수밖에 없는 목사들에 비해 더 지능적으로 기독교 정신을 파괴한다.

김진홍 목사가 내세우는 첫 번째 가치는 경제 성장이다. 그가 생각하는 경제 성장을 위해 사람들은 경주마처럼 쉬지 않고 달려야 한다. 하느님이 창조하신 고귀한 생명이 돈의 노예가 되어 쉬지 않고 채찍질 당해야 한다는 논리는 세상의 모든 가치를 물질에 두는 것이다. 이는 한국 교회와 자신이 그토록 비판해 마지않던 마르크스의 유물론적 사유와 무엇이 다른가.

또 지지 이유 ③에서 김 목사는 다음과 같이 유치한 논리로 혹세무민한다.

> 내가 아는 이명박은 요즘 사람으로서는 드물게 보는 신념과 소신의 사람이다. 자신을 지탱하는 뚜렷한 신념이 있고 매사에 판단하는 기준으로서의 소신이 분명한 사람들은 도덕적으로 타락할래야 타락할 수 없는 체질을 지닌 사람들이다.

이명박의 도덕성을 객관적 행위나 사실에 근거하지 않고 '신념과 소신'이라는 내적 준거에 의해 일반화하고 있다. 그러나 도덕성은 행위의 결과로 증명되는 것이지 그가 가지고 있는 신념이나 성향으로 증명될 수 있는 것이 아니다. 또 어느 한 시기의 신념과 소신이 절대 불변의 진리는 아니라는 것을 스스로가 잘 보여 주었다. 김진홍 목사 자신도 1970년대에는 성경적 신념과 소신으로 가득 찼던 지성인이었지만 어느 순간에 시장주의자로 방향을 달리하고 있지 않은가. 참으로 유치하기 짝이 없는 논변으로 사람의 정신을 교란시키는 것이다.

또 지지 이유 ④에서는 이명박의 복지 정책을 근거로 들었다. 하지만 그것은 복지가 아니라 경제 정책에 불과하다. 일자리를 만들어 그것에 복무하게 하고 반대급부를 받아 생활할 수 있도록 하는 것이야말로 시장주의적인 발상이다. 물론 그것이 시장과 경제를 위해서는 정책적으로 올바른 일일 수 있다. 그러나 가난하고 소외된 사람을 위해 가진 자들의 소유를 나누어야 한다는 것이 성경의 가르침이다. 부자와 나사로의 비유(누가복음 16:19~31)에서 부자가 지옥에 갈 수밖에 없는 이유는 자신의 소유를 나누지 않았기 때문이다. 성경에서 가르치는 복지는 반대급부의 개념이 아니라 무조건적 나눔과 헌신이다. 거기에는 반드시 자기희생이 전제된다. 가난한 자에게 어떤 조건(노동)을 부여하고 반대급부를 논하는 발상 자체가 인간을 물질적 가치로 재단하려는 것이다. 시장주의는 맘몬주의가 진화된 모습에 불과한 것이다.

그가 1970년대 활빈교회를 통해 가난한 자들과 함께하며 복음을 실천했던 사람인지 의심이 든다. 그의 책 『새벽을 깨우리로다』의 한 구절과, 그가 이명박을 지지하며 근거로 내세운 것들을 비교하면 그가 어떻게 달라졌는지 분명히 알 수 있다.

나는 기도하고 명상하였다. 새벽을 깨우는 일은 나의 사명이다. 어둠에서 잠자고 있는 민중들에게 새벽을 알리는 것은 위대한 사명이다. 이를 위해 일생을 살아야 한다. 한밤중에 잠들어 있는 한국 교회에 새벽이 다가옴을 알려야 한다. 가난과 질병에 잠들어 있는 청계천 판자촌의 6만 형제들에게도 새벽을 알려야 한다. 가난한 자들의 아픔을 모른 채 호화로운 주택에 잠들어 있는 부자들에게도 새벽을 알려야 한다.*

　사람은 역사적·사회적 경험을 통해 자신의 생각과 가치관, 사상이
변하기도 한다. 이것은 자연스러운 일이다. 그러나 김진홍 목사가 바꾸
어 버린 사상은 쉽게 바꾸어서는 안 될 성경의 핵심 가치였다. 목사가
그 사상을 버린 순간 그는 이미 목사가 아니다. 예수와 복음의 핵심 가
치를 버린 자가 어떻게 예수의 메신저로 행세할 수 있는가.

　김진홍 목사가 대중의 마음을 움직일 수 있었던 것은 기존의 한국 교
회에서 보여 준 신비주의적이며 비현실적 관념 신앙의 한계를 넘어 가
난한 자들의 고난에 동참했기 때문이다. 이것이 그가 교회를 통해 보여
준 새로운 영성이었다. 그의 영성은 현장에서 가난한 자들의 고난 속에
함께하는 참여와 나눔의 정신으로부터 출발했다. 그랬기 때문에 비기독
교인들에게도 『새벽을 깨우리로다』는 많은 감동을 불러일으키며 베스
트셀러가 될 수 있었다. 그러한 그가 '뉴라이트'라는 정체도 모호한 보
수 단체를 이끌면서 정치적 선동과 색깔 논쟁의 선봉에 섰다. 너무도 변
해 버린 그의 모습을 보면서 인간의 지성이란 것도 결국 썩고 부패하여
냄새날 수밖에 없음을 뼈저리게 느낀다.

　그와 함께하는 서경석 목사 역시 그러한 천박한 경쟁주의와 시장의
논리로 무장한 사람으로서 한국 교회를 부정한 집단으로 욕먹게 한 사

---

* 김진홍, 『새벽을 깨우리로다』(홍성사, 2008), 258쪽.

람 중 하나다. 그 역시 이명박 씨를 대선 이전부터 지지하고 나선 사람이다. 이명박 씨가 대통령에 취임한 이후에는 '친환경 물길 잇기 전국연대' 라는 단체를 만들어 대운하 홍보에 열을 올렸다. 그는 또 쇠고기 협상에 대해 "이번 협상은 큰 틀에서 잘된 협상이다" 라고 말했다.

> 나도 불과 일주일 전까지 협상이 잘못된 줄 알았다. 그러나 협상을 했던 정부 관리들의 이야기를 들어 보니 상당히 일리가 있더라. …… 국민들이 구체적으로 재협상이 뭔지 잘 모른다. 재협상을 하게 되면 우리가 잃는 게 너무 많다.

서경석 목사가 쇠고기 협상에 대해 잘됐다거나 잘못됐다거나 하는 개인적 견해를 피력하는 일은 시민적 자유에 해당한다. 그러나 쇠고기 협상을 바라보는 관점이 김진홍 목사의 경제 제일주의와 같은 맥락에 있다는 점에서 이 역시 맘몬주의자 중 하나일 수밖에 없다. 그가 정부 관리로부터 들은 이야기의 내용이 무엇인지는 구체적으로 밝히지 않았지만 "재협상을 하게 되면 우리가 잃는 게 너무 많다"는 표현으로 보아 FTA 인준 문제와 통상 마찰을 우려한 것으로 보인다. 그의 주장에는 경제적 이익(돈)을 위해서는 국가의 주권이나 자존심, 국가 간의 합리적 외교 관계도 무시할 수 있다는 논리가 깔려 있다.

그러한 논리로 대운하를 찬성하는 것이다. 돈이 되는 것이라면 무엇이든 다 할 수 있다는 논리다. 정의를 가장한 그럴듯한 사변은 저급한 지식인들이 주로 사용하는 위선적 논법이다. 진리와 정의가 올바로 정립하지 못한 시대일수록 저급한 지식인들이 목소리가 커지고, 이들에 의해 시대가 방향을 잃는다. 이 땅에 수많은 교회들이 인간과 사회를 향해 진리를 올바로 전파하지 않기 때문에 이런 사특한 목소리들이 혹세무민하는 것이다.

그러나 이보다 더 사특한 일도 있다. 사랑의교회 오정현 목사는 2008년 1월 13일자 『국민일보』 칼럼에서 대운하 찬성의 논리를 폈다.

> 물길이 통하면 정신이 통하게 마련이다. 대운하가 한국 전체를 관통하면 산간벽지에까지 이어지는 물길의 소통으로 우리 민족의 암적 존재인 지역 분열의 종식과 통합을 이루는 역사적인 전환점이 될 수 있지 않을까?

오정현 목사는 "물길이 통하면 정신이 통하게 마련이다"라고 주장하는데 도대체 무슨 근거로 이렇게 말하는가. 이러한 논리는 성경의 사상보다 풍수 사상이나 동양의 신비주의에 가깝다. 그리고 물길(matter)이 통하면 정신(spirit)이 통한다는 주장은 성경의 가르침과도 정면으로 배치된다. 성경은 분명히 성령(정신)의 역사하심과 하느님의 주권이 세계(matter)를 다스리는 원리라고 가르친다.*

---

* 이를 플라톤의 이분법의 영향이라고 주장할 수도 있지만 좀 더 넓은 범주에서 보면 일원론적 원리임을 알 수 있다.

이것이 성경의 핵심 사상이다. 고래(古來)로 물질에 대한 인간의 욕구는 다산과 풍요를 갈망하며 수많은 우상을 낳았다. 성경에 나타나는 많은 우상은 인간의 물질에 대한 심리적 욕구의 표상이었던 것이다. 물질을 매개로 세계와 소통하려는 인간의 욕구가 영원한 하느님의 나라와 그 거룩성을 망각하게 하는 것이다. 공부도 할 만큼 한 사람이 무식한 소리를 하는 것을 보면 그의 발언이 진리에 근거하기보다 헤게모니에 근거하고 있음을 알 수 있다.

이러한 반성경적 논리와 태도는 대형 교회 목사들이 주도하고 있는데, 조용기 목사도 여기에 한몫하고 나섰다. 조용기 목사는 2008년 5월 18일 '나라를 위한 특별 기도회'에서 다음과 같이 설교했다.

"마음에 일으키는 공포가 무서운 것이다. 공포는 예수 안에서 물리쳐야 한다."

"광우병 공포는 마음속에 공포와 좌절, 불안감을 일으키려는 마귀의 꼼수다."

"박정희 대통령이 월남 파병할 때 날 불러 기도를 해 달라고 했다. 그때 박 대통령은 수천 명의 젊은이가 가서 죽게 될 것인데, 밤새 잠도 못 자고 괴롭다고 하더라."

"하물며 예수 믿는 장로가 어떻겠나. 하나님 믿으면 장로도 믿자. 비과학적 부화뇌동에 놀아나지 말고 근거 없는 궤변에 귀 기울여선 안 된다."

조용기 목사는 광우병에 대한 국민의 불안을 마귀의 꼼수로 치부해 버린다. 그리고 광우병은 과학적 근거가 없는 궤변에 불과하다고 주장한다. 이러한 주장을 하려면 적어도 서로 다른 견해를 가지고 있는 전문가의 이야기를 전제로 해야 한다. 그러나 조용기 목사는 자신의 견해를 막연한 신앙 관념으로 포장하여 마귀의 짓으로 몰아세운다.

그리고 박정희 대통령 이야기를 하며 "예수 믿는 장로"에 대한 절대적 신뢰를 강요한다. "하나님 믿으면 장로도 믿자"는 대목에서는 아연실색하지 않을 수 없다. 하느님에 대한 믿음과 장로(사람)에 대한 믿음을 동일시하라고 주장하는 것이다. 크리스천이라는 유니폼을 입으면 그것으로 하느님과 동일시될 수 있다는 정신 나간 생각이 영적 종이라고 불리는 목사의 입에서 나온 것이다.

사회적 문제나 정치적 사건에 대해 개인의 견해를 드러내는 것은 누구에게나 가능한 일이다. 그러나 조용기 목사의 주장은 한국 교회의 풍토상 성경 말씀과 일치될 우려가 매우 높다는 데 문제가 있다. 목사님은 주의 종이고, 주의 종의 말씀은 곧 하느님의 말씀이라는 가부장적 이데올로기가 팽배한 한국 교회에서 그의 발언은 성경을 토대로 하는 것처럼 비춰질 수 있다. 특히 한국 교회 전체에서 그의 위치와 영향력을 고려하면 그러한 오해는 충분히 가능하다. 성경 어디에 하느님과 장로가 믿음의 동일한 대상이라고 말하는가. 이는 성경의 핵심 사상을 비껴가고 있을 뿐만 아니라 자신의 정치적 견해를 위해 성경을 왜곡하는 것이다. 그 자신이 유니폼 크리스천에 대한 분별력이 없는 사람이라는 것을 보여 준 것이다.

그는 또 같은 설교에서 "미국은 앞으로 백 년간은 세계 군사·정치·외교를 좌우하는 초강대국"이라는 말도 했다. 미국과 관계를 지속해야 할 이유를 힘의 논리에서 찾고 있다. 현실적으로 국가 간 관계가 힘의 논리에 의해 움직이는 것이 사실이지만 목사가 그러한 논리에 복종하자고 주장하는 것은 성경의 가르침에 위배되는 것이다. 성경은 하느님의 주권을 벗어난 인간과 국가를 죄악시한다. 인간과 국가 권력에 의한 지배를 경계하라고 가르친다. 그러한 지배는 인간이 하느님 아닌 다른 존재의 지배 대상으로 전락하여 하느님의 거룩한 창조의 섭리가 왜곡될 수 있기 때문이다.

또 금란교회 김홍도 목사는 2008년 5월 25일 설교에서 "이번 쇠고기 수입 문제도 친북, 좌파들의 선동이 있다고 본다"고 강변했다. 그리고 "빨갱이 잡으면 촛불 쑥 들어갈 것"이라고 설교했다. 그러면서 그는 교인들에게 "사탄의 무리들이 이 땅에 판을 치지 못하도록 기도해 달라"는 주문을 하기도 했다.

이분법이 너의 무지를 감추어 주리라

이를 보면 한국 교회의 근본주의 목사들을 먹여 살리는 것은 '빨갱이'와 '사탄'이라는 것을 알 수 있다. 한국 교회 목사들은 어떠한 문제에 대해 논의하거나 담론화하지 않는 경향이 있다. 이로 인해 한국 교회는 담론이 부재하는 폐쇄적 집단이이 되고 말았다.

한국 교회는 순종을 명분으로 하는 굴종과, 성경적 권위를 가장한 목회자 권력이 성경의 진리를 제멋대로 요리하는 싸구려 음식점으로 전락한 것이다. 이러한 요리는 이분법이 가장 좋은 재료다. 마치 라면을 끓이는 것과 같다. 끓는 물에 면과 스프만 넣으면 되는 간편한 요리처럼 성경의 진리를 자신의 방식대로 단순 요리한다. 즉, 내 말을 따르지 않거나 우리 편에 속하지 않으면 사탄의 세력이요 빨갱이이며, 내 말을 따르거나 우리 편에 속하면 구원 받는다는 도식으로 사람의 영혼을 사로잡으려 한다. 이분법이야말로 단순 명쾌하게 자기 정당성을 웅변할 수 있는 방법이다. 이러한 이분법은 권력자의 무지와 치부를 은폐시켜 주는 강력한 보호막이기도 하다. 선과 악이라는 이분법적 단순 논리는 사람의 이성을 마비시키고 열광적으로 행동하게 한다.

위 사례에서 살펴본 목사들은 무엇보다 교회의 본질과 성경의 가르침에서 멀어졌다는 데 심각한 문제가 있다. 이는 그들만의 문제가 아니라 한국 교회 전반의 문제다. 위의 목사들은 한국 교회에 실질적으로 영향을 미치는 대형 교회 담임자들이라는 측면에서 그들의 생각이나 설교가 한국 교회의 신앙과 신학적 흐름에 일정 부분 양향을 미치고 있음을 부정할 수 없기 때문이다. 교회의 특성상 개교회는 작은 지역 단위의 교회 공동체로 묶이고 이는 다시 광역의 지역 단위로 묶인다. 그리고 이러한 지역 교회 공동체는 중앙 집권적 조직에 편입된다.

그런데 각 교단의 대형 교회 목사들은 교회의 크기에 비례하여 교단에서 주류로 행세한다. 본인이 원하지 않는다 하더라도 주변에서 그의 역할을 기대하기 때문에 영향력 있는 자리에 앉거나 그러한 일을 해야만 한다. 또 자기 교인들에게 담임 목회자의 권위를 보여 주기 위해서도 마다할 수 없는 유혹이다. 그렇기 때문에 한국 교회는 정치적 영향력이 있는 목사들의 신학적 이해나 정치적 견해가 하부 구조에 직간접적으로 영향을 미칠 수밖에 없다. 교회의 이러한 구조는 가부장적 유교 이념과 중앙 집권적 독재 체제의 역사적 경험 때문에 무리 없이 받아들여진다.

한국 교회의 이러한 행태는 교황의 절대 권력을 죄악시하고 성경으로 돌아가자고 외쳤던 개혁 교회의 정신을 몰락시켰다. 한국 교회와 교인들의 단순한 열정이 목회자를 우상화하는 과정에서 기독교의 본질과 정신으로부터 멀어지게 했다. 이는 교회로 하여 성경적 본질을 추구하기보다 스포츠와 같은 몰입의 단순성에 빠지게 한 것이다. 이는 한국 교회 목사들이 성경의 핵심 사상과 예수의 가르침을 얼마나 잘 이해하고 그 실현을 위해 노력하느냐에 대한 교회의 검증 시스템까지 마비시켰다. 특히 한국 교회는 목회자 1인 지배 구조에 놓여 있기 때문에 더욱 그렇게 될 수밖에 없다. 따라서 한국 교회는 예수 그리스도의 몸된 역할을 상실하고 구약의 제사장적 권위에 의해 지배 받는 유대교적 전통으로 회귀하고 말았다.

대형 교회는 담임 목사를 청빙할 때 그의 신앙과 신학적 사상이 하느님과 성경에 정통으로 뿌리박고 있는지에 대한 면밀한 검증보다 그의 학위나 이력에 더 많은 관심을 갖는다. 교회 스스로가 목회자에 대한 단일한 성경적 검증 자료를 갖지 못했기 때문에 한국 교회의 질이 전체적으로 하락하고 있는 것이다. 이른바 '박사 가운'이라 비웃음 사는 그것이 한국 교회와 목사들의 현주소를 나타내는 바로미터다. 신정아 씨의 가짜 학위 사건으로 인해 세간이 떠들썩했을 때, 가짜 학위가 가장 많은 곳이 목회자 집단이라는 사실이 밝혀졌던 것을 우리는 기억한다. 외국의 유수한 신학대학에서 박사 학위를 받은 목사가 실력도 있을 것이라는 교회의 판단은 세속적 물질주의의 변형이다. 학위가 인간적 교양과 세련미를 더할 수는 있지만 성직자로서의 본질에 충실할 수 없다는 사실을 한국 교회는 외면한다. 담임 목사를 청빙하는 교회와 목사들이 맘몬주의의 공범인 것이다.

특히 자신의 주장이나 설교가 성경의 가르침에 합치되는 사상인지 분별하지 못하는 일부 기득권 목사들에 의해 한국 교회의 방향이 하느님의 성전이 아닌, 몰렉이나 맘몬의 신전으로 전락하고 있다. 분별없이 어느 한쪽을 지지하며 정치적 편향성을 드러내는 목사들을 보면 그들이 하느님 사상에 정통한 목사들인지 맘몬의 사제인지 분간하기 어렵다.

경제(돈)를 인간과 세계의 존재 이유로 삼고, 그를 위해 하느님의 사랑과 섭리 가운데 있는 생명들을 한낱 도구로 여기는 사람을 하느님의 기름 부은 자로 내세워 절대시한 것은 한국 교회가 맘몬의 신전임을 고백한 것이다. 이러한 측면에서 18대 대통령 선거는 정치적 사건이 아니라 한국 교회의 정체를 하느님과 세계 앞에 낱낱이 드러낸 교회사적 사건이었다. 교회와 목사들은 자신의 정체를 그대로 드러냈다. 복음이라는 의상을 화려하게 차려 입은 교회와 목사들이 사실은 맘몬의 사제 노릇을 하고 있었던 것이다. 맘몬의 사제들이 크리스천의 유니폼을 입고 하느님의 성전에서 맘몬을 섬겼던 것이다.

"나더러 주여 주여 하는 자마다 천국에 다 들어갈 것이 아니요 다만 하늘에 계신 내 아버지의 뜻대로 행하는 자라야 들어가리라"(마태복음 7:21)는 말씀은 크리스천의 유니폼을 입었다고 다 그리스도인이 아니라는 말씀이다. 그가 장로이든 목사이든 상관없이 하느님의 뜻을 분별하여 지키는 자라야 한다는 것이다. 그런 측면에서 온 나라와 교회를 맘몬의 신전으로 타락시킨 이명박 장로와 그를 맹신하는 목사들이야말로 이 말씀이 우리 시대에 표적으로 삼고 있는 자들이다.

적그리스도는 "붉은 빛 짐승을 타고" 교회 밖에서 교회 안으로 진격해 오는 "일곱 머리와 열 뿔"(요한계시록 17:3)을 가진 거대한 괴물이 아니다. "금과 보석과 진주로 꾸미고, 음행의 더러운 것들이 가득한 금잔"(요한계시록 17:4)을 가진 교회 내 물신주의자(경제 제일주의자)들이다. 크리스천의 유니폼을 입고 돈(맘몬)을 숭배하는 것이 '음행의 더러운 것'이다. 경제(돈)를 제일 가치로 삼는 시장주의자 이명박 장로와 그를 지지하는 목사들이 바로 교회를 위협하는 가장 큰 적그리스도인 것이다.

속지 말라 악한 동무들은 선한 행실을 더럽히나니 깨어 의를 행하고 죄를 짓지 말라.(고린도전서 15:33~34)

전도, 제국주의자의 타자화 전략

전도에 대한 피전도자의 몇 가지 반응

(가)

오후에 날씨가 풀려서 건대 호숫가에서 책을 읽으려고 벤치에 앉았다. 10분이 채 지나지 않아 기독교 전도 활동을 하는 사람들이 와서 조용한 휴식을 방해하는 거다. 내가 지금 책을 읽고 있으니 그냥 가 달라고 해서 겨우 보냈는데 5분도 안 돼서 또 다른 크리스천들이 와서 달라붙는다. 가 달라고 정중하게 부탁했는데 이 사람들 정말 끈질기게 달라붙어서는 도통 갈 기미를 보이지 않는다. 내가 방해하지 말아 달라고 몇 번이나 했는데도 자기들 이야기만 하고 있다. 너무 짜증이 나고 불쾌했다. 자신들이 무슨 권리로 타인의 조용한 휴식을 침해하면서까지 예수 말씀을 들으라고 강요하는 것인가? 성경 말씀을 외우기 전에 인간으로서 매너를 알라고 말해 주고 싶다. 결국엔 내가 벤치를 일어서 자리를 떴다. 그런데도 계속 쫓아와서는 예전에 자신을 보는 것 같다느니 엉뚱한 소리로 떠들어 댄다. 너무 화가 나서 소리를 지를까 하다가 상대하기가 싫어서 꾹 참고 뛰어 버렸다.*

(나)

저희 학교 기독교 동아리는 학교 안에서 굉장히 열성적으로 전도를 합니다. 학교 곳곳에 포진하고 있다가, 신입생으로 보이는 사람만 지나가면 무조건 착 달라붙어서 그 사람이 들으려고 하든, 않든 전도를 시작합니다. 양쪽에서 에워싸고 집중적으로 말을 붙이며 말이 먹힐 때까지 끝까지 옆에 착 달라붙어서 말을 걸며 걸어갑니다. 전 30분 가까이 붙들려 있었던 적도 있었지요. 계속 따라옵니다. 학교 안 어디든지 전부 따라갑니다.

기독교인들이 열심히 전도를 하는 건 하루 이틀 일도 아니고 문제가 될 건 없다고 봅니다. 하지만 듣기 싫다는데도 끝까지 따라와서 말 붙이고, 말하기 싫다는데도 대답을 강요하며 놓아주지 않는 것은 문제라고 생각합니다. 듣기 싫어하는 이야기를 억지로 계속 이야기하는 게 듣는 사람 입장에서는 얼마나 스트레스 받고 짜증나는 일입니까?

한두 번도 아니고, 너무 심해서 정말 어딘가에 고발해 버리고 싶습니다.

* http://blog.naver.com/crushon16?Redirect=Log&logNo=120044149657.

그런 전도 행위가 법적으로 처벌될 수 있는지 궁금합니다. 당사자가 거부하는데도 억지로 계속 말을 붙이며 따라오는 그런 행동을 처벌할 수 있는 법 규정은 없습니까?*

(다)

청계천에 물 구경 바람 구경하러 갔습니다. 목사님들과 신도가 좁은 길을 막고 전도지와 사탕을 줍니다. 안 받으니 몸으로 사람들 앞길을 막고 끝까지 줍니다. 자신들은 그것이 신의 뜻을 따르는 성스러운 행동이라 합니다. 그러나 반대의 입장에서는 갈 길을 막는 짜증나는 행동이죠. 최소한 지나가는 사람 옆에서 갈 길을 막지 않으면서 주어야 하는 게 매너 아닐까요. 청계천은 사람들 많을 때는 지나가기가 좁은 길입니다. 한두 명 갈 때와는 다르게 사람들 많으면 지나가기 좁죠. 예수님이 남의 갈 길과 기분을 망치라고는 안 했을 겁니다. 네 마음에 천국이 있다고 했지 자기 믿으면 천국 보내 준다고 하진 않았습니다. 예수 안 믿고 지옥 가면 그들의 과실이지 목사의 잘못이 아닙니다. 천국 좋으면 자기들만 가고 남한테 권유해서 안 믿으면 그냥 놔두면 되지 지옥 간다면서 귀찮게 하는 건 잘못입니다.

남이 지옥 가는 게 걱정돼서 전도하는 것이라면 그건 남을 위하는 마음인데, 진정 남을 위하는 마음이 있으면 냄새나는 노숙자한테 먼저 가서 전

---

* 「거부하는데도 자꾸 종교를 전도하시려는 분에게 적용되는 법적 처벌 규정은 없나요?」, 2005년 4월 15일 네이버 '지식in'에 올라온 질문.

도하세요. 진짜 불쌍한 노숙자나 병자, 버려진 노인은 외면하면서 돈 많은 부류들한테만 전도하고 판단 능력 없는 학생들한테나 전도하고 뭐하는 것입니까? 남 걱정 말고 당신들부터 먼저 예수의 행동을 실천하세요. 청계천에 목사들과 전도하는 신자들이 다시는 오지 않았으면 합니다.[*]

위의 세 글은 인터넷에 올라온 전도에 대한 피전도자들의 심리와 반응에 대한 것들이다. 굳이 인터넷 글을 인용하지 않더라도 교회와 전도자들은 피전도자들의 이러한 반응을 이미 알고 있다. 전도 과정에서 숱하게 경험했기 때문이다. 이와 같이 전도자가 당연하다고 여기는 행위를 피전도자들은 부당하게 생각한다.

(가), (나), (다)의 글에 나타난 반응의 공통점은 전도자들의 일방주의에 대한 환멸이다. 그들은 복음의 내용에 환멸을 느끼는 것이 아니라 그것을 전하는 방법에 환멸을 느낀다. 물론 전도자의 입장에서는 복음을 받아들이려 하지 않는 사람에 대해 어떻게 해서라도 깨닫게 해야 할 사명감에 불탈 수밖에 없다. 어떤 음식에 대해 선입견을 가지고 있는 아이에게 엄마가 음식을 억지로 먹일 때처럼 "한 번만 먹어 봐"하는 식으로 말이다. 한 번만 맛보면 그 다음엔 먹으라 하지 않아도 먹게 될 것이기 때문이다. 그 한 번을 위해 전도자들은 물러서지 않는 것이다. 전도자는 인격적 모멸감 속에서도 하늘나라의 상급을 생각하며 행복한 미소

---

[*] 「예수님 대답해 보세요? 청계천 매너 없는 목사 전도와 악영향」, 2007년 6월 8일 네이버 '지식in'에 올라온 질문.

를 짓는다.

그러나 전도자가 행복한 미소를 지을 때 피전도자는 기독교와 복음에 환멸을 느낀다. 전도자가 복음을 전파했다는 맘으로 편안히 잠들 때 피전도자는 기독교와 복음에 대해 스트레스 받고 피로감에 젖는다. 전도자가 자신의 행위가 하느님의 선한 일을 했다는 생각으로 위로를 얻을 때 피전도자들은 기독교 전체에 대한 반감의 카르텔을 형성한다. 인터넷을 달구고 있는 수많은 안티 기독교 세력은 이렇게 해서 탄생하는 것이다.

지난 시절 한국 교회의 열정적인 전도 활동은 교회를 성장시키는 요인으로 작동했다. 그러나 1980년대를 지나면서 오히려 교회 성장이 둔화되고, 급기야 마이너스 성장을 하는 것을 보면 전도가 먹히지 않는다는 사실을 알 수 있다. 이는 급속하게 변화하는 사회와 현대인의 의식을 교회와 전도자가 제대로 이해하지 못하거나 따라잡지 못한다는 것을 의미한다.

현대는 개인의 프라이버시와 자유를 매우 중요하게 여긴다. 과거처럼 어떤 권위에 의지하여 자신의 생각을 바꾸거나 포기하지 않는다. 개성과 자유를 중시하는 민주적 가치가 보편화되었기 때문이다. 집단의 논리보다 개인의 생각이 우선하고, 절대화된 권위보다 개별성을 우선하는 가치로 여기게 된 것이다. 특히 인터넷의 발달은 이러한 경향을 더욱 부각시켰다. 개인은 인터넷에서 블로그와 카페 등 독립된 사이트를 운영하고, 이들은 다시 동일한 개체들과 수평적으로 소통하는 '집단 지성'의 형태를 띠게 되었다. 현대인은 물리적 공간에서 가상 공간으로 이동하여 탈공간화된 세계를 탄생시켰다. 실존감도 물리적 공간에서 탈물리적 공간으로 빠르게 이동하고 있다.

이제 전도자들이 만나는 물리적 공간의 피전도자들은 과거처럼 어떤 물리적 공동체를 통한 연대감이나 물리적 동질감을 갖지 않는다. 그들은 가상 공간의 자유로움 안에 있으며 물리적 공간에서 속박 받으려 하지 않는다. 그런데 전도자들이 "당신 예수 믿지 않으면 지옥 간다"는 식으로 어떤 절대 권위와 진리 체계 안에 피전도자를 구속하려 한다면 반감을 사기 쉽다. 전도자의 말 한마디에 쉽게 넘어올 수 없는 시대가 된 것이다. '예수 천당, 불신 지옥'만으로도 전도가 되는 시대는 지났다. 역사적 질곡 속에서 굶주림과 고통을 겪는 자들에게 천국은 현실의 고통을 뛰어넘는 이상향으로 쉽게 이해될 수 있었지만, 물질적 풍요와 다양한 지적 스펙트럼을 가지고 있는 현대의 지성인들에게 그러한 이분법적 단순 논리는 더 이상 통하지 않게 되었다.

인간의 소통 행위는 서로의 인격을 존중하고 이해하는 바탕 위에서 가능하다는 것은 동서고금의 진리다.

전도, 기분 나쁜 타자화 전략

전도 행위가 비그리스도인들에게 거부되는 또 다른 이유는 '타자화'에 있다. 전도자는 항상 구원 받은 자의 위치에 있다는 자의식이 충만하다. 이러한 의식은 '구원 받은 자'와 '(아직) 구원 받지 못한 자'로 분리되는데, 전자는 후자에 비해 우월한 지위를 갖는다. 전도자의 무의식 속에는 이러한 우월감이 잠재되어 있다. 그러므로 구원 받지 못한 자에 대한 동정심이 작동하게 마련이다.

이웃에 대한 사랑은 우월적 지위나 동정심과 같은 수직적 위계에 있는 것이 아니라 '내 몸과 같은' 절대적이고 수평적이며 형제적인 일체감에 있다. 그러므로 마태복음 19장 19절의 "네 이웃을 네 몸과 같이 사랑하라"는 구절은 바로 전도의 전제가 되어야 하는 말씀이다.

사랑은 일방적 강요가 아니라 수평적 소통이며 일체화다. 그러나 한국 교회의 전도 방식은 주체화된 자아로 피전도자를 타자화하려는 경향이 있다. '예수 천당, 불신 지옥'이라고 말할 때 이미 천당에 들어간 주체로서의 전도자가 전제되기 때문이다. 불신자는 지옥에 간다는 선언은 기독교인의 교의적 가르침이며 선포다. 그러나 피전도자가 이 말을 받을 때는 '지옥'이라는 사후 세계보다 자신이 현재 타자화된 것에 대한 불쾌감이 더 크게 작용할 수 있다. 자신이 타자화되는 것 자체가 지옥인 것이다. 현대인에게 가장 큰 심리적 불안 요소는 소외다. "당신은 지금 천국으로부터 소외되었다"는 선언은 '당신은 왕따되었다. 그러니 나의 말을 따르라'는 의미가 내포된다. 이는 상대방의 불안 심리를 자극하는 말하기다. 상대방을 말 한마디로 소외시켜 버리고 그 소외된 자에게 자신들의 권위에 투항하라는 항복 요구인 것이다. 소외와 굴복 강요를 동시에 발생시키는 것이다.

현대 민주주의 사회는 개인의 권리와 자유를 각자의 뇌리에 뚜렷하게 각인시켰다. 이런 자유 의식은 곧 역사와 국가의 주인으로서 자기 주체성이며 근대적 시민 정신이다. 그런데 전도자들이 이러한 주체성과 시민 정신을 '지옥'이라는 타자화의 단두대에 끌어다 목을 베려 하는 것이다.

에리히 프롬에 따르면, 근대인은 계몽주의 이후로 절대 권력이나 단일한 진리 체계로부터 자유를 얻었지만 또다시 권위자에게 귀속되려는 마조히즘 경향을 보인다.* 개성적이고 주체적인 현대인의 자유 이면에 권위자(권력자)에게 귀속되고 싶어 하는 의존의 본능도 동시에 작동한다는 것이다. 그러한 경향이 나치즘을 낳았다고 프롬은 분석한다.

전도자들의 전도 행위에도 그러한 귀속 본능을 자극하려는 경향이 있다. '우리 편에 들지 않으면 안 된다'는 식의 논리가 그것이다. 2002년 월드컵 때 많은 시민이 빨간색 티셔츠를 입고 광장에 모여 자신이 어느 편이라는 소속감과 일체감을 과시했던 것과 마찬가지로 (당신은) 반드시 어느 편에 귀속되어야 하며, 그것은 바로 '우리 편', 즉 기독교라는

---

* 에리히 프롬, 이상두 옮김, 『자유에서의 도피』(범우사, 1996), 177쪽.

스포츠 논리를 작동시키는 것이다. '우리 편에 들지 않으면 지옥 간다' 는 것은 이편과 저편을 이분법적으로 나누려는 전근대적 발상이다. 하느님의 세계와 사탄의 세계라는 이원론적 세계를 부정하자는 게 아니다. 복음과 진리를 전파하는 방법으로써 이분법적 태도가 문제라는 것이다.

또 현대인들에게 자유 의식만큼 중요한 것은 다양성이다. 현대인은 하나의 사물을 단편적 시각으로 보기보다 다양한 차원에서 보려 한다. 이는 포스트모더니즘의 경향으로 인한 다양성의 추구에 기인한다. 단일한 가치와 획일적 지식을 거부하려는 탈근대성의 욕구가 현대인을 움직이는 힘이다. 이러한 양상은 2008년 촛불 정국에서 여실히 나타났다.

쇠고기 파동으로 광화문 일대는 정부에 항의하는 촛불 집회가 연일 이어졌다. 그런데 이 촛불 집회를 시작한 것은 중고등학생들이었다. 그들은 인터넷 '다음 아고라'를 통해 정보를 교환하고 행동을 집단화하는 데 주저하지 않았다. 중고등학생들이 시작한 촛불 집회는 전국적으로 번져 갔고 서울시청을 중심으로 하는 수도권 집회는 1980년대 민주화 항쟁을 방불케 했다.

그러나 이 과정에서 촛불 집회에 대한 서로 다른 견해가 첨예하게 대립했다. 정부와 여당, 그리고 보수 언론에서는 촛불 집회의 순수성을 의심하며 배후설을 주장했다. 그리고 집회 참가자들이 내세우는 광우병에 대한 우려를 '괴담'으로 치부했다. 그러면서 '애들이 뭘 알아서 촛불을 켜겠느냐'는 식으로 정치적 배후설을 굽히지 않았다.

서울시청 광장에서 열린 '구국 기도회'에서 조용기 목사는 다음과 같이 말했다.

"초등학생, 중학생, 고등학생들이 뭘 아나."
"초등학생은 광우병이란 단어, 개념 자체도 모른다."
"이런 학생들 선동해서 촛불 들게 하는 게 민주주의냐."
"이성을 저버리지 말고 감정을 가라앉혀야 한다."

물론 정부와 여당, 보수 언론도 이와 같은 주장을 했다. 아니, 조용기 목사가 그들의 주장에 장단을 맞춘 것인지도 모른다. 그런데 이들은 시대를 읽지 못하고 있다. 지금의 초, 중, 고등학생들을 자신의 철부지 어린 시절 코흘리개 어린애로만 생각하는 것이다. 요즘 청소년들은 인터넷 매체를 통해 다양한 정보를 접할 수 있을 뿐만 아니라 어느 것이 거짓 정보이고 어느 것이 올바른 정보인지 비교 분석할 수 있는 식별 능력이 매우 뛰어나다. 또한 네티즌이라 불리는 현대인에게 지식이란 무용지물이다. 과거에는 지식을 많이 소유한 자가 능력 있는 자였지만, 인터넷 시대에 모든 지식과 정보는 공유된다. 다만 그것을 분석하고 편집할 수 있는 능력이 변별력을 가질 수 있다.

문제는 오직 하나의 매체에 길들여지고 하나의 사고 체계 안에서 고정 관념을 버리지 못하는 기성세대. 그들은 자기의 생각과 관점을 쉽게 바꾸려 하지 않는다. 그러나 미디어 세대는 자신의 생각과 판단에 오류가 있다고 인정되면 그것을 포기하기를 주저하지 않는다. 이들은 역동적으로 사고하며 자유롭게 행동한다. 이것이 포스트모던 시대의 인간상이며 웹 2.0 시대의 인간상이다.*

그런데 한국 교회는 이러한 현대인을 단일한 신앙 관념, 하나의 집단 체계 가운데 편입시키는 일(전도)을 말 한마디로 쉽게 할 수 있다고 생각한다. 형제적 사랑으로 진정성을 가지고 접근하기보다 누군가를 타자화시켜 자신의 구원 의식을 확고히 하고, 스스로 위로 받기 위한 이기적 전략으로 전도가 행해지는 것이다.

전도, 우리 안의 오리엔탈리즘

기독교와 근대는 같은 출생 배경을 가지고 있다. 구텐베르크의 인쇄술은 성경의 개별 소유와 해석을 허락했는데, 루터의 종교 개혁도 이를 통해 가능했다. 또 종교 개혁과 근대는 시민적 자유를 부르짖는 시민 혁명, 산업 혁명기의 자본주의와 맥을 같이한다. 둘 다 '개인과 자유'라

---

* 이러한 사회적 현상을 말할 때 '집단 지성'이라고 한다. 집단 지성은 지성이나 여론의 획일화의 문제점도 있지만 사회적 현상이나 사건을 공론화한다는 점에서 매우 합리적인 의사소통 방법으로 볼 수 있다. 웹 2.0 시대의 사회상을 전근대적 시각으로 재단하려 할 때 그것은 수준 낮은 개그가 될 수 있다. 웹 2.0은 참여와 개방을 바탕으로 사용자들이 자유롭게 정보와 네트워크를 활용하는 컴퓨터 프로그래밍 시스템이다.

는 모체를 통해 탄생한 것이다. 근대적 자본주의 시민 사회의 전범(典範)이 된 미국은 그러한 자유를 이념으로 세워진 국가다. 미국은 기독교 국가다.

그런데 이러한 근대성은 야만적 제국주의를 낳았고, 기독교 선교는 제국주의와 발걸음을 같이했다는 비판을 받기도 한다. 의도했든 의도하지 않았든 기독교의 전도와 선교 과정은 이러한 야만적 제국주의와 족적을 같이했다는 혐의는 벗을 수 없다.

그런데 서구 열강의 제국주의가 주로 사용한 전략도 '타자화 전략'이다. '우리(앵글로 색슨)는 너희(유색인종)와 다르다'는 논리로 침략의 명분을 삼았고, 그러한 지배와 착취는 당연한 하느님의 섭리로 위장됐다. 그런데 그러한 이데올로기에 힘을 실어 준 또 하나의 강력한 파괴력이 찰스 다윈에게서 나왔다. 그는 진화론을 통해 모든 생명체들을 하느님의 창조에 의해서가 아니라 유전 법칙에 의해 자연적으로 진화되어 가는 존재로 단정했다. 이는 뉴턴의 열역학 1법칙으로 인한 기계론적 우주체계와 함께 기독교의 근본을 뿌리째 흔들어 놓았다. 이는 "태초에 하나님이 천지를 창조하시니라"는 창세기의 첫 말씀부터 부정하는 것이다. 이것이 부정되면 성경과 하느님의 주권은 모두 부정되는 것이다. 그러나 어느 순간에 이러한 반기독교적 사상이 기독교의 정치 체계 안으로 스며들었다.

진화 관념은 (더 많이) 진화한 것과 그렇지 못한 것으로 세계와 인간을 구분했다. 하등 동물에 비해 유인원류가 더 진화했고, 이보다 인간이 더 진화한 존재라는 생각이 서구인들의 의식을 지배하게 된 것이다. 이러한 사상으로 자연을 정복하고 파괴했으며, 미개 부족에 대한 침략과 정복을 정당화했다.

그런데 진화의 최상층부에 있는 인간 내부에서도 또 다른 진화의 서열이 생겨났다. 앵글로색슨족이 가장 진화한 인종이라는 생각이 다윈의 조국 잉글랜드에서 탄생한 것이다. 앵글로색슨적 세계관, 즉 오리엔탈리즘이 세계를 침략하고 지배하는 이데올로기로 작동하기 시작했다. 진화론은 급기야 나치즘과 같은 야만성을 드러내고 말았다. 히틀러가 유태인을 학살한 이데올로기도 바로 진화론이었던 것이다. 히틀러는 게르만 민족의 우수성을 강조하며 열등한 민족을 구분하고 그를 절멸시키기 위한 근대적 살인 공장을 가동했다. 진화론은 히틀러를 이용하여 600만여 명의 유태인을 근대화된 살인 공장으로 몰아넣었다.

이제 다윈에 의해 세계는, 진화한 세계의 주인인 주체와 그렇지 못한 미개 부족인 타자로 양분되었다. 타자는 '나' 아닌 '너'다. 타자는 역사의 밖에 있다. 타자는 의식이 없다. 타자는 결정하지 못하고 결정 당한다. 타자는 정체성이 없다. 타자는 주체에 대해 복종적 지위에 있다. 그러므로 타자는 주인이 아니라 노예다.

이러한 앵글로색슨적 세계관은 기독교 선교 과정에서도 그대로 나타났다. 하느님을 모르는 사람들에게 복음을 전하기 위해 선교사들은 순수한 열정을 가지고 자신의 생애를 바쳤지만, 그들이 가는 곳은 이미 제국주의가 침략의 마수를 뻗친 곳이거나 침략 전쟁이 진행 중이었다. 미개한 나라와 백성에게 복음을 전하는 것 이외에 그들을 문명인으로 개화시키는 것도 선교사들의 사명 중 하나였다. 그들이 생각하는 개화란 전통 사회의 가치관과 패러다임을 뿌리 뽑아 버리고 서구적 세계관을 이식하는 것이었다. 그것은 복음의 본질과 하등 관계없는, 자신들만의 '문화'이거나 사유 체계인 경우도 많았다. 서구 열강의 식민 지배를 받았던 제3세계 국가들이 서구에 대한 열등감의 단계를 거쳐 필연적으로 배타적 민족주의 노선을 취할 때는 서구의 태도가 자민족을 타자화시켰다는 것을 눈치챌 때다. 미국 선교사들의 신학적 세례를 받은 한국의 기독교가 1980년대를 거치면서 타자화된 민족의 정체를 자각하며 반미 성향을 보이는 청년들에 의해 비판 받은 것도 이러한 맥락이다. 이와 같이 기독교 선교의 역사에는 다윈의 진화론적 패러다임이 암세포처럼 자라고 있었던 것이다.

그런데 18세기의 생물학적 진화론은 19세기로 넘어오면서 사회진화론으로 발전한다. 생물학적 진화 관념을 사회적 차원, 즉 개인·집단·인종에 적용시킨 것이다. 적자생존의 법칙에 따라 약자는 줄어들고 그들의 문화는 영향력을 상실하는 데 반해, 강자는 더욱 강해지고 약자에 대한 영향력이 커지게 된다고 주장한 것이다. 특히 사회진화론의 대표적 학자인 허버트 스펜서는 인간 사회를 생존 경쟁으로 정의하며, 그 투쟁은 '적자생존'에 의해 지배된다고까지 주장했다. 우수한 경쟁자가 계속해서 살아남음으로써 인간의 질은 계속 향상된다는 것이다.

그러나 사회진화론은 앵글로색슨족이나 아리안족의 생물학적·문화적 우월성을 지지함으로써 제국주의와 인종주의 정책을 합리화하는 데 이용되었다. 또 사회진화론은 일본을 거쳐 조선말에 우리나라에도 유입되는데, 유길준·윤치호·박영효 등 문명개화론자들에 의해 적극적으로 수용되었다. 이들은 모두 개화기 기독교인이라는 공통점이 있다. 그러나 그들이 가지고 있는 기독교 사상 안에는 사회진화론이 똬리를 틀고 있었다. 당시 약육강식하는 제국주의 열강들의 침략을 목격하고 위기감을 느낀 조선의 지식인들은 사회진화론을 하나의 정치 사상으로 받아들이기 쉬웠을 것이다. 그런데 그들의 정치 사상이 기독교 사상과 혼합되었다는 데 문제가 있다. 어쩔 수 없는 시대적 상황이라 하더라도 그들에게 기독교의 본질적이며 핵심적 사상과 가르침은 부차적인 것이었다. 윤치호가 쓴 일기에서 그러한 맥락을 엿볼 수 있다.

> 정의, 인도(人道), 기타 등등. 어느 나라 어느 민족이든 이 근사한 것들을 얻기 위해 누군가와 싸울 능력이 있고, 또 싸울 의사가 있어야만 이것들을 공유할 수 있다. 힘세다고 해서 반드시 옳은 건 아니다. 또 옳다고 해서 반드시 강한 것도 아니다. 그러나 힘을 수반한 정의는 옳다. 왜 주님은 싸움, 투쟁, 전쟁을 인류의 진보와 완성의 유일한 수단이자 방법으로 정하셨을까? (1919년 6월 1일 일요일)*

* 김상태 편역, 『윤치호 일기』(역사비평사, 2001), 118~119쪽.

미국은 굳이 다른 나라의 땅을 강탈할 필요가 없기 때문에 정의로울 수 있다. 미국은 청산해야 할 구원(舊怨)이 없기 때문에 공정할 수 있다. 미국은 돈이 많기 때문에 관대할 수 있다. 과연 미국이 전 세계가 걸고 있는 기대에 부응할 수 있을까? (1919년 6월 29일 일요일)*

남감리교는 검은 대륙의 정글에 있는 가난하고 우매한 흑인들에게 선교사들을 보내기로 결정했다. 여기까지는 좋다. 하지만 남부 지역 백인들의 인종적 편견이 너무 심했던 나머지, 사회를 보던 한 장로가 언젠가는 미국에서 흑인의 씨를 말려야 한다고 말했다. 인간은 대단히 야비한 짐승이다. 아프리카 흑인들에게 사랑의 복음을 전하려고 선교사들을 보낸다. 마음속으로는 흑인들의 멸종을 원하면서 말이다. (1919년 11월 24일 월요일)**

윤치호는 그의 일기를 통해 식민지 지식인의 예리한 통찰력과 함께 분열된 자아도 함께 보여 준다. 사회진화론의 바탕 위에서 기독교 신앙을 가지고 있던 자신도 결국 미국 남감리교회의 이중적 태도를 보며 분노하는 것이다. 남감리교의 그러한 행태가 진화론의 영향에 의한 것이라는 사실을 감지하지 못하고 단순히 인간적 감정에 바탕하여 분노하고 있다. 그들의 그러한 태도가 사회진화론에 바탕한 인종주의적 · 제국주

---

* 위 책, 123쪽.
** 위 책, 157쪽.

의적 이데올로기라는 사실을 눈치 챘더라면 자신의 기독교 신앙 안에 똬리를 틀고 있는 진화론의 실체도 보았을 것이다. 남감리교의 모순이 이미 자신의 내부에도 깊이 뿌리박고 있다는 것을 그는 몰랐다.

유길준은 『서유견문록』을 통해 인간 사회를 미개(未開)·반개화(半開化)·개화(開化)의 3단계로 이해했다. 이 역시 서구의 사회진화론적 관점이 그대로 투영된 것이다. 유길준은 1881년 신사유람단의 일원으로 일본에 갔다가 후쿠자와 유키치(福澤諭吉)가 경영하던 게이오 의숙(慶應義塾)에 입학했다. 그런데 후쿠자와는 일본 사회에서 문명개화론자로 이름을 떨치던 사람이다. 그는 사회진화론을 주창하며 일본 지성계뿐만 아니라 윤치호, 유길준과 같은 식민지 지식인에게까지 큰 영향을 끼쳤다. 후쿠자와의 사상적 세례를 받은 유길준과 윤치호, 박영효 등이 인간 사회를 기독교적 관점이 아니라 사회진화론적 관점에서 이해한 것이다. 인간을 이해하는 관점이 성경적 정의관이 아니라 반성경적 관점이었던 것이다. 그들에게 기독교는 진화론적 사상을 실현하기 위한 하나의 수단이었을 뿐 진정으로 모든 인간을 형제적 사랑으로 이해하며 화해하는, 하느님의 법도를 실현하는 장은 아니었다.

오늘날 기독교인들의 전도에도 이러한 진화론적 관념이 뿌리박고 있다. "예수 믿고 천국 가세요"라는 권면은 당연한 복음이지만 그 어법에는 제국주의자들의 타자화 전략이 숨어 있다. 예수 믿은 '나'가 천국의 주인인 것은 당연하다. 그러나 '당신'은 '지옥 백성'이라는 어법은, 진화된 주체와 미개한 존재의 영역으로 나누어 타자화하려는 제국주의자들의 관습에서 나온 것이다. 이는 전도자가 아무리 친절한 어투로 말한다 하여도 피전도자에게 웃으면서 침 뱉는 격이다.

예수님의 어법은 그렇지 않았다. 혹자가 분명한 죄인이라 하더라도 그들을 타자화시켜 말씀하지 않았다. 로마 정부의 주구였던 세리 삭개오를 향해 "너는 죄인이다, 내가 너를 용서하겠으니 너희 집으로 가자"라고 말씀하지 않았다. 예수님은 "삭개오야 속히 내려오라 내가 오늘 네 집에 유하여야 하겠다"(누가복음 19:5)라고 했다. 예수님은 죄인 삭개오의 죄를 각성시키기보다 그의 존재 속으로 성큼 걸어 들어간 것이다. 그때 삭개오의 전인격이 예수님 앞에 활짝 열리며 모든 죄가 쏟아진 것이다. 또 간음하다 현장에서 붙잡힌 여인에 대해서도 마찬가지 태도를 보이셨다. 죄를 지을 수밖에 없는 인간의 연약성 속으로 성큼 걸어 들어가셨다. "죄 없는 자가 먼저 돌로 치라"(요한복음 8:7)고 하신 말씀은 죄인을 타자화하지 말라는 말씀이었다.

예수님의 십자가는 하느님과 인간의 타자화 관계를 회복하는 일체화의 상징이다. 그러므로 십자가는 타자화된 사람(타인)을 주체의 영역으로 편입시키는 위대한 혁명이며 사랑의 메타포다. 예수님은 하느님의 아들이며 세계의 주인이었다. 그러나 그는 정치 권력과 종교 권력에 의해 소외되고 억압 받는 사람들과 함께 타자의 위치에 서며 모든 사람을 주체의 반열에 올려놓았던 것이다.

타자화는 서구 열강의 제국주의적 오만과 오리엔탈리즘의 칼날이다. 우리 안에 똬리 틀고 있는 이 오만한 이데올로기를 걷어 내지 않는다면,

전도야말로 사람을 살리기는커녕 죽이는 일이 될 수 있다.

전도, 성장과 발전이라는 다윈의 유령

진화론은 인간과 사회를 계속되는 진화의 연속체로 보았을 뿐만 아니라 자유방임주의적 시장주의의 근거로 이용되었다. 특히 정치적·경제적 보수 세력을 지지하며 자본주의를 떠받치는 이념적 뿌리가 되었다. 정치적·경제적 보수주의자들은 항상 그 사회에서 유리한 위치에 있거나 기득권을 소유한 사람들이다. 상대적으로 경쟁에 더 유리한 조건을 가지고 있는 자들이다. 자본주의 사회에서 유리한 조건이란 경제력이다. 자신이 소유한 경제력을 유지하고 발전시키기 위해서는 최대한의 자유가 전제되는 '경쟁'이 있어야 한다. 자본주의 사회에서 무제한적 자유와 경쟁은 약자를 대상으로 하여 자기 이익과 쾌감을 취하는, 가진 자들의 합법적 강간 행위다. 이 자유는 모든 사람에게 보장되는 절대적인 선으로 위장되지만 그것은 가진 자들의 승리를 약속할 뿐이다. 다윈이 진화론에서 말하는 것이 바로 이것이다. 주어진 환경에 더 잘 적응할 수 있는, 가장 적합한 종(種)이 더 많은 후손을 남기고 결국은 종의 변화가 일어난다는 것이다. 이와 같이 무제한의 경쟁과 계속되는 진화는 '자유'와 '발전'이라는 명분을 확보했다.

이제 자본주의 체제에서 자유와 발전의 논리를 거부할 장사는 없다. 그것은 진리가 되었다. '자유'는 멈추지 않고 성장을 계속해야 한다는 강박 관념으로 이어졌고 '발전'은 더 많이, 더 풍요롭게, 그리고 남들에 뒤지지 않아야 한다는 경쟁 논리로 합리화되었다. 이러한 논리는 목회자를 이해하는 방식으로써의 호칭과 그 호칭을 수식하는 용어들에 잘 나타난다. 예컨대 '몇 명 모이는 교회의 목회자인가'가 목사를 평가하는 척도가 되어 버린 것이다. 신도를 평가할 때도 어느 교회에 나가느냐가 중요한 이해 수단이 되었다. 대형 교회 교인을 무의식적으로 선대(善待)하는 경향이 있다. 이러한 분위기는 자신이 대형 교회에 다니는 것을 자랑스럽게 여기는 풍토로 이어진다.

이와 같이 자본주의는 신도에게 영성이나 초월적 존재 의식을 허락하지 않는다. 신앙의 본질보다 신앙의 외피를 강조한다. 교회가 그러한 세속 자본주의 논리를 그대로 수용하고 있다. 실제로 개척 교회와 같은 소규모 교회에서 사역하는 목회자들의 힘을 빼는 것은 이와 같은 일이라고 한다. 새 신자를 전도해서 교육시켜 놓으면 어느 샌가 대형 교회에 가서 앉아 있다는 것이다. 또 대형 교회의 셔틀 버스가 도시 외곽까지 돌면서 신도들을 싹쓸이해 가는데, 이것도 기업형 교회의 자본주의적 전략이라고 볼 수밖에 없다. 이러한 현상에 대한 개척 교회 목사들의 푸념과 한탄을 심심찮게 듣는다.

자본주의 사회의 모순은 사람이 돈을 버는 것이 아니라 돈이 돈을 버는 데 있다. 교회 성장도 어느 기준점만 통과하면 이전에 비해 큰 노력을 기울이지 않더라도 자연적으로 성장하게 되는 원리 안에 있다. 그 교회의 영성이 어떻고 행함이 어떻고 말씀이 어떤가에 대한 관심보다 좀 더 큰 사이즈를 선호하는 경향이 교인들에게 나타나기 때문이다.

어린 나무가 잡초나 잡목으로부터 해를 당하지 않도록 몇 년 관리해 주면 그 다음에는 생물학적 적자생존의 원리에 의해 강한 힘을 갖고 주변 생물을 압도하며 성장하는 것처럼 교회도 그런 맥락에 있다. "목자가 양을 낳는 것이 아니라 양이 양을 낳는다"는 목회자들의 해석학적 담론은 '돈이 돈을 번다', 즉 '자본이 힘이고 경쟁력'이라는 자본주의에 대한 신앙 고백이다. 대형 교회가 주변의 중소 교회 신도들을 빨아들이는 흡착력으로 '손 안 대고 코 푸는' 성장을 할 수 있는 것도 교회가 이러한 자본주의적 성장 원리 위에 있기 때문이다.

실제로 대형 교회들은 교회 성장을 위해 자본주의적 경영 시스템을 도입하기도 한다. 1985년에 창립된 온누리교회의 등록 교인 수가 2007년에는 5만 명을 넘어섰다. 온누리교회가 초고속으로 성장한 가장 큰 요소는 하용조 목사의 설교에 있다고들 말한다. 가부장적 권위를 버리고 따뜻한 보살핌으로 청중에게 다가가는 그의 설교 스타일이 대중으로부터 호응을 얻었다는 것이다.

그러나 그러한 요소보다 더 큰 자본주의적 요소들이 온누리교회의 성장 배경에 자리 잡고 있다. 하용조 목사는 온누리교회를 창립하기 전에 연예인교회의 목회 경험으로 많은 연예인과 친분을 쌓았다. 그 인연으로 교회 집회마다 연예인을 초청했다. 이는 자본주의 사회에서 기업이 자사의 상품 광고에 상품의 본질과는 무관한 이미지로 소비자를 현혹하는 것과 다르지 않다. 교회를 하나의 상품으로 이미지화시키는 것은 상업 자본주의의 전형적인 모습이다. 온누리교회는 자본주의의 하부 구조 중 하나인 '스타 시스템'을 교회 성장의 동력으로 삼았다는 비판을 피하기 어렵다.

그런데 온누리교회를 성장시킨 또 다른 요소는 경영 기법의 응용이다. 온누리교회는 주기적으로 환경 변화와 효율적 대응을 위해 SWOT 분석을 하는데, SWOT는 강점(Strength), 약점(Weakness), 기회(Opportunity), 위협(Threat)을 분석해 그에 따른 대응 전략을 모색하는 경영 기법 중 하나이다. 교회의 모든 조직을 세분화하고 합리화하여 교회 운영의 효율성을 극대화한 것이다.

그러나 온누리교회를 성장시킨 결정적인 요인은 다른 데 있다. 하용조 목사는 신동아그룹 최순영 전 회장과 동서지간이다. 최순영 전 회장은 온누리교회의 창립과 운영에 있어 절대적이었다고 한다. 이러한 인연으로 하용조 목사와 온누리교회는 사회적·물질적 성공을 부정하지 않는 분위기를 만들었을 것이다.

신동아건설은 이 건물을 '선 건설, 후 대금 지급' 방식으로 지어 줬고, 이후에도 대표적인 기독교계 인사인 최 전 회장 부부는 교회 운영에 적잖은 기여를 했다. 이러한 든든한 재정적 뒷받침이 다른 교회는 따라오기 어려운 다양한 문화적 시도의 한 원천이었음은 부인하기 어렵다. 홀

룡한 음향 시설과 연주, 당시만 해도 파격적이던 교회 건물 설계만 따져
봐도 그렇다.*

　이와 같이 온누리교회는 자본주의적 토대 위에서 출발했다. 즉 자본
이 교회를 성장시킨 주요인이었던 것이다. 온누리교회를 성장시킨 첫
번째 요인으로 꼽고 있는 하용조 목사의 설교도 이러한 자본력이 뒷받
침되지 않았다면 불가능한 것이었다. 한국 교회에 하용조 목사만큼 설
교할 수 있는 능력과 자질을 가진 목사가 어디 한둘이겠는가. 그러나 그
러한 설교가 대중에게 어필되고 교회를 성장시킬 수 있으려면 거대 자
본이 뒷받침되어야 한다는 것을 온누리교회가 증명한 셈이다. 그에게는
일반인은 엄두도 낼 수 없는 거액의 교회 부지 비용과 상류층의 문화적
기호를 수용할 만한 대규모의 예배당과 문화 시설을 갖출 만한 재력가
가 있었다. 이러한 것을 결정하는 것은 목사의 영성이나 자질에 앞선 자
본력이다. 1970년대 이후 한국 교회가 대형화되는 과정에는 바로 이러
한 자본주의적 성장 요소가 있었던 것이다.

　이명박 대통령이 장로로 있는 소망교회 역시 이러한 자본주의의 바
탕 위에서 성장한 교회다. 1977년 서울 압구정동 현대아파트에서 시작
한 교회는 창립 초기부터 사회적 명망가와 재력가들로 채워졌다. 이상
정 무림교역 회장, 이진우 변호사, 이명박 대통령의 친형이며 당시 코오

---

* 황일도, 「모태 신앙 황일도 기자가 지켜본 한국 '기독교 대표주자' 온누리교회」, 『신동아』 2007
　년 10월호.

롱 회장이던 이상득 씨, 현대건설 사장 이명박 씨를 중심으로 교회가 터를 잡고 성장한 것이다. 또 소망교회 초기에 김재실 산은캐피탈 사장의 주도로 '소망금융인선교회(소금회)'가 만들어졌다. 김영삼 정부에서 재정경제원 차관으로 외환 위기를 초래한 장본인이었고 이명박 초대 내각의 기획재정부 장관으로 고환율 정책을 펴 고도의 물가 상승을 초래한 강만수 씨 역시 이 모임의 일원이다. 여야를 막론하고 퇴진 압력을 끊임없이 받았음에도 불구하고 그가 유임될 수 있었던 것은 소망교회 인맥 때문이라는 것이 정가의 분석이었다.

그런데 소망교회의 인맥이 한국 사회를 기독교적 세계관과 복음의 실현을 위해서 경건하고 진실한 모습을 보여 주기보다 기독교의 정신을 파괴한다는 데 문제가 있다. 소금회 출신들은 한결같이 시장 경제 신봉자들인데, 특히 강만수 씨는 무조건 경제 수치만을 높여 놓으면 된다는 수치 놀음으로 환율 시장에 개입하여 IMF를 초래한 장본인으로 실각되었을 뿐만 아니라, 이명박 초대 내각에서도 동일한 환율 정책으로 환율과 물가를 폭등시킨 사람이다. 그의 이런 정책에 희생당하는 사람은 힘없는 서민들이었다. 강만수 전 장관은 경제 위기 상황에서도 "물가 상승보다는 소비가 위축되는 게 더 큰 문제", "직장을 잃는 게 좋으냐, 물가가 올라가는 게 좋으냐"라며 노골적으로 대기업 편을 들었다. 그에게는 과부와 고아와 나그네를 돌보라고 명령한 성경의 가르침과 고통 받는 형제를 위한 그리스도의 사랑보다 가진 자들의 파이를 키우는 것이 더 큰 과업이었다. 파이를 키우고 나면 가난한 자들에게도 부스러기를 줄 수 있다는 것이다. 가난한 자들이 부스러기를 먹을 때 가진 자들의 파이는 더욱 커져 그것이 인간 사회의 또 다른 지배 방식으로 변질된다는 역사적 교훈을 외면한 것이다. 이것이 시장주의자들의 윤리이며 도덕성이다. 이명박 장로가 취임하자마자 불도저처럼 밀어붙인 것이 바로 이러한 시장주의였다. 이것이 이명박식 경제 정의였다.

이와 같이 소망교회를 모태로 하는 경제인들은 모두 MB 노믹스(이명박의 경제 정책)와 호흡을 같이하는 사람들이다. 즉 극렬한 시장주의자들이다. 세계 경제가 신자유주의의 한계로 파국을 맞는 상황에서도 이들은 신자유주의식 시장 경제를 고집했는데, 박정희 군사 정부 시절에 부를 축적했던 상류층의 경제 논리가 교회와 그 구성원들의 의식을 지배했던 것이다. 땅값이 가장 비싼 노른자위에 자리 잡은 교회가 돈과 권력을 가진 구성원에 의해 고속 성장을 할 수는 있었지만 구성원들의 정신과 사상을 복음화시키는 데는 실패한 것이다. 교회가 성경의 경제관과는 무관한 시장주의의 첨병이 된 것이다. 하느님의 말씀도 그들의 반그리스도적 사상을 바꾸어 놓지 못했던 것이다. 다만 교회는 그들의 사교장, 또는 종교라는 고급 문화를 소비하는 향락의 장소로 이용됐을 뿐이다.

1970년대 압구정동 현대아파트가 어디인가. 한국에서 가장 부유한 사람들이 모여 사는, 한국적 자본주의가 꽃피운 '그들만의 천국' 아닌가. 이런 곳은 기득권층 지도자 몇 명만 모여도 한국 사회를 좌지우지할 정도의 인맥이 형성될 수 있는 곳이다. 부자 동네엔 부자들만 사는 게 아니라 정치·경제 등 모든 세속 권력자가 함께 모여 정략적 카르텔을 형성한다. 특히 소망교회의 인맥이 만든 '소망금융인선교회'는 선교를 표방하고 있지만 교회 안에서 금융인들의 카르텔을 형성하여 금융 자본의 유통과 관리를 목적으로 한다는 것을 삼척동자도 다 알 수 있는 사실이다.

소망교회는 전·현직 장관을 모두 합하면 60여 명이 넘고, 예비역·현역 장성의 별 개수를 모두 합치면 200개가 넘을 정도라고 한다. "소망교회에 가면 소망이 이루어진다"는 말은 세간에 떠도는 풍자가 아니라 사실이 됐다. 소망교회 인맥이면 한국 사회에서 불가능한 일이 없다.

이러한 자본주의 요소는 정치 권력을 움직이는 힘이 되기도 하는데, 선교 방식에서도 그들이 가진 힘과 능력을 보여 주려는 조급증이 나타난 사례가 있다. 2006년에 온누리교회가 주축이 되었던 '예루살렘 평화 행진'과 '아프간 평화 행진'은 행사 지역이 전시(戰時) 상황이라 치안이 매우 불안했다. 한국 정부는 물론이고 아프가니스탄 정부에서도 행사 취소를 요청했다. 그러나 정부의 반대에도 불구하고 주최 측인 온누리교회는 행사를 강행하려 했다.

정부의 만류에도 불구하고 온누리교회가 행사를 강행하려고 배짱 좋게 나선 데는 그럴 만한 배경이 있었다. 온누리교회에는 주요국 대사와 총영사, 안보 분야 상임위 국회의원 등이 장로로 재직하고 있었기 때문이다. 이들 인맥이 이 행사를 위해 직간접적인 영향력을 발휘했다는 것을 어렵지 않게 짐작할 수 있다.

교회는 자본력과 권력을 동시에 가지고 자신의 힘을 폭넓게 행사하게 되었다. 물론 하느님의 법을 행하는 교회가 세속 권력과 정부의 통제에 따를 이유는 없다. 그러나 이들이 강행하려던 그 행사는 그리스도의 사랑을 전하고 복음의 정신을 실현코자 하는 진정성에서라기보다 자본과 정치 권력을 동시에 움직일 수 있는 교회의 파워를 세계적으로 과시하고자 했다는 데 문제가 있다. 억압 받고 상처 입은 형제에게 조용히 다가가 사랑을 실천하는 예수의 전도 방식이 아니라 수많은 군중을 동원하여 퍼레이드를 펼치듯 힘을 과시하려고 했다.

한국 사회는 온누리교회의 밀어붙이기식 행사 진행을 보면서 한국 교회의 감추어진 욕망을 들여다보고야 말았다. 또 근본주의 성향을 가진 한국 개신교의 대규모 거리 행진을 순수한 평화 행진으로 바라볼 아랍인들은 없었을 것이다. 아랍인들이 이 행사를 종교적 도전 행위로 인식한 것은 당연했다. 온누리교회가 행사를 강행하려 하면서 십자군전쟁을 염두에 두고 성전이라도 벌이겠다는 각오를 다진 것은 아닌지 의심이 들 정도로 무모한 태도를 보였기 때문이다. 이는 과거 제국주의자들이 자본과 군대를 동원하여 약소국을 얕잡아 보고 오만한 태도로 시가를 활보하던 것과 무엇이 다른가.

온누리교회의 이러한 태도는 복음의 본질을 위해서가 아니라 교회의 권력을 과시하려는 오만으로 비쳐질 수밖에 없다. 온누리교회가 정부와 마찰을 빚는 과정에서 시민 사회는 온누리교회가 아니라 한국 교회 전체에 따가운 시선을 보냈다. 개 교회의 행위는 그 교회의 특수하고 개별적인 것이 아니라 한국 교회라는 전체를 대변하는 일반성의 원리에 있다는 것을 망각한 것이다. 이는 개교회주의가 갖는 또 하나의 문제다.

또 다른 문제를 짚고 넘어가자. 온누리교회의 자본주의적 경영 기법은 윌로우크릭교회의 프로그램을 차용한 것이다. 이것이 한국 교회의 보편 방식으로 받아들여지고 있다. 온누리교회가 교회의 새로운 패러다임을 제시하고 그 길을 걸어간 것은 교회사적으로 매우 고무적인 일이다. 그러나 교회가 마치 공장이나 기업처럼 움직이거나 상류층의 이해를 도모할 사교 클럽 정도로 이용될 때 교회의 구성원은 '구원 받은 거룩한 백성'으로서가 아니라 조직을 관리하고 그 조직을 구성하는 비신앙적(비인격적) 구조물로 전락할 위험이 있다. 교회의 목적이 생명(사람)이 아니라 교회 그 자체가 되는 가치 전도 현상이 일어나는 것이다.

실제로 윌로우크릭교회의 빌 하이벨스 목사는 이러한 문제에 대해 회개한 바 있다. 32년 동안 성장세를 보이며 세계의 모범 교회로 인정받아 온 윌로우크릭교회가 수년간 연구(자기 성찰)를 통해 "숫자로는 성공을 했을지 몰라도, 예수 그리스도의 참된 제자를 만드는 일에는 실패했다"고 고백한 것이다.[*] 자본주의적 경영 방식에 의해 교회의 덩치는 키울 수 있지만 성경적 본질과 합치되는 참된 신앙인으로 교인들을 변화시키지는 못했다는 것이다. 그의 고백은 '성장'이라는 진화론적 이데올로기가 성경적 가치는 아니라는 신학적 명제이다. 그러한 생각은 아

---

[*] 김종희, 「빌 하이벨스 목사, "우리가 잘못했다"」, 『뉴스앤조이』 2007년 12월 22일; Greg Hawkins & Cally Parkinson, *Reveal: Where Are You?*(Willow Creek Association, 2007).

무나 할 수 있지만, 그러한 고백과 회개는 아무나 할 수 없다.

　이 세상에 무한정 성장하는 것은 없다. 그러나 진화론자들은 인간의 한계를 부정하고 생물학적 무한 진화를 주장함으로써 인간의 사회적 진보 역시 계속될 수 있다는 환상을 심어 주었다. 이러한 환상이 자유주의 시장 경제를 지상 최고선으로 삼았고, 한국 교회는 시장주의의 환상에 빠져 기독교 정신을 잃어버렸다. 다윈의 유령이 시장주의라는 환상을 통해 기독교를 파멸의 구덩이로 몰고 가는 것이다. 전도의 패러다임이 '교회 성장'이라는 시장주의에서 벗어나지 못할 때 교회는 더러운 구덩이에서 탈출하지 못할 것이다.

　자본으로 교회 성장을 보장 받고, 교회의 규모와 덩치가 커지는 것을 전도의 최종 목적으로 삼는 목사들이 있는 한 한국 교회는 정신 나간 사람처럼 거리를 배회하며 혼잣말로 지껄이기를 멈추지 않을 것이다. "예수 천당, 불신 지옥"이라고.

전도, 복음의 키치(Kitsch)화

　자본주의 사회의 또 다른 특징은 대량 생산 체제라는 점에 있다. 포드 이후 시장이 수요자의 필요에 의해서 형성되던 시대는 지났다. 자동화 시스템에 의해 생산자의 자본과 욕구만 있으면 수요가 발생하지 않더라도 얼마든지 생산할 수 있게 된 것이다. 그러므로 이제 상품은 필요에 의해서 소비되는 것이 아니라 생산자의 요구에 의해서 소비되는 시대가 되었다. 거리마다 상품으로 넘쳐 나면서 물질적 풍요가 사람들에게 성찰의 기회를 빼앗았다. 사람들은 육체적으로는 분주하면서도 경쟁적 사회 구조로 인해 늘 긴장하며 살 수밖에 없다. 이는 자기 존재감과 사유를 나태하게 하며 자기 성찰의 기회마저 잃어버리게 했다.

'키치(Kitsch)'라는 독일 말이 있다. 이는 '저속', '치졸'이라는 뜻을 가지고 있는데, 고상하고 품위 있는 패션과는 반대되는 패션, 지나치게 산만한 장식을 통해 일부러 튀어 보이는 것을 뜻한다. 원래는 물질 문명을 조롱하는 뜻이 숨어 있지만 더 넓은 의미로 사용된다. 경제의 고도 성장기에 나타나는 졸부들의 치졸하고 품위 없이 천박한 옷차림, 싸구려 액세서리 등의 과잉 장식품을 주로 의미한다. 이와 같이 키치는 저속하고 천박한 성향 일반을 가리키는 말이다. 실제로 길거리에서 모조 장식품이나 액세서리 등을 몇 백 원의 돈으로 부담 없이 구매할 수 있는 것들이 키치적 성향을 띤 것들이다. 이런 것들은 금방 잃어버려도 별로 아깝지 않은 값싸고 속된 장식물들이다. 그런데 이러한 키치 문화는 사람들의 정신적 태도나 삶의 양식에 많은 영향을 끼쳤다.

한국 교회의 복음에 대한 태도에도 키치 성향이 있다. 성육신과 예수 그리스도의 십자가 정신이 싸구려 상품으로 길거리 좌판에 널려 있는 것이다. 많은 전도자들이 아무나 붙들고 알아들을 수 없는 자기네들만의 특수 용어를 남발하며 전도를 할 때, 피전도자들은 기독교와 복음을 진지하고 수준 높은 진리 체계로 이해하는 것이 아니라 귀찮은 잡상인의 싸구려 상품으로 이해한다. 전도자들의 행위가 인간의 영혼을 진리와 구원으로 인도하는 우주적 사건이 아니라 길거리 좌판에서 싸구려 상품을 파는 노점상의 호객 행위나 유흥가의 삐끼 행위쯤으로 전락하는 것이다.

기독교의 고상하고 품격 높은 복음이 싸구려 잡화처럼 변질된 이유역시 교회의 자본주의적 요소에 있다. 자본주의의 가장 큰 이데올로기는 효율성이다. 최소의 비용으로 최대의 이윤을 창출하는 것, 이것이 자본주의가 추구하는 합리성이다. 이러한 자본주의적 요소가 교회에 침투하다 보니 빠른 시간 안에 더 많은 사람을 교회 안에 채우려는 경쟁이 과도하게 발생한다.

목사는 교인들을 삐끼처럼 길거리로 내몰아 전도지를 돌리게 하면서 그것을 하느님의 거룩한 일에 대한 최선의 행위인 양 설교한다. 성경과 복음에 대해, 또한 그러한 정신과 삶에 대해 스스로 실천할 수 있는 영적·신앙적 태도도 없고 경건의 능력도 없는 교인들을 길거리로 내몰아서 그들의 신앙심을 시험대에 올려놓는다. 그러므로 교인들은 자신의 신앙심을 증명하기 위해서라도 저급한 세일즈맨처럼 아무나 붙잡고 떼쓰듯이 자기 말만 쏟아 내는 것이다. 이러한 전도를 당해 본 비기독교인들은 기독교에 대해 피로감을 느낄 수밖에 없다.

이제 사람들이 원하는 것은 프레스로 찍어 대량 생산하는 싸구려 키치 상품이 아니라 장인의 손으로 정성 들여 만든, 인간의 땀과 정성이 담긴 수공예품이다. 그러한 상품에는 인간의 고귀한 품성과 정신이 스며 있다고 생각하기 때문이다. 예수의 십자가 역사는 인간 구원을 위한 범우주적이며 일회적 사건이다. 복음은 누구든지 예수를 믿고 따르면 구원을 얻을 수 있는 구원의 메시지다. 그것을 함부로 내던지듯 하여 길거리 사람들의 발에 밟히고 입에 오르내리게 하는 수모를 자처해서는 안 된다.

복음이 이렇게 키치화된 것은 한국 교회가 자본주의적 성향을 띠게 되면서 복음의 고결한 정신을 잃었기 때문이다. 예수 그리스도의 십자가 사건은 인간과 우주에 있어 혁명적 사건이다. 하느님이 인간의 몸을 입고 오신 것이나, 그 하느님이 스스로 희생양이 되어 죄인을 타자의 영역에서 주체의 자리로 이동시킨 일은 고결하고 숭고한 사건이다. 이러한 거룩성이 시정의 무리들에게 값없게 취급되거나, 저급한 지식인들의 입방아에 오르내리도록 한국 교회 스스로가 자처한 것이다.

윤리성도 없고 도덕성도 없는 무리가 크리스천의 유니폼을 입고 기독교 가치와 배치되는 천박성을 보일 때 복음의 가치는 시장 좌판에서처럼 싸구려 취급을 당할 수밖에 없다. 나와 다른 견해를 가진 사람들을 향해 '마귀의 자식'이니 '사탄의 세력'이니 하며 온갖 더러운 혐의를 뒤집어씌우는 목사들이 활개를 칠 때 기독교는 합리성도 없고 경건성도 없는 싸구려 잡상인 취급을 당한다. 한국 교회와 목사들이 지금 그러한 취급을 받고 있다.

전도, 하드웨어 없는 소프트웨어

1995년 6월 29일, 501명이 압사하고 937명이 부상당한 삼풍백화점 붕괴는 바로 자본주의 시장 경제의 아귀다툼 결과였다. 사건 전에 백화점 붕괴 징후가 뚜렷하게 나타났는데도 삼풍백화점 회장 이준 씨와 그의 아들 이한상 사장은 이를 무시하고 영업을 계속했다. 백화점이 붕괴된 6월 29일 백화점 건물의 균열이 발견되었고, 구조물 진단 결과 건물 붕괴의 위험이 있다는 사실을 토목 공학자들에게 보고 받았음에도 그대로 영업을 지속한 것이다. 그들에겐 사람의 생명보다 돈이 우선이었던 것이다. 조금이라도 수익을 더 올려보자는 자본주의적 욕구로 인해 사람의 생명을 거룩한 하늘 백성이 아닌, 자본의 도구쯤으로 생각했던 것이다.

삼풍백화점은 설계, 시공, 감리의 모든 과정이 부실하게 이루어졌다는 것이 사후에 밝혀졌다. 부실 공사를 은폐하기 위해 관련 관청에 뇌물을 준 사실도 드러났다. 박정희의 폭압적인 개발 정책이 한국 사회 전반에 이러한 부조리를 낳았던 것이다.

그런데 더 끔찍한 일은 삼풍백화점 사장 이한상 씨가 기독교인이라는 사실이다. 그는 모태 신앙인이며, 30년 동안 영락교회에 주일 성수를 한 성실한 크리스천이었다. 또한 모범적인 신앙 생활로 영락교회에서 최연소 총각 집사가 되었다. 그러나 그의 모범적인 신앙 생활이 그리스도의 사랑과 복음의 정신을 실현시키지는 못했다.

삼풍백화점 붕괴는 그리스도인으로서의 윤리와 양심 이전에 최소한의 세속적 윤리도 지키지 못하는 것이 한국 교회와 신도의 수준이라는 사실을 보여 준 사건이다. 이한상 씨가 교회에 낸 십일조와 감사 헌금은 수많은 생명을 담보로 한 결과물이었으며, 부조리한 뒷거래의 결과물이었던 것이다. 그의 신앙은 교회의 울타리를 넘지 못했던 것이다. 그리스도인은 경계를 넘어 하느님의 정의와 그리스도의 복음을 실현시켜야 한다는 성경적 가르침을 알지 못했거나 알면서도 실천하지 않은 것이다. 신도에게 그리스도의 복음의 정신과 하느님의 정의를 가르치지 않아서가 아니라, 그렇게 변화시키지 못한 것이 문제였다. 즉 한국 교회에 하드웨어가 없다는 것이다. 교회가 한 사람을 예수의 사랑과 복음의 정신으로 거듭나게 하여 그의 일상적 삶이 성경적 가르침과 부합하게 할 수 없었던 것이다. 그러므로 한국 교회는 '신앙'이라는 심리적 공유물을 사귐의 도구로 삼는 무도장(舞蹈場)이며, 중산층의 사교장이라는 조롱을 사는 것이다.

이한상 씨는 든든한 재력가이며 사회적 영향력을 가지고 있는 한국 사회의 기득권층으로 대형 교회의 재정과 인맥을 넓혀 주는 백그라운드가 되었을 뿐, 진정한 그리스도인으로서 복음의 정신과 사상을 자기의 삶 가운데 실현할 수 있도록 교육 받지 못한, 불행한 '교인'이었던 것이다. 그는 그리스도인이 아니라 단지 교인이었을 뿐이다.* 제도화된 종

---

* 신앙인과 교인은 구별되어야 한다. 교인은 제도화된 교회 구조 안에서 그 구조를 위해 복무하는 기능인이거나 도구적 존재일 뿐 진정한 신앙인으로 보기는 어렵다. 그리스도의 삶과 교훈에 일치될 때, 또는 그렇게 되려고 노력할 때 비로소 신앙인, 그리스도인이라는 호칭이 가능할 것이다.

교의 기관인 교회의 하부 구조를 떠받치는 부속물에 불과했던 것이다.

예를 하나 더 들어 보자. 이명박 대통령의 초대 청와대 사회정책수석이었던 박미석 씨는 부동산 투기와 불법 행위에 대한 여론의 압력을 견디지 못하고 자리에서 물러났다. 그녀는 부동산 투기 의혹을 부정했다. 거주 지역이 아닌 곳에 부동산을 구입하려면 그곳에서 스스로 농사를 짓는다는 '자경(自耕)확인서'가 있어야 한다. 그러나 그녀의 부동산이 있는 지역의 영농회장과 주민들의 증언으로 그녀가 자경확인서를 조작했다는 사실이 드러났다. 그러나 실정법 위반 사실이 명백한데도 그녀는 마지막까지 자신에 대한 의혹을 부인하며 '억울하다'고 항변했다. 청와대에서 물러나는 순간까지 억울하다는 주장을 굽히지 않았다. 그러나 그녀는 자신의 주장을 뒷받침할 명확한 근거를 제시하지 못했다.

부자들의 위장 전입과 불법적 투기 행위가 어디 어제오늘 일인가. 한국적 풍토와 관행상 상류층 인사들이 문서 조작 등을 통해 부동산 투기로 돈을 번다는 것은 이미 다 알려진 사실이다. 그냥 눈감을 수 있는 한국 사회의 일반화된 사건 중 하나일 수 있다. 하지만 책임 있는 자리에 있는 인사가 부동산 투기의 당사자라면 문제가 다르다. 특히나 기독교인이라는 사실은 더 큰 문제가 될 수 있다. 기독교인에게는 더욱 엄격한 윤리가 필요하기 때문이다. 이것이 성경의 가르침이면서 동시에 세속 사회가 기독교인에게 요청하는 윤리이기 때문이다. 그러나 박미석 씨는 이명박 장로와 같은 소망교회 인맥이었고, 그 인맥의 인사들이 보여 주었던 것과 다르지 않은 길을 가고 있었다.

이와 같이 소망교회 인사들이 이명박 정부의 핵심에 대거 등용되면서 한국 교회의 치부가 적나라하게 드러났다. 대형 교회의 주된 인적 구성이 정치적·경제적 기득권층으로 이루어졌다는 사실이 알려진 것이다. 기독교인이 예수의 정신과 성경적 가르침을 실천하는 거룩한 백성이 아니라 졸부들과 다름없이 불법과 투기로 재산을 증식하고 물질을 탐하는 속물적 인간일 뿐이라는 인식이 확산되었다. 나아가 자기의 치부를 은폐하기 위해 끝까지 거짓으로 일관하는 파렴치한 속물성까지 보여 주고 말았다. 이는 한국 교회와 교인의 정체성을 그대로 드러낸 사건이다.

또한 이명박 대통령의 후보 시절에 제기됐던 BBK 주가 조작 사건이나 땅 투기, 위장 전입 등과 같은 의혹을 통해서도 드러난 바 있다. 그것에 대한 사법부의 판결과는 무관하게 세간의 관심은 교회 장로로서의 도덕성에 초점이 맞추어졌다. 사법부의 판단과는 무관하게 이미 도덕적 판결이 내려진 것이다. 한국 교회는 부도덕한 집단이라고 말이다. 이명박 정부 초대 내각 구성과 공직자 재산 공개 과정에서도 소망교회 인맥과 그들의 부동산 투기 등 부조리가 드러났다. 이 과정에서 기독교 인사들이 하느님의 정의에 부합하는 사람들이 아닐 뿐더러 세속적 도덕성도 결여된, 저급한 속물에 불과하다는 사회적 인식이 싹트기 시작했다.

이 과정에서 소망교회는 본의 아니게 한국 교회의 상징처럼 되어 버렸다. 그리고 소망교회 인적 구성원들의 윤리 문제는 한국 교회 전체의 문제로 일반화되었다. 권력과 세속적 명리를 좇아 불나방처럼 달려드는 사람들로 소망교회는 문전성시를 이루었다. 그러나 많은 사람들은 소망교회와 이명박 대통령의 행태를 보면서 한국 교회 전체를 부도덕하고 윤리성도 없는 집단으로 싸잡아 매도하기 시작했다. '개독교'라는 말이 나온 것은 이전부터이지만 이 말이 확산되기 시작한 것은 이 시점부터였다. 기독교 인사가 대통령이 되면 무언가 다를 것이며, 달라질 것이라고 확신에 찼던 한국 교회의 생각과 태도가 얼마나 몽매한 것인지 확인된 셈이다.

그런데 한국 교회는 교인들의 세속적 타락이나 부도덕성을 훈계하거나 권면하지 않는다. 오히려 상류층 인사들이 추구하는 세속적 가치 속에 교회가 안주하려는 경향을 보인다. 그들의 인맥 위에 교회의 명예가 설 수 있기 때문이다. 그들과 인맥을 맺으려는 인사들이 그 교회에 줄을 대면서 교회는 세속 권력의 사교장이 된 것이다. 부도덕한 상류층이 행하는 불법 투기와 주가 조작, 편법·탈법 행위를 통해 자기 이익을 탐하는 자들의 카르텔이 형성된 것이다.

"이전 정부들에 비해 이명박 정부에서 특히 두드러지는 특징 두 가지는 '기독교 인맥'과 '부동산 투기'"라는 한 언론의 분석*은 한국 교회의 치부를 드러내다 못해 예리한 칼끝으로 깊이 파고드는 아픔을 주었다. 이 분석은 기독교인이 세속인과 다르지 않을 뿐더러 오히려 더 적극적으로 불법과 투기를 조장하는 사람들이라는 인식이 깔려 있다. 그런 이유에서 한국 교회는 부조리한 상류 집단의 아성(牙城)이라는 비판을 피

---

* 안정권, 「박미석 수석 모습은 한국 교회 자화상」, 『뉴스앤조이』 2008년 4월 30일.

하기 어렵다. 기독교를 개독교라 부르는 안티 세력이 커지는 것은 이런 이유 때문이다. 그들을 사탄의 세력이라 부를 수 있다면 그 사탄의 세력을 불러들인 자들에 대한 책임도 함께 물어야 할 것이다.

교회의 생명은 복음의 실현이다. 복음의 핵심은 탐욕을 버리고 서로 사랑하는 것이다. 사랑은 자기희생을 대전제로 한다. 이것이 예수 그리스도의 복음의 핵심이다. 그런데 이것은 하느님의 주권 아래서 가능하다. 창세기에서 요한계시록까지의 모든 기록은 바로 하느님의 주권과 사탄의 전략 간의 대전(大戰)이다. 하느님의 주권 아래 있을 때 탐욕과 이기성을 벗고 평화로울 수 있다. 이 정신이 성경이 요구하는 윤리이며 핵심 사상이다. 이것이 교회를 존재케 하는 하드웨어이며 심장이다.

그러나 한국 교회는 하드웨어가 멈춰 버린 집단이다. 성경의 본질에 대한 이해나 가르침보다 시장주의자들의 탐욕과 이기심을 눈감아 주고 그들의 인맥과 재력을 교회의 자산으로 삼고 있기 때문이다. 그런데도 신도들에게 전도를 강요하고 있다. 전도는 교회를 성장시키기 위한 소프트웨어 중 하나다. 세속적으로 온갖 욕을 다 먹고 있는 교회가 사람들을 붙잡고 교회 나오라고 하는 것이야말로 하드웨어가 멈춰 버린 컴퓨터에 소프트웨어를 작동시키려는 것과 같은 짓이다.

사람들이 비록 세속적일지라도 교회에 원하는 것은 세속과는 다른 거룩성과 초월적 정신이다. 교회가 그것을 보여 주지 못할 때 교회는 세속 집단과 다를 게 없다. 그러므로 기독교가 아닌 개독교가 되는 것이다. 교회가 먼저 윤리성을 회복하고 세속적 타락을 준엄하게 꾸짖을 수 있는 권위를 회복할 때 많은 사람들이 교회를 향해 자발적으로 발을 돌릴 것이다. 그러한 거대 전략을 놓쳐 버리고 시장에 나가 싸구려 잡화를 팔듯 목소리만 높인다고 복음이 실현될 수 있다고 생각하는 것이야말로 자가당착이다. 그것은 복음의 실현이 아니라 교회의 몸집을 불리기 위한 장사꾼들의 호객 행위일 뿐이다.

한국 교회는 마을 한가운데 우뚝 서서 준엄하게 인간의 삶을 내려다보며 꾸짖을 수 있는 중세의 고딕 양식과 같은 위엄도 없고 정의감도 없는 세속 집단이 되어 버렸다. 하느님의 정의와 복음의 정신, 그리고 교회 윤리로서의 하드웨어가 죽어 버린 교회가 전도라는 소프트웨어를 작동시키기 위해 전도지를 돌리며 확성기를 들이대는 모습은 안타깝다 못해 측은하기까지 하다.

전도, 현장을 이탈한 말의 성찬

'전도(傳道, evangelism)'의 사전적 의미는 '도리를 세상에 널리 알림', 혹은 '알리는 일(행위)'이다. 그런데 동음이의어인 이 말의 다른 한자말 '전도(傳導, conduction)'는 '열·전기가 물체의 한 부분에서 점차 다른 곳으로 옮김'을 의미하는 물리학적 단어다. 전도(傳道)가 신앙이나 인간의 신념 체계를 사람들에게 알리는 관념의 소통이라면, 전도(傳

導)는 물질을 통한 에너지의 소통이다. 두 의미의 간극은 매우 넓고 크다. 그러나 그 원리에 있어서는 크게 다르지 않다. 전도(傳道)는 곧 전도(傳導)다.

　정신적 가치에 대한 지향도 바로 물리적인 현실성 위에 기초해야 한다는 점을 예수님의 사역이 분명히 보여 주었다. 요한복음에서 소개하고 있는 예수님의 첫 사역인 가나안 혼인 잔치의 기적도 바로 이러한 물리적 세계의 소통이었다. 물을 포도주로 만드는 것은 물리적 성질을 변화시키는 사건이었다. 이 사건으로 잔칫집 손님들은 기쁨을 얻을 수 있었다. 물리적 법칙이 인간의 감정과 정신과 소통한다는 것을 보여 준 사건이다. 나아가 예수님이 공생애 동안 보여 준 수많은 기적들은 이러한 물리적 원리를 무시하지 않았다. 질병에 고통 받는 자들과 악한 영에 사로잡힌 자들, 그리고 죄의 문제로 고통 받는 자들을 영적으로 치유하고 회복시킨 사건은 영혼과 함께 육체에 대한 존중과 사랑의 표시였다.

　이와 같이 볼 때 전도는 인간의 육체가 머무는 곳에 그 육체와 함께 살아 숨 쉬는 소통을 전제로 한다. 예수님이 가난한 자들과 고아와 나그네, 그리고 천대 받는 사람들의 삶 속에 깊숙이 들어가 함께 호흡하며 그들을 치유했던 것은 바로 이러한 정신을 잘 보여 준 것이다. 마리아의 오라비 나사로를 살린 것은 그의 영혼이 아니라 육체였다.

　그러나 한국 교회는 인간의 육체가 도움을 필요로 하는 현실 공간에서 함께 호흡하기보다 현실과 괴리된 영역에서 인간의 영혼에 대해 추상적 언설을 남발하며 사람들에게 현실을 떠난 구원만을 강조하는 경향이 있다. "하나님의 나라는 말에 있지 아니하고 오직 능력에 있음이라"(고린도전서 4:20)는 말씀에서 대조를 이루는 두 단어 '말(로고스)'과 '능력(뒤나미스)'은 공통된 속성을 가지고 있으면서도 그 결과나 현상에서는 매우 큰 차이가 있다. '말'은 어떤 사물의 법칙, 의미, 기초, 구조를 설명하는 논리 수단이며 그것의 내용이다. 그러나 '능력'은 신체적 힘, 성취할 만한 능력, 영향력 등을 나타내는 현실적이고 구체적인 의미를 가지고 있다. 즉, 전도를 통한 하느님 나라의 전파는 구체적이고 현실적인 실천 행위가 동반되어야 한다는 것이다. 예수님의 사역은 사람들을 향해 천국 복음만을 선포한 것이 아니라 가난하고 소외된 사람들의 일상 속으로 깊이 들어가 그들의 아픔을 어루만지는 일이었다.

전도지를 들고 거리고 나서거나 메가폰을 들고 좁은 시장 골목을 돌며 복음을 전하는 방법은 고통 받는 사람들의 현실과 괴리된 말의 성찬일 뿐이다. '말(로고스)'은 현장을 지향하기 때문이다. 하느님이 세계를 창조하신 그 말(로고스)은 물리적 영역과 영적 영역이 분리되지 않은 것이다. 창세기 1장과 요한복음 1장 1절 이하의 말씀은 언어의 기호학적 한계를 넘어서는 창조성을 담지한다.

그러나 한국 교회는 복음주의에 대한 잘못된 이해와 해석으로 교회를 플라톤의 신전으로 전락시키고 있다. 영과 육은 절대 분리된 것이며 선과 악이 영혼과 육체로 극명하게 나누어진다고 생각하는 것이다. 교회들이 사용하는 언어는 영적 언어이며, 복음을 증거하는 모든 기호(음성 언어, 문자 언어)는 비세속적이라고 생각한다. 비세속적 언어에 복음이 담겨지기 때문에 그 언어야말로 사람들의 정신과 일상을 뒤집어엎을 만한 초월적 힘을 가지고 있다고 믿는다. 그러나 그러한 사유가 진리가 되기 위해서는 그 언어가 사람들의 삶의 현장을 벗어나지 말아야 한다. 언어는 인간의 삶 속에 직접적으로 관여하며 활동하는 생명이다. 천지를 창조하신 하느님의 말씀이 세계 가운데 역동적으로 역사하는 것처럼 복음을 전하는 기독교인의 '말(언어)'도 사람들의 물리적 삶 속으로 들어가 함께 호흡하고 활동해야 한다. 이것이 물로 포도주를 만든 물리적 법칙에서 연회장 손님들을 기분 좋게 만들었던 심리적·영적 원리다.

빅토르 위고는 『파리의 노트르담』에서 구텐베르크의 인쇄술에 대한 중세 교회의 두려움을 표현하며 "책이 건물을 죽일 것이다"고 선포했다. 위고는 인쇄술이야말로 집단적인 신앙의 소산이었던 중세의 고딕 건축술을 대신할 새로운 인간 해방의 열쇠로 보았다. 따라서 인쇄술은 중세의 보편 교회에 맞선 개혁 교회의 보이지 않는, 또 다른 건축물로 우뚝 서게 되었다.

한 권의 책은 아주 빨리 만들어지고, 아주 적은 비용이 들며, 아주 멀리까지 갈 수 있다! 인간의 모든 사상이 그 비탈로 흘러가는 데 어찌 놀랄 수 있겠는가?[*]

* 빅토르 위고, 정기수 옮김, 『파리의 노트르담 1』(민음사, 2005), 352쪽.

중세의 고딕 건축물은 고대로부터 내려온 대리석 구조물로 신정(神政)을 상징한다. 따라서 건축물로부터 멀리 떨어진 위치에서도 그 건축물의 위용을 보고 하느님의 임재와 거룩성을 느끼며 하느님을 경외할 수 있었다. 도시나 마을에 위용을 자랑하며 서 있는 고딕 건축물은 사람들을 하나의 방향으로 인도하는 정신의 표지이며 시각화된 기독교 세계관이었다. 신도들의 일상을 일일이 따지고 간섭하지 않아도 교회의 고딕 건축물은 그 자체로 기독교적 가치를 신도들에게 가르칠 만한 교훈과 상징성을 가지고 있었다. 그러므로 교회 주변으로 펼쳐지는 시민의 일상적 삶은 항상 교회가 지향하는 가치에서 벗어나지 않으려 노력할 수 있었다.

밀레의 그림 〈만종〉에 나타난 풍경의 이면에는 교회의 건축물에서 울려 나오는 종소리가 있다. 평화로운 모습으로 기도를 올리는 농부 부부의 일상을 거룩한 성전 건축물과 그곳으로부터 울려 나오는 종소리가 신앙으로 인도하는 것이다. 즉 교회가 세상의 중심에 서서 사람들에게 하느님의 정의와 기독교적 정신을 요구하고, 사람들의 삶은 그에 응답하는 모습이다. 밀레의 그림에는 단순히 평화로운 전원 풍경만 담겨 있는 것이 아니다. 물론 건축물을 중심으로 하는 중세 교회의 이데올로기를 간과할 수는 없지만, 그렇다고 해서 세계의 중심에 기독교적 가치를 심기 위한 중세 보편 교회의 노력이 무시되어서는 안 된다.

세계의 중심에 기독교적 가치를 심으려는 이러한 노력은 구텐베르크의 인쇄술로 인해 개별화되고 탈중심화되기 시작했다. 개혁 교회는 바로 이러한 배경에서 태동했다. 따라서 개혁 교회에는 건축물보다 문자에 의존하려는 경향이 매우 강하게 나타난다. 개혁 교회의 역사는 문자의 역사라 해도 과언이 아닐 것이다. 한국 교회도 이러한 개혁 교회의 전통 속에 성장했기 때문에 문자에 대한 강박증적 태도를 보이는 것이다.

그런데 한국 교회가 유달리 말이 많고 문자를 통해 복음을 전달하려는 강박증적 태도를 보이는 것은 또 다른 역사적 경험 때문이다. 경전을 읽으며 이에 주술적 관념을 주입한 불교의 독경 의례는 문자에 대한 집착을 불러일으킨다. 성경에 대한 한국 교회의 문자주의 태도 역시 이러한 이웃 종교의 영향으로부터 자유롭지 못하다. 또 냉전 이데올로기 아래 상호 간의 선전 선동은 실질적 가치의 실현보다 이념 투쟁으로 사람들을 내몰았다. 이는 말로써 상대를 제압하고 제거하려는 말의 시대를 열었다. 그러나 이 시대의 말들은 변증법적 논쟁을 통해 새로운 가치를 찾는 수단이 아니라, 나의 주장과 정치적 이해에 반하는 자들에게 온갖 혐의를 뒤집어씌워 잔혹하게 살해하려는 악마적 이분법의 화신이었다.

이러한 말들은 말의 고유한 능력을 파괴한다. 말이 그것을 필요로 하는 현장에서 소통의 도구로, 때로는 치유와 화해의 메신저로 기능해야 함에도 그러한 능력을 상실해 버리는 것이다. 그것은 말이 인간의 실존 영역에서 멀어졌기 때문이다. 사람이 필요로 하는 곳에 말이 쓰이기보다 사람을 지배하고 억압하는 특수 집단의 이데올로기로 전락할 때 말은 삶의 자리에서 이탈하여 세계를 부유한다. 이때의 말은 매우 유려하고 논리적으로 발전하지만 사람들의 삶에 영향을 미치지 못하고 겉돌게 된다.

한국 교회의 전도가 기독교적 가치나 정의를 시행하기보다 사람들 삶의 외곽에서 화려한 말의 성찬을 벌이며 냄새를 풍기는 것으로 천국을 이 땅에 실현시킬 수 있다고 보는 것은 망상이다. 기독교에 환멸을 느끼는 사람들의 많은 경우가 기독교인들의 열매 없는 말의 풍요 때문이다. 말 잘하는 것이 세계(사물)의 본질을 잘 이해하고 진리를 전파하는 것과는 전혀 차원이 다른 문제임에도 한국 교회는 전도자들에게 말쟁이 교육을 시키는 것으로 복음 전파의 사명을 다한다고 생각하는 것 같다. 전도지에 인쇄된 수많은 문자들이 사람들의 삶의 깊은 곳에 어떻게 가 닿을 수 있겠는가. 그것이 삶으로부터 멀리 떨어진 어떤 허황된 공상의 세계나 종교적 신념에서 파생된 말이라고 받아들여지는 순간 사람들은 그 세계로 진입하기를 꺼린다. 말이 오히려 진리 전달의 방해가 되는 것이다. 마태복음 6장 3절의 "오른손의 하는 것을 왼손이 모르게 하라"는 말씀은 도덕적 행위에 대한 지침이면서, 동시에 말 없음의 실천을 강조하는 것이다.

그런데 한국 교회는 말을 앞세우고 떠벌리기를 좋아하는 경향이 있다. 한국 교회 스스로가 내면의 깊은 경건성이 없는, 경망스럽고 가식적인 집단이라는 인상을 주는 것이다. 말이 많으면 경박스러워지고 신뢰성도 잃게 마련이다. 말 한마디로 사람을 변화시킬 수 있다는 생각은 오만한 발상이다. 깊이도 없고 진실성도 없는 말로 하느님의 정의를 실현시킬 수 있다고 생각하는 사람들이 복음의 진정성과 가치를 시장 바닥에 짓밟히게 만드는 것이다. '말(言語)'이라는 소프트웨어가 작동하기 위해서는 그 '말'이 속한 집단의 정신, 즉 하드웨어가 정상적으로 작동해야 한다. 한국 교회는 하드웨어가 멈춘 형식화된 종교 집단이 되고 말았다. 예수님 당시 유대교가 그랬다. 오늘날 한국 교회의 전도는 하드웨어가 멈춘 컴퓨터에 소프트웨어를 가동시키려는 짓과 같다.

영성, 싸구려 유행 상품

영성, 유행의 파생 상품

'영성'이라는 말이 유행이다. 기독교 서점에도 영성 관련 책들이 한 코너를 이룰 정도로 많다. 그런데 '영성'에 대해 회의적인 생각이 드는 것은 왜일까. 사랑이라는 말이 너무 남발되어 진부하고 상투적인 표현이 되는 것처럼 '영성'이라는 말에도 이와 같은 현상이 일어나고 있기 때문이다. 어느 패션이 유행하면 너도나도 그것을 따르는 사람들이 길거리에 넘쳐 나는 것처럼 우리 시대의 영성도 대중 사회의 진부함과 상투성이 지배하고 있다. 이러한 유행을 좇아 너도나도 영성이 어떻다느니, 영성이 무엇이라느니 등의 잡설을 배설하는 것도 한국 교회가 상품 논리에 지배당하고 있음을 방증한다. 영성이 기독교적 가치를 실현하기 위한 신앙의 한 형태가 아니라 소비되는 상품처럼 취급되고 있는 것이다. 교회가 자기 성찰을 전제하지 않고 신도들에게 영성만을 강조할 때 그것은 기업이 상품을 팔아먹기 위한 하나의 전략처럼 교회의 경영 전략으로 전락할 수 있다는 데 문제가 있다.

영성의 상품화 현상은 교회가 성경의 가르침을 내면화하지 못했기 때문에 나타나는 문제다. 성경을 유독 많이 읽고 설교가 넘쳐 나는 환경에서 살고 있는 한국 기독교인들의 실제 삶에서 영성이 실현되지 못하고 있는 것이다. 이는 달리 말해서 교회가 신도들의 삶 속에 기독교적 가치를 투영시키지 못했기 때문이다. 신도들은 복음의 정신과 성경적 진리를 내면화하지 못한 것이다. 때문에 교회 문턱을 넘어서는 순간 세속적 삶에 충실한 인간이 되고 만다.

한국 교회의 교인들이 신앙인의 경건성을 일상에서 나타내지 못하는 것은 복음에 대한 이해와 실천이 실재에 기초하기보다 구호와 선동에 기초하고 있기 때문이다. 해방 이후의 정치 이념 대립 과정에서 상호 비방과 자기주장의 정당성을 내세우는 정치 선동의 경험을 교회가 공유하면서 복음을 내면화할 수 있는 길을 차단했기 때문이다. 한국 교회의 강단 설교가 정치나 이념 선동의 장을 방불케 하는 것도 이러한 맥락에 있기 때문이다.

교회의 프로그램이나 어떤 유의 흐름도 시대를 대하는 진정 어린 고민이나 기독교적 가치를 구현하기 위한 몸부림에서가 아니라 상투적이며 통속적인 유행을 따르고 있다. 자본주의 사회의 상품 논리를 교회가 고스란히 끌어안은 모습이다. 어느 때부턴가 한국 교회에 CCM(Comtemporary Christian Music) 바람이 불기 시작했는데, 이 역시 이러한 유행으로부터 자유롭지 못하다.

CCM은 교회 음악의 다양성과 대중성(신도)을 위한 좋은 기재이다. 새로운 음악 양식을 통해 젊은 계층의 문화적 욕구를 신앙의 차원에서 해소시킬 수 있을 뿐만 아니라 예배 음악의 다양성을 제공한다는 측면에서도 매우 고무적인 것이다. 하지만 한국 교단의 CCM이 세속 문화의 스타 시스템을 그대로 모방하고 있는 것은 문제다. 연예인에 대한 청소년들의 집착과 우상화가 교회의 예배 의식에 전이되었기 때문이다. 스타 시스템은 그들이 생산해 내는 문화적 콘텐츠보다 그들 자신이 스타화되거나 우상화된다는 데 문제가 있다. 예배를 드리기 위해서가 아니라 CCM 가수를 보기 위해서 교회에 나가는 상황이 벌어진다. 예배의 본질이 CCM이라는 이벤트에 의해 왜곡되는 것이다. CCM 공연장에 가보면 하느님을 찬양하는 뜨거운 열정 못지않게 인간의 풍성한 감성이 배설되는 것을 느낄 수 있다. 감성의 과잉을 영성으로 착각하여 그것에 충실하는 것은 초기 기독교에서 경계했던 이교적 제의 현상이다.*

또 무대의 주인공을 향한 관중의 신뢰는 하느님을 향한 신뢰 못지않게 굳건하고 화려하다. 이러한 스타 시스템에 의해 확대 재생산되는 한국 교회의 영성이 자칫 상업주의에 물든 거짓 영성은 아닌지 의심해 보아야 한다.

---

* 이러한 경향은 극단적 감정의 표출을 통해 영혼의 자유를 지향했던 고대의 디오니소스 축제와 같은 열광주의를 부추긴다. 이러한 열광주의가 과연 기독교적 영성이나 예배 의식과 합치될 수 있는 것인지 깊이 고려해야 한다.

회개와 영성

회개에 대한 설교자들의 권면은 지루할 정도로 되풀이되며 상투적이다. 영성이 없는 설교자들이 영성의 한 방법으로 회개를 강조하니 회개 역시 상투적 의례로 전락한다. 진정한 회개란 다시는 그러한 잘못을 저지르지 않으려는 '행위'가 동반되어야 한다.

그리고 회개는 포괄적이고 추상적 관념이 아니라 구체적 사실로부터 출발해야 한다. 평양대부흥을 촉발시킨 길선주 목사의 회개가 그러했다. 그의 회개는 죄에 대한 포괄적 회개가 아니라 구체적인 사실에 바탕하여 자기 치부를 만인 앞에 드러낸 용기의 산물이었다. 길선주 장로의 회개는 "나는 언제 누구의 돈 얼마를 갈취했다"는 식의 육하원칙이 있었다.

"나는 아간과 같은 자입니다."

"나 때문에 하나님께서는 축복을 주실 수가 없습니다."

"약 1년 전에 친구가 임종시에 나를 자기 집으로 불러서 말하기를 '길 장로, 나는 이제 세상을 떠나니 내 집 살림을 돌보아 주시오'라고 부탁했습니다."

"나는 잘 돌보아 드릴 터이니 염려하지 말라고 말했습니다."

"그러나 그 재산을 관리하며 미화 100달러 상당을 훔쳤습니다."

"내가 하나님의 일을 방해한 것입니다."

"내일 아침에는 그 돈을 미망인에게 돌려 드리겠습니다."[*]

　그런데 이러한 회개 양식이 아닌, "나는 하나님 앞에 부끄러운 자"라거나 "남을 돕지 못한 죄"를 저질렀다거나 하는 등으로 포괄적 진술을 한다면 이는 자기변명과 합리화, 나아가 회개하는 자의 도덕적 우월감으로 포장될 수 있다.

　2005년 4월 8일 한국복음주의협의회(한복협)가 주최한 '회개 기도회'에서 조용기 목사의 다음과 같은 회개 기도는 이러한 위험성을 내포한다.

　　배고픈 사람 헐벗은 사람을 입술로만 사랑한다고 말하면서 이중적으로 잘 먹고 잘 입고 잘 살아 부끄럽습니다. 사회가 고통당하고 무너져 갈 때 사회의 부정과 악에 대해 무관심하고 침묵했던 비겁함을 뼈저리게 느낍니다.

　이어서 조용기 목사는 다음과 같은 회개를 한다.

　　테레사 수녀나 슈바이처 박사와 같이 자기를 희생하고 이웃을 위해 봉사하고 헌신한 저들에 비해 나는 이중적으로 살았습니다.[**]

---

[*] 1907년 1월 6일 평양 장대현교회의 새벽 기도회에서 있었던 길선주 목사의 회개 내용 중 일부.
[**] 민병일, 「이벤트성 회개, 악어의 눈물인가」, 『뉴스앤조이』 2005년 4월 9일.

그는 이 고백 중간에 눈물을 보이기도 했다. 그러나 이는 매우 높은 차원의 수사학적 회개일 뿐이다. 자신을 슈바이처 박사나 테레사 수녀와 비교함으로써 그들과 대조점을 찾는 것이 아니라 그들과 유사점을 찾으려는 것이다. 그들에 미치지는 못했지만 그들의 삶의 가치를 지향했다는 수사학적 표현일 뿐이다. 그러한 노력에도 불구하고 슈바이처나 테레사를 뛰어넘지는 못했다는 자기 겸손이 함의된 것이다. 겸손이란 누군가와 비교하여 그것의 우위를 논할 수 있는 것이 아니다. 겸손은 대중의 눈을 속이는 권력자의 이데올로기나 자기 과시의 수단일 수 없다. 겸손이나 회개가 진정성을 잃고 수사학적 로망(roman)으로 전락하는 것은 구체성이 결여될 때 나타난다.

조용기 목사의 회개가 문제되는 것은 구체성 없는 죄에 대한 포괄적 고백 때문이다. 이 기도의 범주에는 세상 어떤 사람도 다 포함될 수 있다. 생각하는 사람마다 "이중적 삶"은 다 있게 마련이기 때문이다. 캘커타에서 빈민들과 평생을 함께하며 희생했던 마더 테레사 수녀도 빈민들보다 더 잘 먹고 잘 입은 생활을 했다고 생각할 수 있다. 죄에 대한 관념은 각자가 생각하기에 따라서 얼마든지 바뀔 수 있다.

그리고 "사회가 고통당하고 무너져 갈 때 사회의 부정과 악에 대해 무관심하고 침묵했던 비겁함"에 속한 사람도 한둘이 아닐 것이다. 그러므로 이러한 회개 기도는 많은 공범을 만들 수 있다. 자신의 범죄를 보편적 범죄로 각색하는 것이다. 보편적 범죄 의식은 '나 말고 다른 사람도 다 저지르는 범죄를 저질렀다'는 명분을 만들 수 있다. 이때 회개자의 잘못은 보편성과 익명성의 보호를 받는다. 이러한 회개는 자신의 치부를 은폐하기 위한 이벤트로 오해될 수 있다. 조용기 목사가 진정으로 회개하려 했다면, 이런 회개를 했어야 하지 않았을까.

저는 하나님의 종이라는 명분으로 분에 넘치는 고액 사례금을 받고 있습니다. 그리고 교회 재정과 행정을 제 마음대로 주물렀고, 교회의 투명성을 요구하는 성도들을 신본주의를 내세워 출교시켰습니다.* 하나님의 이름을 팔아 나의 독재 행위를 정당화했습니다.

교회 재산을 내 명의로 멋대로 바꾸었으며 큰아들 조희준의 사업을 위해 교회 부동산을 담보로 수백억 원의 돈을 대출해 주었습니다. 100퍼센트 교회 재정을 투자해 만든 국민일보의 주식을 저와 제 큰아들 조희준의 소유로 바꾸었습니다. 이것은 하나님과 성도의 눈물 어린 헌금을 도둑질한 것입니다. 제 아내와 동생, 사돈 등을 교회 소유 기관의 요직에 앉혀 족벌 체제를 구축했습니다.**

또한 정년을 연장시키기 위해 두 번이나 교단의 헌법을 개정하여 교회와 교단을 농단했습니다. 이 대가로 저와 우리 가족은 성도의 눈물 어린 헌금으로 잘 먹고 잘 살고 있습니다. 가난한 형제의 자녀들이 목숨을 걸고 국방의 의무를 행할 때 저의 세 아들은 미국 시민권을 얻게 하여 타인

* 민병일, 「한국 개신교 부패 근원은 교회 정치」, 『뉴스앤조이』 2004년 12월 20일.
** 교회개혁실천연대 기자 회견문, 「교회개혁실천연대, "조용기 목사 회개하라"」, 『시사저널』 2004년 12월 16일.

의 생명을 담보로 하여 안락을 취하게 했습니다. 청와대의 조찬 기도회에 나가 시민을 억압하고 학살한 독재자를 하나님의 이름으로 축복했습니다. 이 모든 것을 하나님과 교회와 성도 앞에 회개합니다.

이제 저의 명의로 된 모든 부동산을 교회에 환원하겠으며, 교회의 재산으로 투자한 국민일보 주식 전부와 경영권도 교회에 환원하겠습니다. 그동안 교회 산하 기관에서 횡령한 것이 있다면 조목조목 따져서 다 환원하겠습니다. 그리고 지금 즉시 담임 목사직에서 사임하여 낮은 자리로 돌아가 세상에 버림받은 작고 미약한 한 생명을 돌보는 일로 여생을 다하겠습니다.

구체성이 없는 회개는 회개가 아니다. 잘못된 것을 바로잡으려는 행위가 수반되지 않는 것은 수사학적 기만일 뿐 회개라고 할 수 없다.

셰익스피어는 진정성 없는 위선적 반성을 '악어의 눈물'에 비유했다. 통회와 자복을 몇 마디 수사학적 논변으로 치장하며 눈물을 흘리는 것은 악어의 눈물에 불과하다. 조용기 목사의 눈물이 악어의 눈물이 되지 않으려면 자신의 부끄러운 곳을 자세하게 보여야 한다. 더군다나 한국 교회의 큰 어른 노릇을 하는 입장에 있는 사람들이 악어의 눈물로 보이는 회개 이벤트를 한다는 것은 개인의 문제가 아니라 한국 교회 전체의 문제다.

악어의 눈물은 이명박 장로에게서도 그대로 나타난다. 2008년 이명박 정권 출범 직후 한미 쇠고기 협정에 반대하는 대규모 촛불 집회가 서울시청 앞 광장을 가득 메웠다. 수세에 몰린 이명박 대통령은 두 번에 걸쳐 대국민 사과를 했다. 그는 2008년 6월 19일 특별기자회견에서 다음과 같이 말했다.

"지난 2008년 5월 10일, 광화문 일대가 촛불로 밝혀졌던 그 밤에 청와대 뒷산에 올라가 끝없이 이어진 촛불을 바라봤습니다."

"캄캄한 산 중턱에 홀로 앉아 시가지를 가득 메운 촛불의 행렬을 보면서 국민들을 편안하게 모시지 못한 제 자신을 자책했습니다."

"시위대의 함성과 함께 제가 오래 전부터 즐겨 부르던 〈아침이슬〉 노래 소리도 들었습니다. 늦은 밤까지 생각하고 또 생각했습니다. 수없이 제 자신을 돌이켜 봤습니다."

그러나 국민들은 대통령의 대국민 사과가 실은 대국민 사기극에 불과하다는 것을 아는 데 오래 걸리지 않았다. 그는 한미 쇠고기 협상에서 국민의 요구를 수용하지 않았다. 오히려 그 반대 방향으로 갔다. 또한 어청수 경찰청장을 중심으로 검찰까지 합세하여 촛불 집회 참가자들을 무더기로 구속하는가 하면, 심지어 유모차를 끌고 나와 먹을거리에 대한 우려를 표시한 시민들까지 '아동학대방지법'이라는 엉뚱한 법을 들이대어 처벌했다.

이명박 대통령의 이러한 위선은 그의 개인적 기질이나 정치적 성향 때문이 아니라 한국 교회의 신앙 패턴과 밀접하게 관련된 것이다. 쉽게 반성하고 또다시 쉽게 범죄하는 싸구려 감상주의식 회개가 한국 교회와 신도들에게 만성화됐다는 것을 방증한다. 회개할 때는 눈물콧물 다 빼다가도 그 순간을 벗어나면 또다시 세속적 명리와 가치를 좇게 만드는 이벤트성 예배(집회)에 익숙한 사람이 장로가 될 때까지 경험한 영성이란 바로 그런 것이었다.

한국 교회를 대표할 만한 대형 교회의 장로가 보여 준 영성이라는 게 낙하산 인사와 보복 인사, 인맥 인사 등 상식을 전복시키는 것이었다. 기독교 정신과 정면으로 배치되는 시장주의를 펴며, 2퍼센트 상위 계층을 위한 세금 정책으로 가난한 사람들을 돌볼 여력을 포기하는 것, 이것이 이명박 장로가 보여 준 한국 기독교인의 정신(mentality)이었다. 기독교적 영성은 세속적 가치를 초월하는 것이라고 아무리 떠들어도 한국 교회의 일원인 이명박 장로가 보여 준 것은 기독교적 영성도 아니고, 기독교적 가치도 아니다. 그 반대편에 있을 뿐이다. "수없이 제 자신을 돌이켜 봤다"는 말의 그 '수없음'은 한국 교회의 싸구려 감상주의적 회개의 반복성에 대한 우의적 표현이었던 셈이다.

성경 다독 권하는 교회, 그리고 영성

한국 교회는 유독 성경 읽기를 강조한다. 그리고 신도들도 그러한 강요를 주저 없이 받아들인다. 교회마다 성경 통독 대회를 열고 시상하는 등의 프로그램을 자주 하는 것을 볼 수 있다. 통독 대회가 아니더라도 성경 공부 프로그램은 기독교 교육의 중요한 위치를 차지한다. '사경회(査經會)'라는 말은 한국 교회가 성경에 대해 어떤 관념을 가지고 있는가를 보여 주는 한 예이다. 우리나라에 기독교가 처음 전파될 때 서양 선교사들은 한국 교인들을 '바이블 크리스천(Bible Christian)'이라고 불렀다. 성경에 대한 한국 교인들의 열정은 서구 어느 기독교 국가에서도 보지 못한 것이었다. 매우 적극적이며 도전적으로 성경을 읽었던 것이다.

이는 조선의 기독교 선교 초기에 성경 반포 사업을 주도했던 '권서인(勸書人)'의 삶에도 나타난다. 이들은 발품을 팔아 팔도를 유랑하며 성경을 반포하면서도 틈틈이 길가에 앉아 성경을 읽을 정도였다. 한국 교회사에서 이들에 대한 자료가 많이 남아 있지 않아 아쉬움이 있지만 그나마 몇 남아 있는 사진 속에 권서인들이 지게를 받쳐 놓고 길가에 앉아 성경을 읽는 것을 볼 수 있다. 발이 부르트고 허기에 시달리며 피로에 지친 모습이지만 성경을 대하는 그들의 태도는 매우 경건해 보인다. 그 모습에서 삶의 무게로부터 자유로운, 거룩한 영적 평안 같은 것이 느껴진다. 이를 영성이라고 불러도 무방할 것이다. 그러나 오늘날 한국 교회가 보여 주는 성경에 대한 태도는 좀 다르다.

한국 교회가 성경에 대해 열정과 집착을 보이는 이유는 유교적 전통에 있다. 조선의 유학자들은 자신들의 경전인 사서오경(四書五經)을 숭상하며 탐독 학습했다. 유교를 숭상하던 조선 왕조는 관리의 자질과 능력을 평가할 때 이 사서오경을 기본으로 하여 과거를 시행했다. 조선의 사대부는 누구를 막론하고 입신양명을 위해서는 사서오경에 통달해야 했다. 그들은 "자왈(子曰)"로 시작하는 경서들을 운율을 살려 입에 달고 살 정도로 경전을 통독했던 것이다. 우리가 '성경(聖經)'이라 부르는 '바이블(Bible)'의 이름도 원래는 이들이 읽었던 유학의 경전을 일컫는 말이었다.

그리고 조선은 문(文)을 숭상하고 무(武)를 격하하는 문관(文官) 우월주의를 택했다. 때문에 무관은 문관의 헤게모니에 불만을 품으면서도 문관에 대한 열등의식을 가질 수밖에 없었다. 조선의 이러한 풍토는 문자를 읽고 쓰는 것에 대한 우월 의식과 함께 그 범주에 들지 못한 사람들에게 열등의식을 조장했다. 권력 계층에 들지 못하는 평민 계층에서는 읽고 쓰는 것에 대한 선망 의식이 싹틀 수밖에 없었다.

이러한 조선의 유교적 풍토가 성경(Bible)을 열성적으로 읽게 만든 요인이다. 그런데 성경에 대한 열성에도 불구하고 한국 교회가 성경을 이해하는 방식은 매우 기형적이다. 성경의 교훈과 정신을 해석하고 이해하려는 노력보다 문자의 기호에 천착한다. 문자주의가 한국 교회를 지배하게 된 것이다. 하느님의 말씀은 일점일획도 거짓이 없는 것이며, 바꿀 수 없다는 것이다.

그런데 이러한 문자주의는 매우 난감한 문제를 유발한다. 성경은 명쾌한 논리로 구성되지 않았다. 논리적으로 보면 모순투성이다. 하지만 이 문제에 대해 교회는 답변을 회피한다. 오로지 믿음만을 강조한다. 지성인이나 합리적 사고에 길들여진 현대인들에게 이러한 요구는 받아들이기 어려운 난제다. 한국의 개신교인 수가 점차 줄어드는 것은 지성을 무시하고 일방적인 믿음만을 강요한 문자주의와 무관치 않다.

문자주의를 믿음으로 각색하고, 영성으로 치장하는 것은 매우 위험한 일이다. 성경의 문자에 대한 믿음을 가지려면 적어도 히브리어나 헬라어 성경을 중심으로 해야 할 것이다(그렇다 하더라도 성경의 원본은 없다. 모든 성경은 다양한 이본이 있을 뿐이다). 성경은 여러 단계를 거쳐 재구성되고 번역된 텍스트다. 그런데 토씨 하나 의심하지 말고 받아들여야 한다는 것이야말로 성경을 샤면의 주술로 전락시키는 짓이다. 문자에 어떤 영험한 능력이 있어 그것을 많이 읽는 것만으로도 하느님의 능력을 경험할 수 있다는 생각은 성경과 기독교를 저급한 샤머니즘과 마술성에 빠뜨리는 것이다. 물론 성경을 읽으며 체험하는 깊은 영성을 부정하는 것은 아니다. 그러나 자기 내면의 깊은 신앙 고백과 무관하게 강요된 성경 읽기라면 이는 다른 문제다.

어떤 개척 교회 목사는 자신의 성경 다독을 입이 닳도록 자랑했다. 그는 설교 때마다 성경을 많이 읽은 것을 마치 천국의 보증 수표나 되는 것처럼 선전했다. 그리고 그것을 다른 사람들과 변별되는 자신만의 능력 있는 신앙 행위로 단정했다. 그러나 그의 설교는 매우 거칠고 위험했다. 성경을 많이 알고 있는 것은 곧 능력이고, 그 능력은 다른 사람을 정죄하거나 지배할 수 있다는 무의식이 그의 내면 깊숙이 꿈틀거리고 있었다. 그는 그것을 자신만이 가지고 있는 영성으로 잘못 이해하고 있었다. 따라서 모든 신앙의 기준을 자신에게 두고 신도들을 거기에 굴복시키려는 몽니를 부렸다. 그는 자신의 생각에 동조하지 않거나 조금이라도 다른 생각을 하는 신도들을 서슴지 않고 출교시켰다. 순진한 신도들은 그의 그러한 행위를 하느님으로부터 받은 영적 카리스마라고 생각하고 복종하다가 결국에는 씻을 수 없는 상처를 안고 교회를 떠나곤 했다.

이런 식의 논리를 비유적으로 말하면 재미있는 궤변도 만들 수 있다. 밥 많이 먹는 사람이 키도 크고 힘도 세며, 오래 살 것이라는 논리 말이다. 밥을 먹는 행위도 중요하지만 그것을 소화시켜 에너지로 전환시키는 신체적 대사 기능도 중요하다. 신체의 이러한 기능이 마비되었다면 밥을 많이 먹는 것이 오히려 해가 될 수 있다. 성경을 읽는 행위가 중요한 것이 아니라 성경의 메시지를 이해하고 가르침에 충실히 따르는 것이 중요하다. 성경의 교훈과 가치를 이해하고 실천하는 것이 궁극적 목적이 되어야 한다. 성경을 읽는 것이 목적이 되어서는 안 된다. 읽는 것은 수단이며 과정일 뿐이다. 그러나 한국 교회는 성경을 읽는 것이 목적이 되어 버렸다.

문자주의는 교회를 지배하고 통치하는 권위자의 입장에서는 더할 나위 없이 매력적이다. 그것은 논리도 필요 없고 회의(懷疑)도 필요 없다. 어떠한 경우에도 회의할 수 없도록 이성을 효율적으로 통제할 수 있기 때문이다. 모든 것을 초월적 계시로 선포하면 된다. 그렇다고 성경의 초월성이나 계시를 무시할 수는 없다. 하지만 그것을 어떤 권위자의 이데올로기로 삼을 때 복음과 교회의 진정성이 훼손될 수 있다. 진정성이 없는 초월성과 계시에 능력을 기대할 수 없다.

순종, 복종, 굴종, 그리고 영성

문자주의는 성경의 전후 맥락을 무시하고 하나의 단어나 문장에 확대경을 들이댄다. 성경에 대한 근시안적이고 편협한 사고를 유발한다. 예컨대 설교자들이 많이 쓰는 말 중에 '순종'이라는 말이 있다. 이 말의 근거는 사무엘상 15장 22절이다. "순종이 제사보다 낫다"는 사무엘의 말에서 '순종'이라는 한 단어만을 취하여 침소봉대하는 것이다.

본문의 사울은 아말렉과의 전쟁에서 승리를 거두었다. 그러나 사울은 아말렉의 모든 것을 진멸시키라는 여호와의 명령을 어기고 재물을 탈취한다. 그는 자신이 탈취한 양과 소를 하느님께 제사 드리기 위한 제물이라고 거짓말을 한다. 이때 사무엘이 사울에게 한 말이 '순종'이다. 이것은 하느님의 명령을 실행하는 것이 제사(예배)하는 것보다 우선하는 가치라는 의미다.

그런데 한국 교회에서는 이러한 말을 무시간적으로 절대화시키는 오류를 범하고 있다. 교회의 구조와 재정 운용, 목회자의 권위에 대해서도 무조건적인 순종을 강요한다. 이는 문자주의가 어떻게 교권주의의 이데올로기로 악용되는가를 보여 주는 예다.

또한 교회에서 '은혜'라는 말을 많이 쓴다. 그러나 대부분의 경우 이 은혜라는 말이 왜곡되어 어떠한 문제를 덮거나 누군가의 치부를 은폐할 때도 사용된다. '은혜'에 '롭다(롭게)' 등의 접미사를 붙여 '은혜롭게', '은혜롭지 못하게' 등으로 사용된다. 교회의 구조와 재정 등의 문제에 이의를 제기하는 신도가 있을 때 "은혜롭게 합시다"라거나 "은혜 안에서"라고 권고하여 이의를 묵살하거나, 이의를 제기하는 행위를 "선하지 못하다"는 의미로 치환시켜 제압해 버리곤 한다. 이 역시 목회자에 대한 권위를 방어할 때도 동일한 용법으로 사용된다.

신학생이 공부하지 않고 교수로부터 후한 점수를 받았을 때 '은혜의 점수'라는 말을 쓴다. 교수가 학생에게 은혜를 베풀었다는 의미도 되지만 불성실하게 공부한 학생에 대해 너그럽게 봐주는 인간관계도 '은혜'로 포장되는 것이다. 이와 같은 예를 통해 볼 때 '은혜'라는 말은 인간적 친밀성으로 인해 부조리를 눈감아 줄 때 사용하는 동정(同情), 혹은 부조리에 대한 동조(同調)의 우의적 표현이다.

순종은 어느 집단의 체제나 계율에 따르는 것이 아니라 하느님 앞에 인간이 자기 존재를 내려놓는 행위를 말한다. 하느님이 만들고 통치하는 세계 내 존재로서 그 질서에 따르는 것이 성경에 내포된 순종의 의미다. 그러나 한국 교회에서 이러한 순종의 성경적 의미는 '복종'으로 바뀌고 궁극에는 '굴종'을 요구하는 목회자 이데올로기로 전락한다. 성경의 문자 기호를 특정 집단이나 세력의 이데올로기 수단으로 전락시킨 것이다. 순종은 한계 선상에 있는 인간이 하느님의 권위와 그의 질서에 자신을 편입시키려는 숙명적이면서 자발적인 행위이다. 복종은 외부의 권위나 권력에 지배 받는 것을 당연한 것으로 여기고 그에 따르는 것을 말한다. 이는 자발적이라는 점에서 인간적 굴욕이나 모멸감보다는 생존의 욕구 때문에 권위자와 자신을 일치시키려는 경향이다. 따라서 인격적 손상이나 인권 침해 등과 같은 문제는 없다. 그러나 굴종은 자신의 의지에 반하여 인격적 상처를 입으면서도 그 권력(권위)에 따르도록 강제된다. 강제되는 질서나 권위에 따르지 않을 때는 위협이 가해지기 때문에 어쩔 수 없이 따라야만 한다. 이러한 경우에는 심한 인격적 상처를 감수해야 하는 부담을 안게 된다. 굴종은 인격적 타살이다.

언어를 지배하는 자가 세계를 지배한다는 것은 역사적 진실이다. 한국 교회는 성경의 문자 기호를 절대화함으로써 이러한 혐의를 자처하고 있다. 한국 교회의 문자주의적 성경관은 복음에 대한 열정으로 불타는 근본주의도 아니고 영성으로 가득한 신비주의도 아니다.

어느 기도원에서 있었던 일이다. 성경을 매우 많이 읽었다고 자처하는 목사가 성경의 단어 하나하나에 매달려 그것의 의미를 해석하는 강해 설교를 하고 있었다. 그는 자신의 강해에 '영적 해석'이라는 말을 서슴없이 갖다 붙였다. 그러나 그것은 약 2000년 전에 오리게네스(Origenes)에 의해 시도된 알레고리 해석 방법에 지나지 않았다. 그는 단어 하나하나에 자신이 생각하는 의미를 부여하여 그것을 영적으로 각성한 능력자만이 이해할 수 있는 것처럼 호도했다. 그는 성경 해석을 자유롭게 할 만큼 신학적 교육을 받았거나 열린 의식을 가진 사람도 못됐다. 그 역시 문자주의자였다. 말씀은 일점일획도 거짓 없이 그대로 받아들여야 한다면서도 자신의 설교는 '영적 해석'이라는 말을 갖다 붙여 권위를 내세웠던 것이다. 그는 자기 자신도 이해하지 못하는 이율배반에 빠져 있었다.

성경 언어는 특수한 역사적 배경과 문학적 수사를 함의한다. 이러한 성경 언어를 알레고리 해석할 때 거기에는 해석자의 주관이 개입될 수밖에 없고, 이것은 자신의 이데올로기로 변질될 우려가 있다. 신학 교육을 제대로 받지 못한 그는 그러한 자신의 성경 지식을 절대화하고, 신학이라는 학문과 학교 교육에 대한 혐오감을 신도들 앞에 날것으로 드러내기를 주저하지 않았다. 그가 이단으로 정죄되지 않은 것은 다만 기성 교단이 그의 존재를 알 만큼 그가 외부로 노출되지 않았기 때문이다.

한국 교회가 '영적'이라는 수식어를 자기 편리한 대로 갖다 붙여 기만적 신비주의를 내세우는 것도 아무 데나 '사탄', '빨갱이'라고 갖다 붙이는 것과 같은 맥락에 있다.

영성, 무지(無知)의 강요

'영성'과 '능력'을 주장하는 목사들이나 설교자들의 공통점은 '오직 믿음'과 '오직 순종'을 강조한다는 것이다. 이것은 인간의 사유를 배제하고 하느님의 뜻과 생각에 철저히 복종해야 한다는 뜻이다. 맞는 말이다. 그러나 인간의 이성과 영성을 철천지원수처럼 이분법적으로 대립시키는 데는 함정이 있다. 이성 자체를 죄악시하고 신도들에게 '무지(無知)'를 강요하는 것은 또 다른 모순을 낳을 수 있기 때문이다. 영성은 이성을 초월하기도 하지만 이성이라는 프리즘을 통해 나타나기도 한다.

이성(理性)을 중심으로 한 계몽주의와 근대성은 하느님의 존재와 역사를 부정하며 기독교 세계에 심각한 상처를 입혔다. 다윈과 뉴턴을 필두로 하는 근대 생물학과 물리학 등은 이성의 진보와 이로 인한 결과물들이기 때문에 기독교 세계관과 대척점에 있다. 기독교에서 영성을 강조하는 것은 바로 이러한 근대성의 폭력으로부터 기독교적 세계관을 방어하려는 변신론(辯神論)의 한 방법이다. 하느님을 부정하고 인간의 절대 권위와 자유를 주장하는 이성주의에 대한 저항이다. 이는 새로운 시대의 반기독교 사상에 대처하기 위한 기독교의 전략이었다. 그런데 이러한 전략이 한국 교회에 와서는 기독교를 보호하는 것이 아니라 기독교적 가치와 정신을 훼손하는 무지의 영성을 낳고 있다.

지방의 한 대형 교회에서 자체 제작한 성경 공부 교재를 보고 깜짝 놀란 적이 있다. 담임 목사가 편저자로 된 이 교재에는 이런 내용이 있었다.

제1과 아멘! 그 영원하신 천국 방언

본문: 고후 1:19~20

우리 곧 나와 실루아노와 디모데로 말미암아 너희 가운데 전파된 하나님의 아들 예수 그리스도는 예 하고 아니라 함이 되지 아니하였으니 저에게는 예만 되었느니라. 하나님의 약속은 얼마든지 그리스도 안에서 예가 되니 그런즉 그로 말미암아 우리가 아멘 하여 하나님께 영광을 돌리게 되느니라.

(…… 중략 ……)

2) 「아멘」, 「예」만의 삶을 사신 예수님

① 예수 그리스도의 삶에는 오직 무엇만이 있었는지 고후 1:19~20을 근거로 적어 보세요.

② 우리가 "아멘", "예" 할 때에 하나님께 영광을 돌려 드리게 됩니다. 하나님은 우리가 "예"와 "아멘" 하는 것을 아주 기뻐하십니다. 하나님께서는 이것을 기뻐하신다면 「예」와 「아멘」에 대한 우리의 자세는 어떠해야 할지 적어 보세요.

③ 아멘의 삶은 순종과 복종의 삶입니다. 예수님은 어느 정도까지 「예」와 「아멘」만 있으셨는지 빌 2:5~8을 읽고 물음에 답해 보세요.

④ 우리가 품어야 할 마음은 누구의 마음인지 적어 보세요.

(…… 하략 ……)

'무지(無知)'라는 말에는 이성적 사고와 판단의 근거가 되는 정보 부재가 함의되어 있다. 그런 측면에서 위의 성경 공부 교재는 진리를 인식하고 분별하기 위한 외부로부터의 정보보다는 현실의 문제에 대해 무조건 '예' 해야 한다는 의미에서 '무지에의 강요'다. 이런 식으로 성경 공부를 마친 신도라면 교회의 모든 일과 목사에게 '예'와 '아멘'만 할 수밖에 없다. 누구를 위하고 무엇을 위한 것인가. 모든 신도들을 예스맨으로 만들자는 것이다.

이것은 성경 공부를 빙자한 정훈(政訓) 교육*이다. 군대에서 받는 정훈 교육이 어떠했는지 조금만 의식 있는 남성이라면 알 것이다. 합리성과 자기의식을 철저히 살해당하고 군에서 강요하는 것을 일방적으로 주입 받는 것이 정훈 교육이다. 심지어는 내용이 무엇인지도 제대로 파악

---

* 군인의 교양과 이념 교육. 군사 선전을 위한 정신 교육으로 독재 군부 시절 주로 반공 사상과 이념 주입을 목적으로 시행되었다.

하지 못한 정훈 장교가 그것을 무조건 비판하라고 사병들에게 요구하여 알지도 못하는 것을 서로 비판하는 촌극을 벌이기도 한다.*

위와 같은 성경 공부가 군대의 정훈 교육처럼 변질된 이유는 어디에 있는가. 그것은 성경에 대한 담임 목사의 무지와 잘못된 경건 의식 때문이다. 신도들을 자기 사유의 카테고리 안에 집어넣으려는 생각으로 영적 경험의 다양성과 성경의 다층적 메시지의 경험을 거세시키기 때문이다. 자율성과 주체성이 없는 사유는 노예에게나 강요되는 것이다. 이와 같은 성경 공부는 신도들을 '행복한 노예'로 만들 뿐이다.

위 성경 공부 본문의 핵심 구절은 "하나님의 약속"과 "그리스도 안", 그리고 "예"이다. 이는 바울이 고린도 교회에 보낸 편지로 그리스도가 하느님의 약속을 성취했다는 것에 대한 신학적 진술이다. 그리고 이를 더 넓은 맥락에서 보면 바울이 고린도에서 마케도니아로, 다시 고린도로 갈 계획을 변경한 것에 대한 바울의 자기 변론이다. 이러한 전후 맥락을 무시하고 오직 모든 신도는 아멘으로 모든 일에 자신을 복종시켜야 한다는 의미로 해석해 버린 것이다. 곧 '예'와 '아멘'이라는 단어에 집착하여 맥락을 살해해 버린 것이다. 이를 달리 말하면 신도들은 교회와 목회자에 대해서, 그리고 자기 삶의 문제에 대해서 회의하지 말고 무

---

* 내가 군에 있을 때 "유로코뮤니즘을 비판하라"는 상부의 지시를 받은 정훈 장교는 자신도 유로코뮤니즘이 무엇인지 모르면서 사병들에게 비판을 강요한 일이 있었다. 유로코뮤니즘에 대해 알지 못하여 침묵할 수밖에 없는 사병들을 협박해서 얻어 낸 비판 내용은 결국 '장님 그림 그리기' 같은 코미디였다. 한국 교회의 성경 공부도 성경에 대한 전체 맥락을 무시하고 절개된 구절이나 단어 하나에 초점을 맞춤으로써 이와 같은 촌극을 연출하고 있다.

조건 '아멘' 하라는 요구이다.

이 같은 한국 교회의 요구는 조엘 오스틴의 『긍정의 힘』을 베스트셀러 반열에 올려놓았다. 이 책은 경건한 복음주의자의 성경적 교훈을 말하고 있는 것처럼 보이지만, 실은 심리학적 마인드 컨트롤 기법을 신앙에 적용시키라고 요구한다. "믿는 대로 된다"는 메인 테마는 심리학적 방법에 가까운 것이지 예수님이 가르쳐 준 교훈은 아니다.

예수님은 긍정적으로 사고하는 심리학적 방법으로 자신과 제자들, 그리고 자신을 따르는 수많은 무리에게 천국을 이야기하지 않았다. 배고픔이 있는 곳에 식사를 제공했고, 고통 받는 몸을 어루만졌으며, 사람을 괴롭히는 것들을 쫓아냈다. 예수는 "긍정적으로 살아라, 그러면 네 문제가 해결될 것이다"라고 말하지 않았다. 예수가 보여 준 영성은 고통 받는 자의 자리와 배고픈 자의 시간에 함께 있어 주는 것이었다. 그것이 초월적 천국이면서 현재적 천국이었던 것이다. 영성은 그 천국에서 발광되는 아우라 같은 것이지 교회 프로그램을 통해 제조되고 유포되는 상품이 아니다.

'거룩한 분노'의 영성

예수님이 예루살렘 성전을 방문하여 보여 준 행위는 매우 과격한 것이었다. "하나님의 어린 양"으로 묘사하며 온화하고 온유한 모습만을 강조하는 한국 교회의 예수상과는 전혀 다른 모습이다. 채찍으로 갈기며 상을 뒤집는가 하면, 입에서 악한 욕설을 거침없이 내뱉었다. "이 독사의 자식들아"라는 말을 우리 식으로 표현하면 "이 개자식들아" 정도가 될 것이다.

그러면 예수님의 행위는 과격하기 때문에 영적이지 못한가. 예수님답지 못한 폭력 행위인가? 그렇지 않다. '영적'이라거나 '영성'이라는 말은 겉으로 드러나는 행위의 양상에 있는 것이 아니라 그 내면의 진실성에 있다. 그 행위의 궁극적 지향점이 어디에 있느냐에 따라 다른 것이다.

앞서 본 어느 대형 교회의 성경 공부 교재대로라면 예수님은 그 상황을 오직 아멘으로 받아들였어야 한다. 영성이란, 영적 신앙이란 오직 하느님의 거룩성에 있는 것이지 인간의 심리나 행동 양식에 있는 것이 아니다. 예수님은 하느님의 거룩성에 비추어 부조리한 것에 대해 분노를 참지 않았던 것이다. 하느님의 의도로부터 벗어난 것은 부조리하다. 그 부조리한 것에 분노하며 위선의 가면을 벗기고 참된 하느님의 정의를 실현시키기 위해 행동하는 과격성을 '거룩한 분노'라 한다면 이 역시 영성의 한 종류라고 말할 수 있다.

그러나 한국 교회는 거룩한 분노를 죄악으로 여긴다. 오히려 그러한 분노가 발아할 가능성을 제거해 버린다. 모든 신앙과 영성을 개인의 영역에서 하느님과 일대일 관계로 전락시킨다. 이에 따르면 영성이란 개인적인 신앙 양식일 뿐이다. 때문에 구조적인 문제에 대해서는 보지 못하거나, 본다 하더라도 그것을 발설하지 말아야 하는 것으로 주입 받는다. 초월적이고 내재적인, 우주적 직관으로서의 영성을 기복적이고 이기적인 개인주의로 변질시키는 것이다. 거기에는 윤리도 없고, 타자에 대한 배려나 공동체 의식도 없다. 설사 그것이 있다면 자신의 구원을 위한 방편으로써의 이기적 편협성이 있을 뿐이다.

거룩한 분노는 과격성만을 의미하지 않는다. 부조리한 것을 거부할 수 있는 용기도 또 다른 차원의 영성이다. 선교사가 복음을 위해 자신의 생명을 바치는 것만이 순교는 아니다. 교회의 부조리에 대해, 잘못된 구조나 요구에 대해 거룩한 하느님의 백성으로서 '아니오'라고 말하는 것, 그것도 순교의 하나다. 정직하고 올바른 태도로 교회와 목회자의 부조리에 '아니오'라고 말함으로써 거짓된 자아를 죽이는 것, 그것도 하나의 순교다. 하느님은 모든 신도에게 정직하고 올바르기를 요구하기 때문이다. 자신이 받게 될 상처가 무서워서 진실하지 못한 것에 '아멘'으로 화답하는 것이야말로 신앙과 영성을 가장한 위선과 사기다.

교회의 재정을 함부로 주무르는 목사, 여신도와 불륜에 빠진 목사, 하느님의 교회를 자신의 재산처럼 생각하여 세습하려는 목사들에 대해 하느님의 정의로 과감히 '아니오'라고 말하는 '거룩한 부정'과 '거룩한 분노'도 영적인 행위다. 강단에서 하느님의 이름으로 하느님의 백성을 저주하고, 자신의 정치적 편향에 따라 신도와 교회를 함부로 재단하는 목회자의 설교에 아멘으로 화답하는 것이 성경에서 말하는 아멘은 아니다. "아멘을 잘하면 감기도 안 걸린다"는 부흥사들의 상투적인 조크는 한국 교회의 영성이 얼마나 저급하고 속된 마술성에 물들어 있는가를 보여 주는 예이다.

'온유'와 '겸손'은 인간의 행위나 겉모습으로 나타나는 것이 아니라 그 내면에서 하느님을 향한 자기 부정과 낮아짐의 자세를 말하는 것이다. "여호와는 중심을 보느니라"(사무엘상 16:7)는 말씀은 바로 이를 두고 한 것이다. 이 자세가 모든 종류의 영성의 시작이고 끝이다.

헌금, 윤리를 망각한 영혼의 환각

헌금과 성전 이데올로기

한국 교회가 헌금에 대해 매우 민감하게 반응하는 것은 성경적 가르침에서라기보다 사회 문화적 환경 때문이다. 기독교의 핵심 사상은 예수에게 있다. 그런데 한국 교회가 유독 구약에 포커스를 맞추는 것은 성전을 중심으로 하는 제사장 이데올로기의 편리성 때문이다. 성전 중심의 신앙은 반드시 헌금이 강조되게 마련이다. 성전의 유지와 보수를 위해 물질이 반드시 요구되기 때문이다.

또 성전 중심 신앙은 제사장에게 권력을 집중시킬 수밖에 없는 구조를 낳는다. 이러한 구조는 신도들의 자발적 행위보다 구조에 의해 신앙이 강제되는 경향이 있다. 하느님의 정의가 종교적 제도에 의해 강제되고, 그것이 하느님과 신도의 소통을 방해한다면 이는 신앙의 본질에서 떠난 것이다. 헌금이라는 프리즘을 통해 구원의 메시지가 설교되는 경우도 종종 있다. 이는 특히 신비주의 경향이 강한 집단에서 많이 나타난다.

헌금이 필요하다면 그것은 신앙 고백의 한 형태로써 하느님께 드리는 인간의 중심이 전제될 때이다. 그러나 한국 교회의 헌금은 이러한 고백보다 율법적으로 강제되는 특성이 있다. 인간의 나약한 심리가 율법적 강제에 포획될 때 헌금이 본래의 목적을 상실하고 두려움과 공포심에 의한 반사적 행위가 될 수 있다.

우리 옛말에 '동티 난다'는 말이 있다. '동티'는 지신(地神)을 의미하는 '동토(動土)'가 변형된 말이다. 흙을 잘못 다루어서 지신(地神)을 노하게 하여 재앙을 받는 것을 '동티 난다'고 한다. 이 말은 '공연히 건드려서 스스로 걱정이나 해를 입는 것'의 비유로도 쓰인다. 한국 교회의 헌금에는 이러한 두려움이 내재되어 있다. 하느님께 헌금을 잘 드리지 못하면 재앙이 닥칠 것이라는 암시가 작동하는 것이다. 이는 절대 지존자인 하느님에 대하여 인간이 갖는 피조물로서의 조응(照應)이나 실존적 두려움, 그로 인한 경외의 신앙이 아니다. 하느님을 발복 수단으로 삼으려는 인간의 얄팍한 꼼수가 만들어 낸 저급한 신앙일 뿐이다. 제물(헌금)을 발복(發福)의 수단으로 삼으려는 하등 종교의 신(神) 관념이 한국 교회에 침투한 것이다. 이에 따라 지존자 하느님은 인간에게 제물을 요구하고 그에 따라 복이나 저주를 선택하여 내리는 저급한 잡신(雜神)으로 추락하고 말았다. 한국 교회는 헌금을 먹고사는 저급한 잡신의 소굴, 아니면 몰렉*의 신전이 되어 버린 것이다.

복음서의 예수님 말씀 어디에도 헌금에 대한 강조는 없다. 마가복음과 누가복음에 한 곳씩 연보 궤에 헌금 넣는 과부의 행위를 칭찬한 것 이외에는 헌금에 대해 말한 바가 없다. 이 유일한 헌금 칭찬 사건도 물질에 내재된 신앙인의 중심을 향한 것이지 헌금 드리는 행위 자체를 논한 것은 아니다.

헌금과 성전을 권력의 확대와 재생산 도구로 삼았던 자들에 의해 예수님은 죽임을 당했다. 위대한 산상 설교는 온갖 종교적 의례와 허식으로 가득 찬 예루살렘 성전에서가 아니라 종교적 의례와 관습으로부터 멀리 떨어진 '광야'에서 행해졌다. 광야(빈들)는 '(성전에서) 멀리 떨어진 곳(remote place)'이다. 그곳은 성전의 유지와 보수를 위해 과도한 물질을 요구하지 않아도 되는 자연 성전**이었다. 인간을 억압하는 제의와 그것을 수행하는 제사장 권력의 통치로부터 자유로운 천국의 모델이었다. 그곳에서 오병이어의 기적이 일어났다. 과부의 적은 헌금 같은 나눔과 사랑의 실천물이 천국의 능력을 불러일으킨 것이다.

어떤 사람들이 성전을 가리켜 그 미석과 헌물로 꾸민 것을 말하매 예수

---

* 몰렉(Molech)은 암몬 족이 섬기던 우상으로 암몬인들은 몰렉에게 어린아이를 불태워 바치는 인신 제사를 행했다(예레미야 32:35). 인신 제물을 받고 인간의 소원을 들어주는 저급한 종교적 관념과 기독교적 하느님 관념은 엄연히 다르다. 기독교 신앙은 자기희생을 통한 용서와 화해에 있다. 이것이 기독교적 구원의 가능성이고 완성이다.
** JMS의 정명석은 자신의 생가 주변을 자연 정원으로 꾸몄다. 그리고 거대한 조경석에 '자연 성전'이라고 새겨 놓았다. 어떤 의도로 그러한 문구를 새겼는지는 모르지만, 내가 말하는 '자연 성전'은 편집광적 조경을 통해 자신을 과시하려는 정명석의 의도와는 무관하다.

께서 가라사대 너희 보는 이것들이 날이 이르면 돌 하나도 돌 위에 남지 않고 다 무너뜨리 우리라.(누가복음 21:5~6)

　당시 예루살렘 성전은 백성의 헌물로 웅대하고 아름답게 꾸며진 것이었다. 사람들은 이것을 매우 자랑삼아 얘기했던 것 같다. 유대인들에게 예루살렘 성전은 민족적 자긍심이며 정신과 영혼의 안식처였다. 유대인의 개인적 삶과 민족적 정체성은 예루살렘 성전과 떼어 놓을 수는 없는 것이었다. 그러나 예수님은 예루살렘 성전이 무참하게 파괴될 것이라고 예언했다. 율법적으로 강제된 헌금으로 지어진 성전이야말로 신앙의 본질을 훼손하는 맘몬의 신전일 수밖에 없다.

　한국의 대형 교회들이 최고급 설비와 인테리어에 막대한 자금을 쏟아 부으며 교회를 하나의 문화 공간으로 탈바꿈시키는 것은, 물질에 대한 필요를 증가시킬 뿐 아니라 이를 유지하고 보수해야 하는 비용을 증가시키기도 한다. 교회에 더 많은 돈이 필요해지는 구조를 낳는 것이다. 이러한 구조는 당연히 헌금에 대한 요구와 함께 이에 대한 근거를 필요로 한다. 그러므로 예수 그리스도를 믿는 기독교가 예수님의 말씀이 아니라 유대교적 전통에서 근거를 찾을 수밖에 없는 것이다. 구약의 제사장 문서야말로 교권주의자들의 보물 창고이기 때문이다. 그러므로 교회는 부패한 제사장 그룹에 대해 하느님의 정의로 심판을 예언했던 예언서보다 제사장 문서에 관심을 집중시킨다.

　이러한 문제는 대형 교회뿐만 아니라 한국의 거의 모든 교회에서 나타나는 공통 현상이다. 다음은 한 신앙인의 회상이다.

죄로 가득한 인간의 본성을 사흘 내내 강조한 강사는 마지막 저녁 집회
에서 '주의 종에게 순종하지 않은 죄'를 지적했다. 그는 "하나님께서 순
종하는 자에게는 일곱 배나 축복을 더할 것이지만, 그렇지 않은 자에게
는 집에 기르는 마소나 돼지가 죽고 부모 자식이 병들어 죽고 패가망신
할 것"이라고 했다. 강사가 자신이 경험한 여러 사례를 들며 "당장 회개
하라!"고 소리치자 여기저기서 곡성이 터지며 가슴을 치고 바닥을 치는
소리가 들려왔다. …… 강사 목사님은 단상에 있는 종을 두들기며 기도
를 중단시켰다. 그리고 모두 눈을 감으라면서 "오늘밤 하나님의 은혜가
쏟아졌다. 이제는 받은 은혜에 감사해야 한다"고 했다. 잠시 뜸을 들인
강사는 "그런데 이 교회 담임 목사님을 보니 영락없는 거지 꼴"이라며
"회개하는 마음으로 주의 종에게 양복을 지어 줄 사람은 손들라"고 했
다. 이어서 텔레비전, 구두 등으로 이어지다가 "이번에는 사모님 양장
한 벌……" 이런 식으로 이어졌다. …… 강사가 간절하게 드린 기도의
내용은 대략 '우리는 모두가 번듯한 집을 가지고 있는데, 머리 둘 곳도
없이 돌아가신 우리 주님을 창문이 깨지고 가마니가 깔린 맨땅에 모시
게 한 것을 용서해 달라'는 것이었다.*

* 김명곤, 「'경매 부흥회'의 추억」, 『뉴스앤조이』 2008년 10월 14일.

위 글의 배경은 1960년대이다. 그러나 이러한 풍경은 21세기 한국 교회에도 그대로 재연되고 있다. 좀 더 정교한 교의적 장치를 통해 내면화시킨 기성 교회 그룹과 아직도 원시적 단순성에 호소하는 신비주의적인 아웃사이더 교회 그룹 간의 차이만이 있을 뿐이다.

교회 헌금함 옆에 이러저러한 명목으로 꽂혀 있는 헌금 봉투는 바로 이것을 방증한다. 십일조는 차치하더라도 감사 헌금, 절기 헌금, 건축 헌금, 선교 헌금, 구역 헌금, 주일 헌금, 심지어는 성경에도 없는 월정 헌금과 주정 헌금에 이르기까지 그 많은 헌금 목록이 필요한 이유는 교회가 자본주의로부터 자유롭지 못하기 때문이다.

"온전한 십일조를 창고에 들여 나의 집에 양식이 있게 하라"는 말라기 3장 10절의 요청은 말라기의 전체 문맥을 보아야 이해할 수 있는 것이다. 십일조를 도적질하는 문제에 대해서는 말라기에 자세히 나와 있지 않기 때문에 말라기와 같은 시대에 살았던 느헤미야를 통해 이해할 수 있다. (느헤미야 13장 4~10절에는 말라기가 요청하고 있는 십일조 문제의 연원을 찾을 수 있다.)

바벨론 포로에서 돌아와 B.C. 445~433년까지 12년 동안 유대 총독으로 재임한 느헤미야는 퇴락한 예루살렘 성을 보수하고 백성들로부터 십일조를 거두어 레위인과 제사장의 양식으로 성전의 곳간에 보관해 두었다. 그런데 바벨론 왕 아닥사스다 32년에 느헤미야가 바벨론을 다녀오는 사이에 엘리아십이라는 제사장이 성전 곳간에서 십일조를 비롯한 헌

물들을 빼돌리고 그 곳간을 암몬의 유력 인사인 도비아에게 내주었다.[*]

이렇게 볼 때 십일조는 제사장 집단의 생계를 위한 성전 중심 신학으로부터 기인한 것이라는 것을 알 수 있다. 또 십일조를 강조한 말라기 본문은 십일조를 탈취한 제사장에 대한 징계이지 그것이 모든 백성에게 일반화되는 것은 아니었다.

십일조는 정부가 백성들로부터 거둬들이는 세금의 형태로 이스라엘 뿐만 아니라 고대 근동의 여러 국가에서 시행한 제도였다. 그러나 이스라엘에서는 이것을 성전 중심의 신학으로 발전시켰다. 따라서 십일조는 하느님에 대한 헌신과 동의성(同意性)을 갖는다. 그것은 단순히 물질로 바치는 것만을 의미하지는 않았다.

그런데 스데반과 야고보와 같은 초대 교회 지도자들이 순교당한 것은 그들이 전한 예수 그리스도의 복음이 제사장 중심의 성전 제사에 반하는 것이었기 때문이다. 성전 제사는 예수 그리스도의 십자가 희생을 부정하는 것이었다. 예수님은 성전 중심의 신학을 버리고 자유로운 신앙의 형태를 선포했던 것이다. 요한복음 4장에 나타난 예수님과 수가성 여인의 대화에 이러한 탈성전의 신학이 선포되고 있다.

우리 조상들은 이 산에서 예배하였는데 당신들의 말은 예배할 곳이 예

---

[*] 조누가, 『십일조를 넘어서』(베틀북, 2000), 52쪽.

루살렘에 있다 하더이다.

예수께서 가라사대,

여자여 내 말을 믿으라. 이 산에서도 말고 예루살렘에서도 말고 너희가
아버지께 예배할 때가 이르리라. …… 아버지께 참으로 예배하는 자들
은 신령과 진정으로 예배할 때가 오나니 곧 이때라 아버지께서는 이렇
게 자기에게 예배하는 자들을 찾으시느니라. 하나님은 영이시니 예배하
는 자가 신령과 진정으로 예배할찌니라.(요한복음 4:20~24)

수가성 여인이 가지고 있는 문제는 여러 번의 개가(改嫁)로 인한 도
덕적 결함이었다. 그런데 그녀는 사마리아 공동체의 신학에 대한 의문
을 갖고 있었다. 사마리아와 유대의 신학이 서로 달랐기 때문에 유대인
인 예수에게 자신이 속한 공동체의 신학 문제를 질문했던 것이다.

사마리아는 솔로몬 사후에 남북으로 분열된 이스라엘의 북쪽 수도
다. 남북이 정치적으로 대립하는 과정에서 신학적 이해도 달라지게 되
었다. 그런데 이들의 신학이 갈라지게 된 결정적인 문제는 바로 성전에
있었다. 남왕국은 예루살렘 이외의 성전을 인정하려 하지 않았고, 북왕
국은 성지 순례를 위해 자국의 백성이 국경을 넘어 남왕국 예루살렘에
가서 성전세와 헌금을 바치는 것에 대해 불안감을 갖게 되었다. 따라서
북왕국은 국가 재정과 통치 이데올로기를 위해 사마리아에 성전을 세웠
던 것이다. 결국 북왕국 사마리아에 대한 남왕국 유대의 적대감이 커질
수밖에 없었다. 수가성 여인이 처한 신학적 위치는 바로 이러한 역사적

맥락이었다. 성전을 중심으로 한 정치 이데올로기가 첨예하게 대립하며 신앙의 본질을 흐리고 있었던 것이다.

이 상황에서 예수님은 수가성 여인과의 대화를 통해 중요한 신학적 전환을 가져오는 메시지를 선포한 것이다. "하나님은 영"이라는 선언은 성전이나 제의적 신앙 행위로만은 하느님과 합치될 수 없다는 것을 말한다. 남북 왕국이 서로 성전 이데올로기를 중심으로 하여 세금과 헌금을 징수한 것에 대한 강한 거부였던 것이다. "이 산(사마리아)"과 "예루살렘(성전)"이 거부된 것이다. 이는 성전의 거부였다. 예배는 성전이나 예물을 통해 성사되는 것이 아니라 예배하는 사람의 "신령과 진정"을 통해 성사되는 것이라는 말씀이다. 하느님을 향한 진정한 마음 그 자체가 성전이며 예배라는 것이다. 이는 성전과 제사장 이데올로기의 포로가 된 예배에 대해 탈성전화를 선포한 혁명적 사건이었다.

따라서 "너희가 하나님과 재물(맘몬)을 겸하여 섬기지 못하느니라"는 마태복음 6장 24절은 같은 맥락에서 한국 교회를 향한 명령으로 이해할 수 있다.

헌금의 정신, 그리고 용도(用途)

헌금을 지배하고 있는 성전과 제사장 이데올로기를 거두어 내면 헌금에는 하나의 중요한 신학적 세계관이 알몸을 드러낸다. 레위와 제사장들은 생산 활동을 하지 않는 성직자들이기 때문에 그들의 생계를 공동체가 분담해야 한다는 것이다. 그것은 제사장들뿐만 아니라 과부와 고아, 나그네 등 소외 계층에 대한 공공의 책임 윤리다. 즉 종교와 인간은 서로에 대한 책임 윤리 안에서 하느님과 만날 수 있다는 것이다. 따라서 그 윤리를 망각하거나 배제된 헌금(제의)은 존재 의미가 없어진다.

"십일조를 드리되 공의와 하나님께 대한 사랑을 버리는" 바리새인들을 책망한 누가복음 11장 42절은 바로 헌금의 의례성보다 그것의 정신과 용도의 중요성을 말하는 것이다. 헌금의 정신이며 기본 덕목인 약자들에 대한 공공의 책임이 하느님의 "공의(公義, justice)"인 것이다.

"남에게 대접을 받고자 하는 대로 너희도 남을 대접하라"는 마태복음 7장 12절의 황금률은 "네 이웃을 사랑하라"는 궁극적 의미를 지시한다. 이는 과부와 고아, 나그네 등이 사회적 취약 계층이었던 고대 근동의 사막 지역에서 타자의 생존을 공동으로 책임져야 한다는 연대성의 강조 구문이다.

"고아와 과부를 위하여 신원하시며 나그네를 사랑하사 그에게 식물과 의복을 주시나니 너희는 나그네를 사랑하라"(신명기 19:18~19)는 말씀을 확장시킨 것이다. 이 공의가 하느님이 인간에게 요구하는 것이며 헌금에 내재된 하느님의 거룩한 뜻이다.

그러나 한국 교회의 헌금 사용 실태를 보면 이러한 정신과 배치된다는 것을 알 수 있다. 이는 구체적인 데이터에 근거하지 않고도 피부로 느낄 수 있다. 교회의 신도 수와 건물의 크기, 교회가 위치한 지역의 경제적 조건, 교회 구성원들의 직업 분포도 등만으로도 헌금 수입을 쉽게 짐작할 수 있다.

2008년 10월에 '바른교회아카데미'가 발표한 여론 조사 결과에 따르면, 십일조와 별도로 교회 건축을 위해 내는 '건축 헌금'이 가구당 평균 50만 2000원이었다. 십일조의 액수가 가구당 연평균 350만 원으로 집계된 것을 보면 건축 헌금의 비율이 매우 높다는 것을 알 수 있다. 교회가 성전 건축을 그리스도인의 지상 명령으로 잘못 가르치고 이행했기 때문이다. 실제 예수님은 성전에서 예배한 적도 없을 뿐만 아니라 성전주의자들에 의해 죽임을 당했는데 한국 교회는 유독 성전에 대한 강한 집착을 보인다. 이는 한국 교회가 자본주의적 욕구로부터 자유롭지 못하다는 것을 방증한다. 최대의 물량을 확보하고 그것을 자기 몸집을 불리기 위한 사업에 재투자하려는 기업가 의식이 교회를 움직이고 있기 때문이다. 교회 건축이 러시를 이루던 지난 1970년대와 1980년대는 한국 사회의 경제적 부흥기였다. 이러한 사회적·경제적 분위기에 편승해 교회가 성전 건축을 통해 자신의 존재를 과시하려는 물량주의에 빠진 것이다.

이러한 물량주의는 한국 교회의 선교 방식에도 그대로 나타났다. 소련이 붕괴되어 문호를 개방했던 초기에 한국 선교사들이 러시아에 몰려가 엄청난 물량 공세를 편 적이 있다. 보다 못한 러시아 정부는 한국 선교사들을 추방했다. 그들은 비록 사회주의 체제 아래서 서방 국가에 비해 상대적 빈곤에 처해 있었지만 제국주의적 물질 공략에 영혼을 더럽힐 만큼 타락하지는 않았던 것이다. 한국 교회는 서구식 자본주의로 인해 달콤한 열매를 그들보다 조금 더 일찍 맛본 덕에 그들에게 그 단맛을 자랑할 수 있었다. 그것은 선교가 아니라 침략이었다. 선교가 아니라 '돈 자랑'이었다.

이 같은 문제의 정점은 2007년 7월에 있었던 분당 샘물교회 선교 팀의 아프가니스탄 피랍 사건을 통해서 나타났다. 이 사건의 외형은 국제 정치 문제로 보이지만 그 내면에는 한국 교회의 오만한 자기 이해가 웅크리고 있다. 돈과 권력으로 세상을 지배하고 다스릴 수 있다는 한국 교회 내부의 욕망이 순진한 영혼을 죽음으로 내몰고 반기독교적 정서를 사회 전반에 확산시켰다. 탈레반 무장 세력의 요구는 정치적인 것이었지만 그들의 눈에 비친 것은 미국과의 공조를 통해 제국주의를 이행하는 한국 정부가 아니라, 있는 체하며 오만하게 구는 한국 교회들의 밉살스러운 선교 행태였을 것이다.

한국 교회는 헌금으로 축적된 거대 자산을 성경의 가르침에 따라 사용하기보다 자기 몸집을 불리거나 자기 과시를 위해 사용한다는 혐의를 피하기 어렵게 됐다. 자기 과시를 위한 가장 좋은 명분이 바로 선교다. 파송된 선교사들이 환율 문제에 민감해지는 것도 바로 선교가 경제적 토대 위에 있기 때문이다. 본국의 지원 단체로부터 선교비가 끊어지면 모든 선교 업무가 마비되는 것도 이와 같은 맥락에서다. 심지어는 선교비가 끊어진 이후 자살로 생을 마감하는 선교사들도 있다고 한다. 이는 선교가 자본주의적 메커니즘 안에 있음을 의미한다.

신도들은 성경의 교훈과 가르침을 실천하려는 분명한 정신과 목적의식 없이 기복(祈福)과 벽사(辟邪)의 수단으로 헌금을 드리기 때문에 교회의 재정 사용에 관해서도 무관심할 수밖에 없다. 그것은 어디까지나 교회 재정을 책임지고 있는 지도자들의 고유 권한이며 그것에 회의하거나 문제를 제기하는 것은 불경스러운 일이라는 잘못된 신앙관 때문이다.

바른교회아카데미가 문화체육관광부의 '연간 종교 단체 운영 자금 현황'을 확인한 바에 따르면, 2006년 개신교 전체의 연간 운영 자금은 약 3조 1760억 원으로 나타났다. 이는 불교 4610억 원과 천주교 3390억 원에 비해 7~9배나 많은 것이다. 이렇게 많은 자산을 가지고 있는 기독교 집단이 사회적 소수자를 위해 얼마나 나눔을 실천하고 있는지 의문이다. 세상은 교회가 없어서 망하는 것이 아니라 나눔을 실천하지 않는 교회 때문에 망한다. 예수 이름만 있고 예수의 가르침이 없는 교회 때문에 세상도 망하고 교회도 망하는 것이다. 예수의 가르침이 실천되지 않는 교회의 예수는 교회(성전)를 유지시키기 위한 하나의 기호일 뿐 진정한 예수는 아니다. 교권주의와 성전 이데올로기에 의해 조작된 예수상은 예수라는 이름을 가진 우상일 뿐이다.

헌금, 목적이 정당하면 과정도 정당해야 한다

헌금은 하느님께 드리는 거룩한 예물이다. 따라서 그 예물은 취득하는 과정에서의 정당성도 요구된다. 말라기 1장 13절은 바로 헌금에 대한 이러한 요구이다.

> 만군의 여호와가 이르노라. …… (너희가) 토색한 물건과 저는 것, 병든 것을 가져왔느니라. 너희가 이같이 헌물을 가져오니 내가 그것을 너희 손에서 받겠느냐.

재물을 취득하는 과정이 정당하고 깨끗해야 예물의 진정성이 담보될수 있다는 얘기다. 이는 하느님께 바치는 것의 거룩성을 말하는 동시에 인간 사회의 윤리와 책임을 요구하는 것이다. 헌금에 대한 올바른 성경적 정의(定意)가 없을 때 이러한 문제는 도외시될 수밖에 없다. 그것이 어떤 돈이든 많이만 바치면 된다는 천박성을 띠게 되는 것이다. 신명기 23장 18절에 "창기의 번 돈과 개 같은 자의 소득은 아무 서원하는 일로든지 네 하나님 여호와의 전에 가져오지 말라"는 말씀도 예물을 드리는 행위보다 그 예물의 취득 과정의 정당성을 요구하는 것이다. 이는 헌금을 통해 인간의 도덕적·윤리적 삶을 요구하는 말씀이다.

그런데 현대 자본주의 사회는 돈을 버는 행위가 항상 정의롭거나 정당할 수 없는 구조다. 시장주의는 누군가를 희생양으로 삼아야만 이익을 얻을 수 있는 적자생존의 원리에 의해 움직이는 체제이기 때문이다. 거대 금융 자본이 세계를 움직이는 상황에서 노동 없는 수익이 늘어날 수밖에 없다. 주식과 펀드 등 금융 상품에 투자하여 얻는 불로 소득이 근로 소득을 비웃으며 사회적 정당성을 갖게 되는 금융 자본주의 원리는 성경적 경제 정의에 합치될 수 없다. 현대는 성실하게 노동하며 살아가는 소시민적 삶의 방식으로는 살아남기 어려운 구조가 되었다. 편법과 탈법 등 온갖 수단을 동원해서 이익만 얻으면 된다는 천박한 한국식 자본주의에서 그리스도인들은 하느님의 정의에 부합하는 청렴성과 도덕성을 갖기가 매우 어렵게 되었다.

그러나 이런 문제는 따지고 보면 한국 교회가 사회 정의에 대해 묵과하며 오히려 반성경적 경제관과 사회 구조에 동조했기 때문에 심화된 측면이 있다. 기독교 정신을 모토로 하여 거대 기업으로 성장한 이랜드는 비정규직 문제에 직면하여 사회적 지탄을 받는 악덕 기업으로 전락하고 말았는데, 이는 기독교 정신에 의한 사회 환원(헌금)과 이익 창출 과정에서의 윤리의 함수 문제였다.

이랜드는 2002년 회사의 순이익 중 10퍼센트를 사회에 환원하겠다는 원칙을 언론에 공표하여 신선한 충격을 주었다. 이랜드의 경영 철학은 '기업은 반드시 이익을 내야 하며, 그 이익은 바르게 사용해야 한다'는 것이었다. 이러한 경영 이념에 따라 1991년 '이랜드재단'이 설립되었다. 그 후로 1996년 '사회복지법인 이랜드복지재단', '사단법인 아시안미션'이 설립되고, 이들 재단을 통해 매년 100억 원대의 예산을 세워 소외된 계층을 위한 활동을 펼쳤다. 이랜드가 경영 이념을 성경적 정의에 두었다는 점에서 매우 고무적이고 신선한 일이었다. 또한 한국 기업의 풍토에서 뿐만 아니라 한국 기독교 역사 전반에 걸쳐 보기 어려운 환원 운동이었다.

그런 이랜드가 프랑스의 세계적 할인점 '까르푸'를 인수한다. 롯데마트가 까르푸의 인수 희망 가격으로 1조 8000억~1조 9000억 원을 제시했지만, 롯데마트보다 적은 1조 7500억 원을 제시한 이랜드가 인수 업체로 결정되었다. 이것은 까르푸 측에서 요구하는 100퍼센트 고용 승계를 이랜드가 전격 수용했기 때문이다. 때문에 롯데마트가 제시한 것보다 낮은 가격으로 까르푸를 인수할 수 있었다. '18개월 이상 근무한 계약직 노조원에 대해 정당한 사유 없이 계약 기간 만료를 이유로 계약 해지할 수 없다'는 까르푸 노조와 까르푸의 단체 협약을 이랜드가 승계할 것을 약속한 것이다.

그러나 이랜드가 까르푸를 인수한 후 고용 승계 협약이 실천되지 않았다. 이로 인해 비정규직으로 고용 계약이 만료된 400여 명의 직원이 퇴출되었다. 이랜드 측에선 계약 만기 사원에 대한 정당한 해고 절차라고 주장했지만 까르푸 인수 당시 협약과 위배된다는 것이 사법부의 판단이었다. 이에 이랜드 노조원들의 집단 농성과 파업이 시작되었다. 법원은 이랜드의 해고 조치가 부당하다고 판결하고 복직 명령까지 내렸으나 이랜드는 불복했다. 농성은 사외(社外)로 확대되어 사회적 관심을 촉발시켰다. 이 과정에서 기독교 정신을 구현하겠다는 한 크리스천 기업이 부도덕한 집단으로 전락하는 사태가 벌어졌다. 시민 단체와 사회 일각에서는 이랜드 계열사인 홈에버에 대한 불매 운동까지 벌였다.

그런데 이랜드 사태는 시민 사회와 일개 기업 간의 문제가 아니라 한국의 기독교 집단과 시민적 정의라는 새로운 대결 구도로 발전되었다. 특히 이 과정에서 이랜드 박성수 회장의 130억 십일조 설이 일부 언론을 통해 유포되면서 한국 기독교의 도덕성이 상처를 입게 되었다. 십일조를 130억 원씩이나 낼 정신이라면 비정규직 노동자를 정규직으로 전환시켜 사회적 약자에 대한 직접적 혜택을 줄 수 있다는 것이었다. 기독교의 십일조가 얼마나 천박한 이기적 종교 행위인지에 대한 암묵적 비판이 사회 전반에 확산되었다. MBC 〈PD수첩〉에서도 이를 집중 조명하며 이랜드를 부정한 자본가 집단으로 몰고 갔다. 그런데 이랜드 측의 반박에 따르면 130억 원은 개인 십일조로 교회에 헌금한 것이 아니라 이랜드 그룹이 IMF 기간 동안 사회에 공헌하지 못한 것을 나누어 공익 재단에 기부한 돈이라는 것이다.

전후 맥락과 사정이 매우 복잡하게 얽힌 이 사건의 내막을 여기서 시시콜콜 따질 수는 없다. 그러나 이 사건을 관통하는 중요한 테마인 경제적 정의와 기독교 윤리 문제는 간과할 수 없다. 겉으로 드러난 비정규직 해고와 130억 원 십일조 설은 우리 시대의 중요한 사회학적 메타포이기 때문이다.

1970~1980년대는 국가가 권력을 동원한 개발과 산업화의 고도 성장 시대였다. 많은 노동자들이 자신의 노동에 대한 정당한 반대급부의

일부를 포기당한 대가로 국가 경제가 성장할 수 있었다. 그러나 고도 성장은 소수의 기업가 집단에 이익을 집중시키는 기형적 구조를 낳았고, 사회 구조에 불만을 가진 노동자 세력이 자기주장을 표출하면서 정치세력으로 부상했다. 시민 사회는 노동자를 억압 받는 소수자로 인식했고 그들에 대한 동류의식을 갖게 되었다. 이것은 독재 권력이 종말을 고하면서 새롭게 시작된 민주 정부의 패러다임과 함께 확산되었다.

그런데 이 과정에서 기독교의 비이성적이고 정치 편향적인 태도와 물질주의에 물든 목사들의 행태가 언론에 노출되면서 기독교에 대한 부정적 인식이 급속도로 퍼졌다. 특히 1987년 민주화 운동 과정에서 반미와 민족주의를 대안으로 내세우던 젊은 지성인들은 기독교에 뿌리 깊게 남아 있는 친일·반민족의 잔재와 친미적 성향에 거부감을 갖게 되었다. 젊은 지성인들에게 한국 교회는 노동자를 지배하고 착취하는 악덕 자본가 세력과 동일한 이미지로 비춰졌다. 일부 진보적인 기독교 단체와 지도자들이 있었지만 실질적으로 영향력을 미치고 있는 것은 현장 목회자들이었다. 소수 아웃사이더의 올바른 정신으로 이들의 거대한 보수성의 카르텔을 깨기는 어려웠다. 현실을 움직이는 힘은 역시 올바른 정신이 아니라 많은 신도의 규합과 그들에 의해 조성된 자금의 힘이었다. 한국 교회는 올바른 기독교적 정신에 의해 움직이는 집단이 아니라 교권과 금권에 의해 움직이는 거대한 공룡에 불과하다는 것이 세인의 뇌리에 각인되면서 기독교에 대한 부정 의식이 확산되었다.

이랜드가 올바른 기독교적 가치를 실현하기 위해 많은 예산을 세우고 사회 환원과 봉사를 실천했지만 여론의 집중 포화를 맞은 것은 바로 이러한 반기독교적 정서가 한몫했기 때문이다. 그것이 이랜드이기 때문이 아니라 기독교 기업이기 때문에 받는 공격이었다.

그러나 이랜드가 생각했어야 할 중요한 덕목 중 하나는 사회적 약자인 비정규직에 대한 배려였다. 이랜드의 비정규직 해고가 아무리 적법 절차에 의한 것이었다 하더라도 다리가 퉁퉁 붓는 고된 노동으로 한 달에 80만 원을 받아 생계를 이어 가는 1000여 명의 비정규직 노동자들을 하루아침에 길거리로 내몰아서는 안 되는 일이었다. 그것이 기업의 효율성과 이익 창출을 위해 경영 전략상 필요한 행위였다면, 130억 원의 사회 환원 기금을 용도 전환할 수도 있었을 것이다.

'기업은 반드시 이익을 내야 하며, 그 이익은 바르게 사용해야 한다' 는 이랜드의 경영 철학이 이 부분에서 기독교적 가치관과 충돌하는 것이다. 물질을 올바르게 사용하려면 반드시 기업의 이익 창출이 전제되어야 한다. 따라서 '기업은 반드시 이익을 내야 한다'는 대전제는 기독교적 나눔의 가치 이전에 세속 자본주의의 경영 전략에 충실할 수밖에 없다는 한계의 우회적 표현인 셈이다. 직원들의 과도한 노동과 저임금 구조를 통해 부당하게 얻은 이익으로 복지 사업을 하는 것이야말로 이율배반적인 일일 수 있다. 비정규직 종사자들의 사회적 환경을 고려하고, 그들에 대한 관심과 배려를 갖는 것이 사회적 약자에 대한 현실적이고 직접적인 복지일 수 있다. 약자의 것을 빼앗아 또 다른 약자를 돕는 것은 자가당착이다.

"그러므로 예물을 제단에 드리다가 거기서 네 형제에게 원망 들을 만한 일이 있는 줄 생각나거든 예물을 제단 앞에 두고 먼저 가서 형제와 화목하고 그 후에 와서 예물을 드리라"(마태복음 5:23~24)는 말씀은 예물의 진정성이 인간관계의 정당성에 기인한다는 것을 의미한다. 약자의 눈물을 대가로 얻은 돈으로 다른 약자를 돕는 짓을 하지 말라는 것이다.

오늘날 그리스도인들이 자신이 드리는 헌금에 억울한 형제의 눈물과 한숨이 섞여 있는 건 아닌지 깊이 성찰해야 할 이유가 여기에 있다. 교회도 헌금을 무작정 받아선 안 된다. 헌금의 거룩성을 점검하고 신도들에게 요구해야 한다. 그러나 한국 교회는 헌금에 대해 매우 관용적이다 못해 탐욕적이다. 목사의 헌금 기도에서 신학적 고뇌를 찾아볼 수 없다. 헌금을 낸 신도들에게 위로와 축복만 쏟아 낼 뿐, 그 돈을 버는 데 타자를 고통스럽게 하거나 눈물 흘리게 한 일은 없었는지 돌아보라고 권면하지 않는다. 성실한 노동에 대한 축복과 청교도적 삶의 양식을 권면하지 않는다. 헌금은 무조건 많을수록 좋기 때문이다.

헌금, 직분 거래를 위한 통화(通貨)

헌금이 추악한 형태로 나타나는 것 중의 하나가 바로 교회의 중직을 임명할 때이다. 장로를 임명할 때 교회는 장로에게 암묵적으로 거액의 헌금을 요구한다. 경우에 따라서는 권사 취임 때에도 헌금이나 헌물 등을 요구하기도 한다. 이는 교회의 중직을 맡아 그 책임을 다하겠다는 일종의 서약 같은 의미를 띠기도 한다.

이러한 관습은 조직의 회장이나 중직에 앉은 사람들에게 조직의 운영과 발전을 위해 요구하는 세속 집단의 한 방식이다. 단체의 대표가 새로 취임할 때 자신의 권위를 위해서, 그리고 조직의 운영 자금을 충당하기 위해서 일정 금액을 기부하는 것이 관례다. 따라서 크고 작은 단체의 회장 자리는 명망과 재력이 있는 사람이 앉는 것을 당연하게 여긴다. 또 정치에 뜻이 있는 사람들이 그럴듯한 이력이나 명함이 필요할 때도 상당한 금액의 기부금을 내고 대표 자리에 앉는 경우가 많다. 때문에 그 조직의 목적과 성격과는 전혀 다른 인사가 회장이 되는 경우가 많다. 이러한 조직은 정치 집단에서부터 사이비 학술 단체나 동문회, 심지어 동네 조기 축구회 등 그 규모와 종류가 매우 다양하다. 대한민국 성인이라면 이러한 조직 한두 개쯤에 가입하지 않은 이가 없을 것이다. 심지어 초등학교 반장이나 회장의 부모들에게 시시콜콜한 운영 자금을 내라고 학교에서 요구하기도 한다.

그런데 이러한 세속 문화가 교회의 문턱을 넘어 들어와 교회를 타락시키고 있다. 장로 임직과 권사 취임에 교회가 헌금과 헌물을 요구하는 것은 바로 이러한 세속 문화가 여과 없이 들어온 결과다. 돈 없는 사람은 그 신앙의 연조와 깊이, 지도자로서 자질 등과 무관하게 교회의 중직을 맡을 수 없는 구조가 되어 버렸다. 피부에 와 닿을 만한 예를 하나 들어 보자.

　대전 근교의 미개발 지구에서 가내 수공업으로 근근이 삶을 이어 가
는 김 씨가 있었다. 늘 생활고와 가정불화에 시달리던 그는 취중에 성령
체험을 하고 회심하여 동네 교회에 나가기 시작했다. 그는 끊이지 않는
열정과 기도로 교회의 기도 제단에 불을 붙였다. 신실하고 경건한 그리
스도인으로 변화된 그는 마을 인근의 많은 사람들에게 관심의 대상이
되었다. 뿐만 아니라 이제 그는 교회에 없어서는 안 될 중요한 봉사자요
기도의 역군이었다. 30년 넘게 교회에 봉사한 그의 헌신적 노력은 지하
교회를 성장시키는 중요한 동력이었다.

　그런데 마을의 재개발로 아파트 단지가 들어서면서 인구 밀집 지역
이 된 이곳의 교회는 갑자기 밀려드는 신도들로 넘쳐 났고, 교회는 재건
축을 통해 대형 교회로 발돋움했다. 빈곤한 과거의 교회와 신도들은 그
림자처럼 사라지고 중산층 신도들이 주류를 이루게 되었다. 담임 목사
도 유학파 박사를 모시는가 하면 교회의 재정이 풍부해져 많은 프로그
램을 시행할 수 있게 되었다.

　그런데 새로운 장로를 피택하는 과정에서 문제가 생겼다. 많은 교인
들은 30년 넘게 교회에 기도의 불을 밝히고 봉사와 헌신을 아끼지 않은
김 집사가 당연히 장로가 되어야 한다는 암묵적 동의가 있었다. 그러나
담임 목사는 교회 공동 회의를 거치지 않고 자신이 정한 집사 몇 명과
비밀리에 피택 과정을 처리해 버렸다. 담임 목사 개인의 선택에 의해 장
로로 피택된 그들은 전문직 종사자들이었고, 고액의 헌금을 내는 사람

들이었다. 담임 목사는 김 집사를 불러 장로 피택을 포기하라고 직접 권고했다고 한다. 이유인즉 "장로 하려면 돈이 많이 든다"는 것이었다. 당신은 거액의 헌금을 낼 형편이 안 되니 장로가 될 수 없다는 얘기였다.

그 이전부터 담임 목사는 장로가 될 사람은 헌금 2000만 원을 내야 한다는 말을 흘려 경제적으로 빈곤한 김 집사의 기를 꺾어 놓았다. 그리고 장로가 될 사람은 풍부한 학식과 교양이 필요하다는 등의 설교를 공개적으로 함으로써 김 집사가 학력과 지식이 없어 장로로 부적격하다는 것을 교인들 앞에 노골적으로 드러냈다. 학력도 부족하고 경제적으로도 무능하지만 오직 하느님에 대한 믿음 하나만으로 반평생을 교회와 신도들을 위해 봉사해 온 김 집사의 신앙은 인생 말년에 장로 피택 때문에 중대한 고비를 맞게 되었다. 그는 자신이 장로가 되겠다는 생각을 해 본 것도 아닌데, 왜 그런 일이 교회에서 일어났는지 모르겠다며 눈물을 훔치며 교회를 떠나야 했다. 장로 피택과 취임은 끝났지만 그 과정에서 담임 목사에게 받은 상처는 그를 더 이상 교회에 남아 있을 수 없게 하였다.

어느 여집사의 권사 취임에 관한 사례를 하나 더 얘기하자.

평생을 건물의 용역 청소부로 살아온 한 여집사가 있었다. 그녀는 지병 때문에 신체 일부가 마비되는 증상에도 불구하고 일을 쉴 수 없는 어려운 환경에서 살았다. 눈물과 기도로 노동의 고통과 삶의 역경을 이겨낼 수 있었다. 그러나 그녀에게도 신앙의 중대한 고비가 찾아왔는데 교회에서 권사 피택을 할 때였다. 개척 교회를 이제 막 벗어난 교회가 권사 피택을 하게 되었는데, 여집사는 신앙의 연조나 교회의 역사를 함께

해 온 경험으로 보나 당연히 권사로 피택 받아야 할 위치에 있었다.

그러나 그녀는 권사 피택을 두려워했는데, 그것은 피택 후 교회에 내야 할 헌물의 규모가 만만치 않았기 때문이다. 하지만 피택을 거부하자니 모양새가 좋지 않을 뿐 아니라, 자기와 비슷한 연배와 신앙 연조를 가지고 권사에 피택된 교우들과의 관계가 불편해질까 걱정이었다. 피택을 받지 않을 경우 교회를 떠나야 하는 상황에 놓인 것이다.

이 경우는 담임 목사가 공개적으로 헌물을 요구하지는 않았지만 권사 취임자들이 자발적으로 헌물을 약속하면서 어쩔 수 없이 이에 따를 수밖에 없었다. 그리하여 월 70만 원 비정규직으로 고된 노동에 허리가 휘게 살아가는 여집사는 분에 넘치는 헌물을 내야 했다.

이와 같은 일들은 교회라는 이름의 건물을 유지하고 발전시키기 위해 신도들을 팔아먹는 아주 나쁜 짓이다. 건물과 조직의 운영을 위해 자금이 필요하고, 그 자금줄을 만들기 위해 중직의 자리를 매매하듯 하는 이러한 행태가 성전(베드로 성당) 건축 자금을 마련하기 위해 면죄부를 팔았던 교황 레오 10세의 행태와 무엇이 다른가. 면죄부가 교황청의 재정적 필요와 구원에 대한 확신을 바라는 대중의 욕망이 결합한 교의였다면, 오늘날 한국 교회의 헌금과 헌물에 대한 이러한 태도는 교회의 재정적 필요와 신도들의 권위 의식, 그리고 출세 지향주의가 낳은 사생아다. 이러한 부조리를 정당화하기 위해 목사들은 인과응보식 축복의 메시지를 팔아먹는다. 이것을 영적 비밀로 둔갑시키며 대중을 혼돈의 나락으로 떨어뜨린다.

면죄부를 샀던 중세 사람들도 자신이 지불한 돈의 가치만큼 죄를 면제 받았다는 확신에 찼을 것이다. 현대 교회에서 그 교리를 신봉하는 신도는 없다. 그리고 자신이 내는 헌금과 헌물이 면죄부와 같은 의미를 가지고 있다고 생각하는 사람도 없다. 면죄부를 산 사람들이 자신의 행위에 대해 의심하지 않았던 것처럼 한국의 기독교인들도 그것을 의심하지 않을 뿐이다.

교회여, 휘파람을 불지 말라

데이비드 린 감독의 〈콰이강의 다리〉
라는 영화가 있다.

2차 세계대전 중 영국군 공병대가 일본군에 포로로 잡혀 태국의 밀
림에 수용된다. 포로가 된 영국군 니콜슨 대령은 수용소장 사이토 대령
과 투쟁하여 장교로서 품위와 영국군의 자치권을 보장 받는다. 그러나
그는 그 대가로 자신의 휘하 군사를 이끌고 일본군의 침략 전쟁을 위한
다리 건설을 지휘한다. 그는 영국군의 선진 건축술을 자랑하여 일본군
의 기를 꺾을 요량으로 열정적으로 다리를 만든다. 급기야 영국군 특수
부대가 다리를 폭파하려고 침투하자 그는 경악하며 폭파를 저지하려 한
다. 니콜슨 대령은 군인으로서 자존감과 긍지를 위해 적군과 투쟁하지
만 결국 적군과 아군을 구분하지 못하는 정신착란에 빠진 것이다. 합리
성과 규율을 위해 투쟁했던 사람이 거시적 안목을 상실하고 오히려 적
군을 위해 봉사한 것이다.

개인이든 집단이든 자신의 존재 이유나 목적을 상실하고, 근시안적이고 비본질적 문제에 경도될 때 피아(彼我) 구분을 못하게 된다. 즉 선악의 구분이 안 되는 정신착란에 빠지는 것이다. 지금 한국 교회가 그러한 상태다. 근시안적인 상태에 빠져 교회의 존재 이유나 본질에 대한 물음이 거부되고 있다. 복음의 주된 교훈이 무엇이고 기독교의 핵심 사상이 무엇인지, 또 교회의 본질이 무엇인지 정상적이고 합리적인 사유를 할 수 없는 지경에 놓인 것이다.

그러면 교회란 무엇인가.

교회는 그리스도를 통한 나눔과 협력, 봉사와 헌신, 자기희생으로 세계를 치유하고 완성해 나가는 공동체다. 교회가 담지해야 할 복음의 핵심 가치는 자기희생을 통한 세계 구원의 메시지다. 교회는 이 메시지를 수용하는 수용자 집단이며 실현하는 공동체다. 교회는 기독교 윤리 위에 있으며 기독교 윤리는 살아 움직이는 복음의 활력 위에 있다. 물 위를 걸었던 예수님처럼 교회는 세속적 타락의 수면 위를 걷는 영성과 윤리 공동체여야 한다. 교회가 세속적 가치에 발목 잡히게 될 때 베드로처럼 수면 아래로 침몰하게 된다.

예수의 십자가는 자기희생의 결정(結晶)이다. 자기희생을 실현하지 않는 교회의 십자가는 한낱 집단의 기호에 불과하다. 기호는 본질을 지시하는 도구일 뿐 본질 자체는 아니다. 그런 의미에서 기호는 거짓이다. 이 위선적 기호가 사람을 동물적 열정과 광기에 빠트리기도 하고, 자기 성찰 없는 단순성에 몰입시키기도 한다. 그런 차원에서 기호는 본질을 왜곡한다. 십자가가 자기희생이라는 복음의 본질을 드러내지 못할 때 그것은 나치의 문양과 다를 바 없다. 교회가 교회로서의 본질을 망각할 때, 십자가는 도시의 야경 가운데 빛나는 상업 간판과 다를 바 없다.

반자본주의 운동으로 저항과 혁명의 상징이 된 체 게바라의 사진이 다국적 기업 스타벅스의 커피 잔에 로고로 사용되는 것처럼 자기희생의 상징인 십자가가 자본주의 토대 위에 있는 교회의 상업적 목적을 위한 기호로 사용될 수 있다. 소비와 향락을 즐기는 청년들이 반문화 운동의 상징인 찢어진 청바지와 샌들을 신고 스타벅스에서 커피를 마시는 것과 같이 신도들은 교회라는 심리적 소비 공간에서 자본주의 소비 패턴을 좇게 된다.

이명박 대통령과 강만수 전 기획재정부 장관 등이 몸담았던 소망교회의 '소망금융인선교회'도 바로 그런 이율배반적 사교 클럽 중의 하나였다. 자기희생을 가르치고 실천해야 하는 교회에서 경쟁을 통한 자본의 획득과 이로 인한 빈부의 차이를 정당화하며, 용서와 화해를 가르치고 실천해야 하는 교회에서 증오와 대결을 확산시키는 이념을 정당화하는 것이다. 자기와 다른 목소리를 내는 상대를 향해 사탄이라고 저주하며 빨갱이라고 몰아붙인다. 한국 교회는 이러한 이념에 동조하는 소수의 이념 편향적인 사람들이나 무지한 개인주의(신비주의) 신앙관을 가진 사람들만의 집단으로 전락하고 있다. 지금 한국 교회는 소수자로 전락하고 있다.

십일조와 감사 헌금을 내고 정규 예배에 참석하여 설교를 들으며 교회 조직의 구성원으로 자기 임무를 다하는 것이 구원의 보증 수표는 아니다. 그것이 예수를 진정으로 만나는 절대적 기준은 아니다. 그것은 하나의 사소한 방법일 뿐이다.

진정으로 예수를 만나려면 광야로 나가야 한다. 예수의 교회는 예루살렘의 정주권적 이데올로기 위에 있는 것이 아니라 사람과 사람이 인격적으로 마주 보며 소통하는 지평 위에 있기 때문이다. '성전'이라는 이름의 폐쇄적 공간과 제도 안에서 마주 보는 신도는 물신(fetish)의 대상일 뿐이다. 교회라는 제도적 폐쇄성은 내가 보고 싶은 것만을 볼 수 있는 이기적 확대경을 제공한다.

진정으로 영혼의 자유와 구원의 기적을 맛보려면 예수를 만나야 한다. 예수를 만나기 위해서는 광야로 나가야 한다. 광야는 하느님과 인간, 인간과 인간이 인격적 지평을 여는 탈구조화된 공간이다. 광야는 우리에게 시대를 초월한 무시간적 공간의 메타포다. 예수를 만나기 위해 도시락을 들고 갔던 어린아이에 의해 오병이어의 기적이 일어난 곳도 광야다. 예수는 광야를 여행하는 노마드(Nomad)였다. 그가 머무는 곳이 교회였고, 그가 만나는 사람들이 교회였다. 그는 소유하지 않았다.

예수는 사례금 몇 푼을 위해 마술적인 신비주의를 팔지 않았고, 자신의 지위를 탐하여 권력자의 비위를 맞추지 않았다. 교회를 성장시키기 위해 목 좋은 곳에 비싼 건축 자재를 사용하여 건물을 짓지 않았다. 자기네 교회에 나오라고 시장에서 유인물을 돌리지도 않았다. 그는 사람들 속으로 찾아 들어갔다. 죄의 소굴에서 함께 뒹굴었다. 그는 성전에 들어가 사제의 복장을 하고 거룩한 기도를 드리지 않았다. 광야에서 이슬을 맞으며 기도했고, 광야에서 외롭고 상처 받은 자들을 만났다. 그가 머무는 곳이 거룩한 곳이었다. 자기를 버림으로써 온전히 사람과 세계를 끌어안았다. 이것이 예수의 광야 교회였다.

집단과 건물을 유지하고 보수하기 위해 부동산을 매입하고 거대한 건축물과 인테리어를 필요로 하는 교회, 그 형식화된 교회를 위해 복무하는 것이 신앙의 본질은 아니다. 그것을 본질이라고 생각하는 것은 그렇게 교육 받았기 때문이다. 그 교육은 예루살렘의 정주권적 이데올로기의 소산이다. 안타깝게도 한국 교회와 목회자는 그 이데올로기의 화신이 되어 버렸다. 그 정주권자들이 예수를 살해했다. 오늘 내가 믿고 있는 예수가 교권주의자들의 이데올로기에 의해 표상된 하나의 기호인지, 아니면 나와 우리의 삶의 현장 속에 살아 숨 쉬는, 살아 있는 구세주인지 생각해 봐야 하는 이유가 여기에 있다.

무한 경쟁과 자본의 논리가 지배하는 사회와 동일한 구조의 교회에서 신도들은 경쟁과 자본의 노예가 되어 버렸다. 교회는 소속감과 안정이라는 심리적 마조히즘을 상품화하고, 신도는 그것을 소비하는 상업 관계에 빠졌다. 예수도 하나의 상품이 되어 버린 것이다. 교회의 미래를 이끌어야 할 예비 목회자들도 시장의 논리에 의해 자신을 기능화된 상품으로 탈바꿈하기 위해 투쟁한다.

목회자의 공급이 수요를 초월한 지 오래다. 그렇기 때문에 신학생들은 일반 사회와 같이 일자리 찾기에 몰두하고 있다. 어떻게 하는 것이 복음을 실현하는 것이며 무엇이 교회의 본질인지 질문하지 않고 기성의 가치와 체제에 안주하려 한다. 세속적으로 아무런 일도 할 수 없는 '신학'이라는 비실용적 인문학 전공자들이 제도권 교회 이외에 기댈 곳은 없기 때문이다. 역시 자본주의 사회에서는 먹고사는 것이 가장 중요한 일이다. 그것을 초월하고자 하는 것이야말로 비현실적인 일이며 패배주의다. 그렇기 때문에 신학생들은 등 비빌 언덕을 찾기 위해 기성의 가치와 체제에 복종할 수밖에 없다. 한국 교회가 복음의 정신과 기독교적 지성을 시장주의에 저당 잡혔기 때문이다.

좀 더 과격하게 말하면 한국 교회는 예수 그리스도의 거룩한 지체가 아니라 맘몬의 신전이 되어 버렸다. 한국 교회의 목사들은 하느님의 자녀를 섬기는 주의 종이 아니라 맘몬의 사제가 되었다. 맘몬의 신전에 십자가를 걸어 놓고 재물신(맘몬)을 찬양한다. 반공과 성장, 축복과 천국이라는 주문을 외며 이교적 마술 행위를 하고 있는 것이다. 무지몽매한 신도들은 십자가라는 기표만을 응시한다. 십자가가 있는 곳이면 어디든 다 하느님의 교회인 줄로 착각한다. 밀가루를 바른 호랑이의 손을 알아보지 못하는 우매한 어린 남매와 같다. 한국 교회에는 막스 베버가 바라보았던 최소한의 프로테스탄트 윤리와 정신마저 잃었다.

'콰이강의 다리'는 자신의 존재 이유를 망각한 인간의 일그러진 자화상이다. 이율배반적인 현대인의 심리가 투영된 객관적 상관물이다. 그런 의미에서 현재의 한국 교회는 '콰이강의 다리'다. 자기희생의 상징인 십자가를 내세워 자본주의적 욕망을 좇고 있으니 이 같은 자가당착이 어디 있는가. 우리는 지금 콰이강의 다리를 건설하는 일에 휘파람을 불지 않는가. 그 다리가 무엇을 위한 것이며 누구를 위한 것인지 돌아보지 않으면 한국 교회는 몰락할 수밖에 없다. 한국 교회여, 휘파람을 불지 말라.